重走
淘金路

沈志敏————著

追尋那個特殊年代澳大利亞華人前輩的蹤跡

五月是澳大利亞的金秋季節。2017年5月6日所開啟的重走淘金路活動，揭示了隱藏在澳華歷史記憶中那一段坎坷的血淚之路，註定會為後人留下濃墨重彩的一筆。

歷史悠悠路漫漫

——序沈志敏《重走淘金路》

張奧列

　　我曾讀過幾本關於澳大利亞華人歷史的書，作者有西人學者，也有華裔學者，還有中國學者，都是些引經據典的學術著作，都有可考究的時間、地點、數據、背景，通讀這些書，令我對中國先民移民澳洲的歷史印跡大抵有一個整體印象。

　　但是，舉舉大端的澳華歷史，不僅僅是時間、地點、數據、背景的記錄，還有很多人物的經歷、環境的氛圍，移民的心態、有血有肉的影像，那是一部血淚與重生交集、辛酸與榮耀交織的大書。我也曾嘗試用紀實的筆觸書寫過幾篇澳華歷史的文章，如悉尼唐人街的歷史變遷，澳洲高要人的菜園生涯，但都是澳華歷史這部大書中的一個小小剪影，澳洲華人生存發展的一塊小小碎片。我一直希望，能有一部大型紀實文學作品，從總體上描述澳華歷史的風風雨雨，不僅有筋骨，而且有肌肉，有溫度，能予人一種感性的體驗和理性的認知。正是在這種期盼下，我忽然收到沈志敏先生的書稿《重走淘金路》，追讀之後，喜出望外。這正是我的期盼之作，一幅不可多得的色彩斑駁的澳大利亞華裔先民的歷史畫卷，填補了澳華文學的空白。

　　說不可多得，是因為這是第一部文學紀實性的澳華移民史話，將過去澳華史書的抽象概說，轉化為形像描述，將一堆堆冰

冷的數據，從歷史故紙堆中扒出，轉化為一段段有熱度有質感的具像畫面。這裡面有作者的現場觀察，作者的個人體驗，作者的深入解讀。今天的華人社會，與近二百年前的華裔先民是一種血脈承傳，今天的生存狀況，也是早期華人拼搏的一種折射。這與其說是讀史，毋寧說是從歷史發展的軌跡中檢視今天華人的生存狀態，從今昔比照中解構華人的生命力。

　　一般說來，學者寫歷史，有一種深邃的眼光，表述嚴謹，理據充分，邏輯性強；而作家寫生活，則有一種細膩的觸覺，現場感強，情景融和，渲染力強。各有側重，各有取捨。而志敏兄，則兩種筆力皆有，述中有情，情中見理，不啻是書寫澳華史話的極佳人選。

　　我移居澳大利亞不久，就認識了志敏兄，首先是在當地華文報刊上讀到他的一些小說。那是上世紀90年代初，他的小說不僅在悉尼發表，還在他的原居地上海的雜誌上刊登。我和他有時在文學社團活動上見面，但聊得不多。公眾場合，他比較低調，不是一個口若懸河的人。但作品（主要是小說，也有散文隨筆）卻源源不斷問世，對於一個打工者來說，業餘時間很有限，但卻沒有阻止他寫作的熱情。後來他移居墨爾本，有了小生意，我們沒再見面，但他的作品還是不斷地讀到，而且看見他不斷獲獎，從中國到美國，到寶島台灣，都留下他獲小說、散文、學術論著等各類獎項的履痕。福建海峽文藝出版社刊行《澳洲華文文學叢書》時，我受叢書總編之託，主編小說卷，我就毫不猶豫地把他的一篇小說編入集子，並以他的篇名作為小說卷的書名《與袋鼠搏擊》，因為這個標題及內容很能展示志敏兄、也包括澳華作家的生活視點和藝術眼光。我也為他寫過一些評介文字。他每次出書，都寄給我，粗略一算，都有一大疊，且不少獲兩岸文學獎。

如長篇小說《動感寶藏》獲海外華文著述獎小說首獎，中篇小說《變色湖》獲世界華文優秀小說獎，散文《街對面的小屋》獲全球華文文學星雲獎優秀散文獎。令我驚奇的是，他形像思維的同時，竟然沉迷於邏輯思考，出版了學術專著《綜合邏輯論》，並獲海外華文著述獎人文科學類第三名。回想起來，他的一些文學作品，其實也常常閃耀著他思辨的火花。

所以，他在這部《重走淘金路》中，能將歷史與現實、文學與學術結合起來寫，體現了一種時間、空間、力量、情感邏輯、歷史關聯、以及命運無常的生命形態，在展示族群遷徙、歷史傳說中，有那麼一點點大開大闔的史詩味道。

澳華歷史，既斑駁也龐雜，林林總總，難以歸攏。志敏兄卻選取了一個巧妙的切入點——走路，重走160多年前華裔先民的淘金路，把一路的所見所聞所思所感記錄下來，通過生動的文學描繪，幽默的情景展現，將歷史記憶和現實體驗對接，從而逐次揭開這部澳華史書的一頁。

重走淘金路，從組織、發動，到歡迎、參與，都顯示華人社區對歷史的尊重，對參與開發澳洲的認同，也為作者親臨其境的體驗，設身處地的感受，歷史資料的整合，提供了一個難得的機會。

重走，首先是體驗當年路上的艱辛，淘金的艱辛，生存的艱辛。

從華裔先民登陸的南澳羅布港，到維多利亞州的各個淘金地，有幾百公里。今天步行隊的行走，是空身上路，酒足飯飽，還有後勤車隊保障。而當年先民的行走，卻是戴鬥笠、肩挑擔、挨飢困、餐風露宿，兩者有著強烈的反差。然而在這種不同條件下，志敏兄及其步行隊也深深領略到走路的滋味。他們既有艷陽

下一腳深一腳淺的翻山，也有風雨中朦朦朧朧的悶頭行走。當洪水沖垮公路，他們折入荒野，踏步草叢，尋路而行時，顯然感受到當年先民在荒原上奔走，在野嶺中淘金的艱辛。那些先民要抵禦環境的惡劣，要面對設備的簡陋，還要對付白人的挑釁，提防土著的攻擊，可以想像，昔日淘金者比起今天步行隊，更會是「七分像人三分像鬼」的狼狽模樣。

文學區別於史料，就在於充滿現場感與具像性。志敏兄跋涉行走，參與其中，獲得了體驗，觸摸到具像，讓塵封的歷史活起來，讓一幅幅鮮活的畫面撲面而來。今天的重走，步行隊獲得了體驗，只是付出體力的代價：而當年的行走，先民雖可獲得些許金銀的回報，但卻要付出生命的代價。華人先行者，無疑是一種炙烤靈魂的煉獄之行。

既然是煉獄之行，肯定是苦頭吃盡，靈魂煎熬。

華人來淘金，華人在行走，華人居澳生活，都是一種歷史因緣，令華人成為澳洲發展的一種力量。華人重走淘金路，檢視歷史，檢視自身，也是一種歷史因緣。今天，他們行走在這條路上，坐在小鎮上喝咖啡，與當年的華人狀況肯定是天壤之別的。十九世紀五十年代的澳大利亞，既是輝煌的淘金時代，也是心酸的華工血淚史。

金燦燦的淘金地，是華裔先民的悲情傷心地，澳洲排華就是從淘金地開始的。白人礦工反抗政府苛捐的同時，也反對華工搶白人的飯碗，這是人類生存競爭的一種複雜性。華人盡管為澳洲繁榮發展功不可沒，但文化的不相容，與白人爭淘金份額，在異域被看作異類，所以不斷被排斥，催生了白澳政策，讓華人安身立命極為艱難，人員不斷減少，有人栽倒不起，有人折返故鄉，許許多多人有去沒回。

當然，重走，不僅僅看是到悲情，同時也會看到血汗結出的碩果——華人對歷史的貢獻。

　　一路走來，作者看到當地民眾對華人有負面也有正面的行為，既有當地人派警察阻擋華人入鎮的，也有當地人讓華人安營扎寨的，有時也會看到白人幫助華人的小情景，這在當年歧視華人的政策背景下，也潛藏著一點進步的亮點。

　　華人來澳淘金，參與開發澳洲，當然是苦事，但苦中也有貢獻，苦中也有成就。如種菜、開店、做慈善，因而被當地人所紀念，有些地方還為華人貢獻者修建銅像，小溪小街以其命名等等。

　　澳洲華人的早期歷史，當然不僅僅是淘金史，還有蔬菜水果的種植，也有餐館店鋪的經營，甚至有社會慈善的籌款，這是華人對澳洲社會的參與感和貢獻力，這些都是不能被遺忘的故事。志敏兄不僅重筆書寫淘金史，也不忘去挖掘華人生存的其他方面，表現華人的貢獻，揭示華人在澳歷史的完整形像。

　　作者一路走去，許多小鎮、廢墟、田井，都沒什麼華人了，而這些地方，當年因華人湧入而興盛，如今，華人的記憶只記錄在當地的檔案、博物館的名冊、以及寥寥幾位白人長者的腦海中。幸而，一路上還是留下許多華人遺存，古井、營地、墳場、廟宇、店鋪、礦場、曠野小徑，包括了物件、文字，都是一種歷史記憶，是華人歷史篇章中的無數標點，既有頓號、逗號、分號，也有問號、冒號、感嘆號……不斷延伸，不斷譜寫。

　　志敏兄除了寫自己見聞的感受，也寫了步行隊員，他們大都是華人或有華裔血脈者，他們的經歷，他們的感受，也是與百年前先輩生存的回應。寫步行隊員其實也不是閑筆，作者透過這個步行群體，呈現了一種反差，時空的反差，生存條件的反差，還有年紀的反差。從墳場的墓碑顯示，當年去世的華人，大部分不

滿四十歲，而今天步行的華人，許多已是五、六十歲了。正是各種反差，顯示著歷史流動的態勢。

一路走來，志敏兄是用眼去看物景，用心去感受歷史情景，串成一部早期華人移民史，而且，也是更全面深入豐富多彩的華人奮鬥史。當年謀生掙錢，現在從政從事專業工作，當年打死工，現在商機處處，作者是借助重走淘金路，加深對歷史的認識，對自身的把握。

歷史，就是一種不可估量的財富，它發現過去，展示未來。志敏兄不光在復述歷史，而是透過眼前的情景體檢，盛衰變遷，去傾聽歷史的回聲。書中既揭示了華人受歧視的一面，也展示了華人發揮積極作用的一面，還反映了當時社會的各種矛盾，有些不僅僅是華人本身的問題。

腳踏原野芳草，穿越廢墟殘舍，放眼天高雲淡，不時會引起作者的某些思考。比如，澳華歷史與澳洲歷史時間差不多，當二百多年前，英國人踏上南半球這塊新大陸時，同船抵達的也有個別中國人，之後，有數批契約華工從中國南方陸續到達，再引至十九世紀中葉的大批淘金華工湧入。即使以中國人大規模來澳淘金時期算起，比起歐裔人開發澳洲也只相差六、七十年。但是，白人淘金者在人權、生存權的爭取中碰撞出自由民主思想的火花，推動了國家政治的發展。而華人經濟上雖有所貢獻，但文化上只是點綴，而思想上更無建樹，所以一直被擠在社會邊緣。

又比如，中國人身上的許多文化及其行為，難以與西方文化融合，但卻可以並存，可以入鄉隨俗。華人可以用洋名，可以娶洋女，沿途看到不少歷史照片，都顯示著西裝與辮子並存。華人廟宇，供奉祭拜各路神仙，不僅有觀音菩薩，有關公媽祖，也有基督洋教，可見文化上華人還是有一種實用態度的，這也是一種

生存本能。

　　還比如，淘金路上，華人菜地，華人餐館，大多已無後人繼承，老人和後代之間的斷層，既令人哀嘆，卻又充滿期待。因為這種代溝，正是時代發展的使然，也是華人後代融入主流生活的呈現。

　　這種種思考，既是對歷史的反芻，也是對現今華人社區生態的解惑。

　　文學的史詩元素，除了歷史縱橫，古今傳說，還有個英雄品格。誠然，志敏兄並沒有專注著墨於哪個華人英雄，但那些在淘金地留名，被當地人紀念的成功華人，也是華人群體的典範。那些華人先民的奮勇前行，那些旅澳華人一代一代的自強不息，在弱勢與逆境中成長，成功地融入澳洲，與各族裔和衷共濟，不也是一種英雄品格的展示嗎？澳華群體，可以說是一個英雄群體；中華民族之於世界之林，也是一個英雄族群。

　　所以，在重走淘金路的尾聲，當步行隊來到了維多利亞州議會大廈時，州長代表政府，首次對160年前對華人徵收人頭稅的歷史不公平政策，向華人表示了真誠的道歉。這也是向為澳州大地灑下無盡血汗的華人群體表達了一種英雄的敬意。而著名華裔歌唱家俞淑琴，也在議會大廈前，高歌中文歌曲《龍的傳人》和英文歌曲《我仍然呼喚著澳大利亞的家》，表明了澳洲華人對國家、民族這種雙重身份的認同，這也可以看作是澳洲華人身上的一種英雄氣概。

　　志敏兄和步行隊20天走了500多公里，而中國人在澳洲，則走了200多年。歷史不會重復，但精神、文化卻一脈相承。在本迪戈的金龍博物館，收藏著一條色彩斑斕的巨龍，它有一百多年歷史，是由本地華人的祖居地廣東運來的。龍是中國文化的圖

騰，在澳洲，龍也是中國人生存奮進的歷史象徵。每逢重大節日，就由一千人輪番舞動這條巨龍上街助慶。過去，舞龍者是華人，如今，舞龍者大部分卻是金髮碧眼的西人。這種中國元素、文化標籤的微妙轉換，不也顯示了中華文化傳承發展的新質，中華民族堅韌不拔的生命力？

中國人在澳洲生存的歷史，其實就是一個從幻像到實在，從想像到創造性的過程。澳洲歷史很獨特，雖然暫短，但金光閃閃；澳洲華人形像同樣獨特，同樣金光閃閃。過去是澳洲的淘金者，今天是澳洲的獻金者，是澳洲財富的創造者之一。

這就是沈志敏先生重走淘金路的感悟，書寫十多萬字的《重走淘金路》意義所在。相信讀者掩卷之後，也會產生許多感悟、感慨……正所謂，歷史悠悠路漫漫！

目錄

前言說明

　　關於十九世紀中葉至二十世紀初年，一批又一批華人不遠萬裡，奔赴澳洲淘金地的歷史狀況，對於今天的中國人來說，就如同一些舊日的傳聞，也許有人在一些書本中讀到的點點滴滴的史跡和故事，由此在腦海中構成了朦朧的印象。即使來到澳大利亞的華人，對於祖輩在這兒淘金的情況，大多也是在旅遊景點上的參觀時（最為著名的大概能算是墨爾本旅遊途中的「金礦公園」——應該是維多利亞州巴拉瑞特地區的「疏芬山（Sovereign Hill）金礦遺址公園」），了解到了一些模模糊糊的圖景，並不知道詳情，也難以知道這一歷史劇情的細節和發展。

　　其實，前輩華人在澳洲淘金的地點極為廣泛，根據這塊新大陸的地質情況，產生了人們對於各個金礦地的先後發現及發掘，也由此決定了華工們淘金的各條路線。然而，其中最為重要的一條路線卻是由某種政治因素而產生的。

　　維多利亞州的黃金發現無疑地是在澳大利亞短暫的歷史上一個極為重大事件。由於不少華人淘金者的來臨，維州政府針對華人制訂了含有歧視性的「人頭稅」政策。迫使華人另闢蹊徑，從南澳登陸，然後步行去往維多利亞地區的淘金地。這條從羅布到淘金地的數百公里路程，坎坷艱難，幾乎成了華工的血淚之路，而當年的大部分華人淘金者都是從這一苦難歷程上走過來的，還有一部分華人在這條路途上倒下，再也沒有能夠站起來。這同樣書寫了澳大利亞歷史的一個組成部分。

在一百六十後的今天，維多利亞州的一個華人社團組織——澳華社區議會（CHINESE COMMUNITY COUNCIL of AUSTRALIA縮寫為CCCAV）組織了一次重走淘金路活動。

我參加了這次頗有意義的步行活動，在二十天的時間裡，和徒步伙伴們一起完成了五百多公里的路程。在這條不平凡路途中，聽聞到了許多華人前輩的史跡，並且對於這條淘金路上的點線面，形成了一個全方位的了解。從前輩華人一路走去之軌跡，到徒步隊伍一路走來所發生的趣事，仿佛在進行時空對接，感同身受，夾敘夾議，由此將一路的記錄寫成了這本書，猶如一部長篇報告文學。能讓今日華人同胞對昨日淘金之面貌獲得更為廣泛深刻地了解，也能夠讓後輩們對於早年奔赴海外的華人先輩們，產生更加細致透徹的理解。

特別使人興奮的是，這次重走淘金路事件的尾聲，徒步隊伍踏上墨爾本議會大廈的石頭台階，作為重新回顧歷史的一個重要因素，最後促成了澳洲維多利亞省政府對於一百六十年前徵收「人頭稅（這一帶有歧視性的錯誤法規）」，在莊嚴的議會大廈內對華人進行正式的道歉。

歷史並不是一條直線，有時候它更像一幅拼圖，當年華工的血淚之途，和今天的重走淘金之路，不是簡單的形像重疊，一百多年來華人們在這塊土地上的辛勤付出和種種有益的貢獻，也都形成了澳洲歷史拼圖的塊塊面面。世界文明的進步，澳洲社會的發展，讓人民和政府也越來越認識到了這一點。澳洲各個族裔的民眾，有一小部分當地的土著，大部分人來自於世界各國，或是他們的後裔，每一個人都是這個公民社會的一份子，因此他們的權益也是平等的。在文明社會的陽光下，讓人們越來越看清楚了那些歷史長河中所造成的黑暗的不平等現象，人們終將從歷史陰

影中走向光明的大地。

——作者

時代背景簡述：

　　晚清末年的中國南方各地已被歐美各國的商船和艦艇打開了門縫，與世界各國產生了信息流動。1850年，澳洲的維多利亞等地區發現了金礦。而當時中國的場景是，天災不斷，人禍越演越烈，廣東福建等地民眾聞訊異域黃金之消息，成千上萬的華人奔赴海外，加入澳大利亞的淘金者行列。

　　1855年，澳洲的維多利亞地區政府為了限制華人來澳，開始向在墨爾本港口登陸的華裔淘金者徵收10英鎊的「人頭稅」。為了逃避這一筆在當時被視為重稅的金錢，華人們跟隨商船南移，從南澳大利亞地區的小鎮羅布（Robe）港口登陸，繼而爬山涉水，徒步四五百裡的路程，曲線採金，走向維多利亞地區的各個淘金地……

一，人生的挑戰的「念頭」

1

　　五月是澳大利亞的金秋季節，那一天我獲得了一個重要信息。

　　「2017重走淘金路，紀念澳洲華人羅布之路160年。」這條消息讓我眼睛一亮。這是在新金山圖書館微信群中，一個名叫「惠山」的群友發出的。也許是巧合，第二天星期二，我又在墨爾本的華文報刊「大洋日報」的第一版上看到惠山的文章，其內容講的就是160年前華人前輩來澳洲淘金之事，前輩們為了逃避人頭稅，從南澳登陸，爬山涉水，旅途艱辛，一步一步地走向維多利亞省的淘金之地。那些閃閃發亮的金子太誘惑人了，古今中外，有多少人為此折腰。那麼個「惠山」又是誰呢？先保留著這個謎語。

　　以前，我曾經在自己的兩部長篇小說《動感寶藏》和《情迷意亂——那輛澳洲巴士》（與人合作）的故事情節中運用過那段華人長途爬涉的內容，依據的是報刊雜志等資料。而如今一個拷貝歷史軌跡的機會就在眼前，那條線路是真實的。

　　一百六十年前的太陽和月亮和如今的日月沒有什麼兩樣，日月下的土地山川容貌依舊。對於大自然來說一百多年的時光也許只是短短的一瞬間，而對於那些消失的華人前輩來說，卻是漫長困惑的人生之旅，我仿佛看到前輩的影子在那片廣袤的山川土地

上行走時猶如螞蟻般地蠕動著，我相信上帝一定還保持著他們隱隱約約的蹤跡，為了顯示給他們的後來者。我的靈魂仿佛被牽引到百年前的氛圍之之中。

2

文學創作者們都知道，理性的資料收集不可能替代感性的生活體驗，後者往往會比前者更加生動活潑，是一種直接的經驗認知。但另一個問題困惑著我，五百五十二公里，一千一百多華裡，不是平坦的路途，需要翻山越嶺，也許會在荒草中爬涉，在風雨中兼行，日程是在二十天內走完。

記得我們那一代，許多人都參加過一種長途行軍活動，美其名曰「野營拉練」，口號震撼：「練好鐵腳板，打擊帝修反！」今天聽來有點恐怖。當年國內國外大搞階級鬥爭，四面樹敵，老是準備打擊別人是那個時代的特徵。

頓時在我眼前出現了一個場景，那是在一個茫茫的雨夜，見不到月亮，星光黯淡，幾百名十幾歲的學生，一步一滑地走在泥濘的道上，背上是一條薄薄的塑料布包著的棉被，我還攙扶著一名上了年紀的戴眼鏡的老師。隊伍前面的農民向導老是說還有五六裡，不知走了多少個五六裡，楞是走到天亮，走了近百裡路，每個學生和老師都成了泥猴，「喔喔喔──」公雞在一個村口報曉，路上沒有遇到一個「帝修反」。

從「淘金之途」到「野營拉練」又到今天的「重走淘金路」，彌散出不同的時代背景和信息，不同的人生感應和精神意念和張力，但有一點兒是是相同的，人們都用兩條腿行走，兩條腿還需要聽從腦袋使喚。

此刻，在我的腦袋裡蹦出一個念頭，「行走」也能成為一種人生的挑戰，人生當然包括少年青年成年和年老等不同人生階段，誰也沒有規定過挑戰應該在那一個人生段落中發生。「我需要沿著先輩的足跡去走一回，也許不是瀟灑走一回，而是疲勞走一回，甚至是拼命走一回。」人的行為有時候往往取決於一個興奮而有堅硬的念頭，「重走淘金路」已在我心上定格為一個確定無疑的「念頭」。

3

我伸出手去抓那條還在微信群中飄渺的線頭，信息中有一個手機號碼。接電話的是一個名叫恰爾斯·張的男士，後來又聯繫到一個叫KM·溫的女士，當然都是華人男女。連接上了Emil，溫女士從網上寄來一份先鋒步行者申請表，需要在當天下午三點前在一個網址上註冊。可是我弄了好幾次，就是無法註冊。第二天終於和溫女士打通電話，她也幫忙試了一下，原來那邊的網址早已關閉窗口。通過她的再次聯繫，重新打開那個有點神秘的註冊窗口，說明一小時後窗口會再次關閉。

兩天來，一個個往來返去的電傳電話搞得我有點心煩意亂，總算落實了註冊。申請表上最為誘人的條目是，旅途中吃宿全包，外加行裝和防曬油等等。餘下的時間只有一天多了，還要做不少準備工作。另有一件難事，如何去南澳的海濱小城羅布？因為星期六的徒步是從羅布港口開始的。在微信中接到恰爾斯·張的信息，說可以在明天下午四點前在淘金之城巴拉瑞特火車站會面，跟隨他們的車輛一起去南澳大利亞州的羅布市。

其實想參加這項活動的不止我一個，在新金山圖書館的義工

群體中就有三人，朋友老宋也想參加行走，家庭醫生說他健康欠佳沒有批准，另一位關英虹女士也已報名參加支援者行列。

4

　　星期五下午，我拉著行李箱和背包趕到墨爾本市中心的南十字火車站，去往外地和鄉村地區的班車都是從這裡發車，去往巴拉瑞特的火車，每隔一個多小時一班。也不用買火車票，在進口處刷一下交通卡。現代化的信息技術給人們出行提供了極大的方便，遙想一百多年前，人們遠行之艱苦條件，不得不讚嘆人類的科學發展和文明進步。

　　「嗚——」地一聲，鄉村列車出發了，我還從來沒有坐過這班列車，不一會，路經Footscray地區時（華人把它譯成「富士貴」），瞧見遠處的一大片荒地中間有一座中國式的天後媽祖廟宇，邊上還豎立著一尊高大的女神像。其實她以前不是神，只是福建沿海地區的一位普通婦女，後來在頂慕禮拜的香火中成長為媽祖女神，據說她能夠讓波濤洶湧的大海恢復平靜，因而成為出海漁民的保護神，後來又引申為奔赴海外的先民的庇護神，前輩海外華人們對她燒香跪拜，尊敬有加。

　　可見人類在精神意識的成長中，總是以生活經驗中產生的某個意念來虛構一個個精神偶像，中外人士，莫不如此。直到科學光臨，人們再把科學尊奉為新的偶像。

　　對於這座大廟，在徒步走回墨爾本的途中，我還會有細述。迎風聳立的媽祖女神，這一次不是在海邊，而是在墨爾本的鐵道邊上，送我馳向遠方。

二，夜行羅布港

1

在火車上，瞧見前幾排的座位上有一位身材不高的亞裔女子，看不出她的實際年齡，我的腦袋裡突然跳出一個形像，「馬雲的妹妹」，我不知道億萬富翁馬雲是否有姐妹，但眼前那位好像是馬雲的妹妹戴上了一副眼鏡。我的一位朋友曾經一本正經地對我說：「馬雲肯定是外星人，不是外星人，也是外星人的後裔，瞧他那臉相。」我知道他的言下之義是馬雲太聰明了，不是一般人。

「馬妹」在火車廂裡走來走去，不停地忙碌，原來她在前面的行李架上放著七八件行李，手上還捧著手提式電腦，一會兒她又叫住乘務員，問詢停靠車站時，是否有足夠的時間讓她搬取行李？「這個女子不尋常，精力充沛，而且能夠吃苦耐勞。」我不由想到。

2

火車抵達古色古香的巴拉瑞特火車站。時間還早，我走出車站轉了一圈，街上沒有高樓大廈，大多是兩三層樓的建築物，不少樓房的牆上銘刻著一八XX年的字樣，對於年輕的澳大利亞來

說，一百多年前的建築就算是歷史文物，頓時，我仿佛感到這座城市仍然彌漫一層淘金時代的氣息，就像老舊的樟木箱裡的味道。

我回到車站候客室，又碰到那位女子，當我倆眼光相遇的時候都微笑了一下，我用中文試著對她說：「你好」，她也用中文回答了我，感覺聲音有點熟。

真人和真神都開始出現了。一問才知道，她就是和我電話聯繫的KM・溫女士。中文大名叫溫方臣，做為一個女子，這個姓名頗具個性。從談話中我了解到，她是CCCAV的一名成員。CCCAV的全稱是CHINESE COMMUNITY COUNCIL of AUSTRALIA，Victoric Chapter，翻譯為澳華社區議會。也許是我孤陋寡聞，第一次聽到這個議會的名字，感覺是一個官方組織。溫女士解釋道，CCCAV也是一個華人社團組織，已經成立了十年，是一個經常和各級政府部門打交道的華人社團。這次步行活動是由他們策劃發起和組織的，他們又把這個活動的實施委托給一個專業的西人商業組織，還聘用了一位召集者和領隊恰爾斯・張。也就是說，在這次徒步活動中，她所代表CCCAV和那個商業組織，又和恰爾斯・張一起形成了一個三結合的領導班子。

此時，又遇到了麥克・汪，他是一個做葡萄酒生意的老板，和南澳地區有生意往來，從羅布地區網站上獲得重走淘金路的消息。他以前就認識那位恰爾斯・張，由此聯繫上了徒步活動的組織。「這是一個很好的鍛煉機會」，這位中年男士如此說，他手上拖著一個滿滿的拉桿箱。

驀地我發現溫女士的一大堆行李不見了，她說放在站台的辦公室裡，「馬妹」的頭腦非常靈活聰明。麥克・汪和她一起去把那七八件行李取出來，我看著這邊的行李。我們三位乘坐同一輛

火車，從墨爾本來到這個淘金古鎮，又要一起參加先鋒步行，一下子就拉近了彼此的距離。

一會兒，溫女士的手機鈴聲響起，那個恰爾斯・張的聲音出現了，他已經到達了火車站外的停車處。我們三人拉著行李先後走到那兒，瞧見了那位恰爾斯・張，頭髮有點灰白，年齡看上去和我差不多，但身材高大，比我壯實了許多，能和西裔人士有一拼；再瞧他褲管下露出的粗壯的小腿，一抬手就能提起沉重的行李車的車門，可見他的腿力和臂力，是一條精幹的漢子。

恰爾斯・張居住在巴拉瑞特，後來才知道，他本身就是個傳奇，曾經三次行走過那條淘金路，熱情關注華人歷史並付諸於尋找史實的行動。這次他租了一輛拖帶行李車的麵包車，已經帶上幾位當地的步行者。他們戲稱巴拉瑞特為「巴村」，分封恰爾斯・張為「村長」。麵包車裡加上我們三位，已經坐滿。看來協調工作有誤，還有一位志願者在路上。

我和溫女士再去火車站等待。關英虹女士和她的女兒風風火火的趕來了，她們自己駕駛著小車，從墨爾本南面的丹儂山裡，奔馳幾個小時，一路不停地趕到巴拉瑞特，據她自己說，為了趕時間，她在高速公路上的車速是一百二三十公里。微信群的照片上，她戴著警官帽，遙想當年，她是北京城裡一位訓練有素的女公安，也許能從開車中一窺其本色。

此刻，她女兒把車再開回墨爾本，她上了我們的車，麵包車裡缺少一個座位，只能擠一擠，後來在巴村的一個步行者家裡拿來一個小板凳權當座位。

3

當晚要還趕到羅布。雖然我來澳大利亞二十多年，沒有去過南澳，對這段行程沒有一點兒概念。他們說，駕車需要六七個小時。

汽車出發了，車輛從下午走向黃昏，從黃昏又逐漸移向黑夜，在西邊的天空下，黑色將夕陽越壓越低，驅使它褪去最後的艷紅色彩，我們開始領略澳洲原野的博大和空曠。

天色完全進入了黑暗，野外公路上車輛稀少，偶爾有車輛從前面駛來，車燈在旁邊一閃而過，我們的車繼續在黑夜中前進，恰爾斯・張擔任駕駛員，他說二十幾年來，在這條路上行駛了無數次。「他究竟幹的是那一行？」我猜想。

一輛警車頂燈一閃一閃地跟在我們車的後面，意想不到的事情還是發生了。車停到路旁。原來是我們的麵包車和拖車後面沒有尾燈，這輛車是從車行借來的，也可能是車尾燈的保險絲燒壞了，司機對警察做了解釋。鄉鎮公里上的警察比較通情達理，不像大城市裡的警察那樣傲慢苛刻，善意地提醒了幾句後就放行了。假如他們再來車廂裡探望一下，發現裡面多了一個乘客，缺少一個座位，這也是犯規的。其實沒有尾燈的車輛在黑夜裡行駛還是有危險的，容易被後面急馳而來的車輛撞上，幸好夜間公里上的車輛很少。

在巴拉瑞特和羅布中間的一個較大的城鎮上停車，大家走進一個泰國人開的中餐館裡吃了晚餐，一碗炒麵十八元，價格較貴。墨爾本地區，這樣的炒麵，價位應該在十元至十五元之間。因為還沒有到達羅布，晚餐的費用自理。檢查車輛後，不是保險

絲燒了，在儀器盤上，根本沒有尾燈部分的保險絲。神秘的黑夜，總是讓人平添幾分不安。

4

深夜十一點多到達羅布，城鎮一片靜悄悄，沒有幾盞路燈，車輛駛到一個汽車旅館門口，門口點著一盞黯淡的燈，走進去是一個大院，比北京的四合院大出數倍。沒有接待人員。顯然，恰爾斯‧張早就和這裡聯繫過了，他給大家分配了房間鑰匙。

一盞盞燈在一扇扇窗戶上熄滅了，薄薄的星光下，四周好像披戴著一層神秘的色彩。以往，每當我在夜晚到達一個陌生之地，都會產生這種神秘感。

當晚的睡夢中，我奇怪地見到了聖經舊約裡的一個場面，也許那是美國電影《摩西》中的鏡頭；黑夜過去，摩西帶著成千上萬的同胞逃離埃及，他們上路了⋯⋯。

心理學家弗洛伊德說，夢是潛意識的表現，可以從潛意識中找出事物的象徵，在這些象徵中又能破譯出人們的思慮。那麼摩西象徵著什麼呢？他帶領的是猶太人，而不是中國人。我們不需要出逃而是前進，祖先們為了亮澄澄的金子從遙遠的大海那邊走來。

美麗的海港小城——羅布

夢總是似是而非的，確定無疑的是，明天我們將要開始先鋒步行，不，指針早已跨過了十二點，明天已經把今天推入。

　　-

三，上帝在羅布揮灑下的筆墨

1

清晨打開房門，首先聞到的是一股新鮮清涼的空氣，那是海洋的氣息。

走出門去，看清了這家旅館名叫「羅布避風港汽車旅館（Robe Haven Motel &Butlers）」，其名中包含著避風港和膳食的內容，英文名字往往直接表達出它的用意。一陣陣海風的呼叫著從遠處傳來。

這個旅館已經有很多年歷史，中年老板一年前轉買下這家旅館，現在和他太太一起經營這個小生意。這樣的旅館在羅布地區星羅棋布。他倆在客廳裡點起爐火，給大家供應熱茶咖啡和烤麵包，順便介紹起這個城鎮。

這是一個旅遊小城鎮，居民才一千五百多人，大多經營和旅遊有關的生意，但此地也出產海鮮等物，大名鼎鼎的鮑魚和大螯蝦就是這裡的特產，價格要比大城市裡便宜。這就讓有生意頭腦的和喜歡美食的人產生了各種想法，我們步行隊伍裡當然也不乏這樣的人才和食客。

旅館坐落在高坡處，前是一大片青草地，放眼望去，可以俯覽羅布市鎮的美麗景觀。昨夜我感覺中的那層神秘的色彩被揭開了。這是一個精巧別致的小城鎮，各式漂亮的房舍錯落有致，層

層疊疊，樹林草地撒落四周，中間嵌入著一汪藍色的海灣湖泊，湖內停泊著帶桅杆的白色游艇，整個圖景構成了委婉舒坦的立體畫面。

當然，別以為這僅僅是個寧靜的海濱城鎮，上帝也曾經用筆墨沾著藍色的海水在這裡寫下了波瀾壯闊的一筆，而這一筆恰恰描述了成千上萬個黃皮膚華人的心酸和血淚。（古色古香的羅布海關大樓博物館裡裡還收藏著不少華人淘金時期的文物）。

2

我們的團隊沿著行人稀少的街道走到一家咖啡館，進門上樓，因為先鋒步行團在徒步出發之前，各項準備工作都要在咖啡館樓上展開。

迎接我們的是兩位金髮女郎，一個叫珂德，高高的身材，成熟熱情，另一個叫呂貝卡，年輕漂亮，她倆就是那家旅行商家派來的工作人員，負責我們一路吃喝宿行等等。各路人馬陸續到來，在這裡集合，有步行者，也有志願者，大家相互問候。

中國南方日報的幾位年輕記者也跟蹤而來，他們在人群中開始採訪。為什麼是南方日報熱衷於關心這項活動，而不是中國其它地方的報刊呢？在我腦海中打上一個問號。

答案是，當年奔走海外的大多數是廣東福建沿海地區的南方民眾，他們是神州大地上敢為天下先的一批，膽敢去海外尋找發財致富途徑。第一個條件應該是沿海的地理位置。第二，他們祖輩就有下南洋的風氣，這無形中形成了一種開拓者的傳統。第三是他們最早獲得了來自於大洋彼岸的信息。

那麼，同樣是在海岸線上，中國的北部和中部就沒有形成這

種開拓海外的歷史風格。這其中會有許多原因，也許可以追問一下中國近代的統治者，劃地為牢形成了閉關自守的基本國策，害怕各種異端邪說成為了統治者的心病。

而天高皇帝遠的南方民眾一不小心就大膽地跨過了統治者設定的那道藩籬。從中國近代史到中國當代史，都可以看到那些隱隱約約的軌跡。

3

從16世紀至19世紀，葡萄牙，荷蘭，英法等歐洲各國先後向海外擴張的時期，他們的目標是整個地球，而不僅僅是東亞的中國和印度等國，然而他們的艦船都先後出現在中國南方沿海。十八九世紀的工業革命又讓大西洋邊上一個不起眼的島國一躍而起，成為日不落的大英帝國。

那麼中國這時候在做什麼呢？從地理環境角度觀察，也許是華夏四周壞繞的高山大海，限制了人們的想像力，而數千年的皇權更替更讓帝皇們沉醉於自己改朝換代的殘酷遊戲中，天朝的自我封閉加劇了這種閉關自守的無奈，除了被動地受到西洋各國的欺負，清廷統治者和權貴們已經提不出什麼高明的國策。除了對自己臣民擺出一副至高無上的主子尊容。

已經遠離帝都的南方民眾，似乎並不在乎皇權的威嚴，他們大膽地跨越藩籬，走出了一條別樣的道路，而且在這條路上的某些先行者們，在領略到了進步文明之思想後，又反過來推動和促進了古老呆滯的中國，例如孫中山本人在海外的經歷和他和海外僑民的密切關係，以及由他領導的從海外發端的革命運動，最後震撼了腐朽落後的封建帝國。

1840年鴉片戰爭前後的中國南方沿海地區其實已經和英法美等國形成了商務交往和信息流通的區域，不然，萬里海疆外的新大陸上盛產黃金的消息，如何會流傳到中國南方沿海的民眾的耳朵裡呢？第二是交通工具，當年奔赴淘金之路的民眾大多是從香港等地碼頭上坐英國的輪船出發的，民眾們依靠自己的那些小漁船是不可能遠涉重洋到達遙遠的彼岸。明朝雖有鄭和下西洋的先例，但那是朝廷的傾國力之所為，和民間沒有什麼關係。信息的快速流通和遠洋交通工具的普遍使用，都是現代資本主義的商業化造成的，而恰恰是這兩項條件，為南方民眾遠赴美國和澳大利亞等國淘金有了可能。

　　如果深入探討，不難發現，當年，具有工業文明的西方國家在進入和開拓蠻荒的新大陸之時，那些在被侵蝕中的東方封建文明之國似乎居於兩頭中間，同時也被帶動起來，他們有機會跟隨著資本主義的潮流踏上更為原始的新大陸的土地上去尋找財富。而資本主義這頭猛獸，它本身並不在乎大地上的財富降落在誰的頭上……。在近代史上，中國人在譴責歐美殖民主義的侵略掠奪之時，往往忽視了這樣一個邊緣的的收獲。

4

　　從歷史的夢幻間回到現實。當我在選擇咖啡和茶的時候，瞧見人群中就有幾位這種歷史造就的後代，一對西人夫婦拿出一本厚厚的精裝畫冊，說明他們家族歷史上的華裔血統。後來我了解到，在我們先鋒步行者的隊伍中有兩位西裔人士，一個叫麥克斯，另一個叫安傑爾，他倆的血管裡也流淌著部分華人血液。

　　兩位金髮女郎給大家講述了有關這次步行的事項，給步行者

和志願者分發了紅色的套衫和T恤，黃色的馬甲等。還讓每人穿上這套行裝後簽名拍照，搞得很正式。只是那些半身像片效果太酷，每個人都照得像穿號衣的另類。

我們知道，當年的華人先行者走入這條坎坷之路的時候，猶如在煉獄裡行走。今天，一群身穿「號衣」的後行者也將奔赴先行者走過的那條路途。大家走出了那間溫暖的咖啡館。門外風聲在街道上呼嘯而過。

四，掀開重走淘金之路的帷幕

　　今天羅布市鎮並非風和日麗，老天時而打開雲縫，透出幾絲陽光，時而又關閉縫隙，讓天庭中灰雲翻騰，海面上時而有一陣陣勁風越過海堤，掃過整個海灘，攜帶著大海的隆隆之聲。

1

　　我們沿著海岸線向前行走，走到不遠處的目的地，有三道景觀先後映入我們的眼簾。

羅布市長彼得‧萊斯利在石牌前講解

　　一，沿岸一塊粗壯的石碑，上面用中英文刻載著：「從一八五六年到一八五八年之間有一萬六千五百名中國人在這個地方登陸並且步行了兩百英裡去維多利亞州的金地去尋找黃金。」此牌由當地華人商會在1986年所立。

海水中豎立起的烏木牌坊

　　二，不遠處的海水中豎立起一個烏木牌坊，高度為9.7米，其中入水為3米，據說此木百年不爛；高處紅色的橫木上刻有「壯志凌霄」四字，兩邊豎木上刻有一副對聯：「萬淘且瀝苦盡甘來始見橙黃一片」和「百折不撓世延代襲終開繁盛千年」。牌坊是在這次活動前所建，被稱為「友誼之門」。當年的華人就是從那片海灘踏上澳洲大陸。

　　這又使我想起在維多利亞地區的大洋路上，見到的祭奠澳洲修路工人的紀念碑，也是用一些粗糙的木杆架子所組成。當時政府為了安置大批二次世界大戰後的退伍軍人，把他們組織成修路工人的隊伍，他們逢山開道，過河架橋，在艱苦的條件下修出了一條圍繞全澳大利亞的一號公路。大洋路這一段，面對海洋，一片崇山峻嶺，修築那段路面非常艱難，因此也犧牲了不少修路工人。

　　而我們華人先輩為了在澳洲大地上開拓出一條生活之路，同樣吃盡了千辛萬苦，許多人的軀體也倒在那條艱難坎坷的征途

上。然而這兩處的紀念碑都是相同的，樸素簡明，這是澳洲特有的風格。

三，不遠處的一個白色大帳篷，被風吹拂得有點抖動，它是這次活動的主席台。今天這個小城鎮上有數百人來到這兒，見證這次紀念華人先行者的隆重活動。羅布市長等地方官員都來了。

2

這個隆重的活動是在海風聲中開始的。

羅布市長彼得・萊斯利說：「四十二年前，我以遊客的身份來到羅布，那個時候，已經聽說了這段歷史。多年過去了，我成為這個小城的市長，參加了這次紀念羅布之行一百六十年活動的籌備工作……」他又真誠地說：「這段華人的歷史同時也是羅布歷史的一個部分。當年華人從羅布登陸，對這個小城鎮來說，具有裡程碑一般的意義。」他認為，華人為羅布作出的貢獻是無可替代的，自從華人來到這兒，羅布逐漸發展成為南澳大利亞地區的第二大港口。他還表示，羅布市要致力於加強與中國的溝通，傾聽中國的聲音，熱烈歡迎來自中國的遊客和投資者。

CCCAV是重走淘金路的策劃者和組織者，有兩位代表發言，一位是林美豐（Hong Lim）先生，來自於柬埔寨的華裔，祖輩就是閩南客家人。他是澳華議會顧問主席。雖然不會說國語，卻是一位熱心華人事務的維多利亞州的議員，他說：「我們由衷希望這段歷史能被充分重視並記錄在澳大利亞的史冊裡。我們不僅要敬佩華人當時那種不屈不撓的求生意志，更要銘記他們對這個地方作出的不可磨滅的貢獻……」

另一位是學者陳振良先生，他是CCCAV的主席，來自於馬

來西亞的華裔。現任澳洲反種族歧視委員會主席。他說：「羅布之行代表的不僅僅是過去，也代表著我們的未來。他講話風趣，引起陣陣笑聲。

在人群中我遇到了一位面熟的陳東軍女士，以前在朋友的聚會中見過數次。她也是CCCAV的組織者之一，以後有她繼任CCCAV的主席，這位和藹的女士數次來慰問看望先鋒步行者的隊伍。

一支有西人青少年組成的舞獅隊伍上場了，敲鑼打鼓，醒獅隨著鑼鼓聲跳躍奔跑，將序幕推向高潮，小鎮的居民和旅遊者在四周圍成了一個大圈，似乎將寒風擋在熱烈的氣氛之外，裡面是歡欣鼓舞的穿著「號衣」的徒步團隊。

羅布四周還有超過80處的歷史建築遺跡，美麗的海岸線，藍色的海洋裡有豐富的海鮮，寬闊的原野上到處都是葡萄園和普通酒莊。

羅布海邊，醒獅隨著鑼鼓聲跳躍奔跑

五，1857年羅布海灘的喧囂場景

1

此時此刻，我的眼光穿越熱鬧的場景，仿佛看到了160年前的鏡頭，先輩們頭戴黃色的鬥笠，留著粗黑的長辮，身穿黑色的衣褲，腳下踩著布鞋或木屐，有的甚至是赤足，肩上挑著沉重的籮筐，腳步蹣跚地從堤岸那兒走來；而在下面的海灘上，他們像蟲子似的從一隻隻小舢板上爬下來，人越來越多；而在更遠的海面上，那艘名叫「糕餅之國號」的客輪還在藍色的大海中徘徊，一艘艘小船仍然川流不息地游動在大船和陸地之間，運載著那些東方面孔的人上岸。不到幾個小時，上岸的華人已經超過了本鎮的人口。據文史記載1857年1月17日，羅布海畔桂珍灣發生的大事件就是如此。

當年那些白人居民們一覺醒來，驚訝的瞧著這些黃種人挑著擔子背著行李蜂擁上岸的場景，有點兒莫名其妙，而那艘運載這些怪物的大船上，卻掛著大英帝國的米字旗。在大不列顛的國土上，肯定沒有見到過這般容貌的國民，他們不會說英語，喉嚨裡發出一些嘰裡呱啦的聲音，他們從何而來，他們為什麼而來，難道他們是一批「天外來客」？羅布民眾打開窗戶，走出屋門，紛紛跑來觀看這支奇怪的隊伍，大部分人不知所措，不少人感到驚恐，他們在胸前劃著十字，口裡念叨著「上帝」。

2

　　羅布鎮建於1846年。建立這個南方的港口是為了將當地大牧羊場生產的羊毛出口至歐洲市場，也為定居者帶來生活用品。但是這兒二百多位居民做夢也沒有想到過，在這個港口小鎮建立起來的12年後，東方的Chinese如同潮水湧來一般，隨著年初的第一批265名華人的登陸，以後一艘又一艘航船來臨，使得此地成為一個送往迎來華人淘金者的最大的中轉站。據記載，在1857年的一年之中，就有14600多名華人登陸上岸，這一年，是華人在羅布登陸的高峰期。而從1857年至1862年間，總共有35艘船運載著16500名華人抵達羅布港口。據悉，至少還有數千名未被正式記錄的華人登陸者。也就是說，在羅布港口，也許有超過兩萬名華人在此上岸。

3

　　根據一百年多前金礦區之中文告示所顯示的數據：在19世紀中葉，在澳大利亞各州從事淘金的華人日漸增多，1857年初，維多利亞省共有華人25528人，至6月即有33694人，而到了1858年底，全省華人已增至42000人。當時，維多利亞地區的華人數量在澳大利亞的各個殖民地地區的華人數量中，絕對占有第一位，在澳大利亞的總人數中也占有相當大的比例。由此可以分析出，小小的羅布港口，可謂來澳華人人數最多的上岸之地。

　　後來根據各個地區金礦業的變化，有的地區，金礦礦源減少，有的地區則發現了新的金礦，同時各個地區對待華人的政策

也有所不同，海外的華人繼續來澳，但勢頭開始減弱。也有不少華人挖到金子後，打道回府，有的則去開發種植蔬菜等其它行業。於是華人在澳洲出現了分流的情況。在新南威爾士省，1856年僅有華人896人入境，1858年增至12000人，至1861年全省共有華人21000人，昆士蘭省是在1869年以後才陸續發現金礦，華人又大批湧到，至1877年全省華人約有25000人。當時在澳的華人數量，最高峰時可達五六萬人。

事實上在1857年之後，南澳也開始向維多利亞州看齊，出台了第一套限制華人來澳的政策，徵收十英鎊的華人人頭稅，每艘船限載6名華人，每十頓貨物僅限載一名華人。所以在1857年後，在南澳羅布登陸的華人也逐步減少。而在新南威爾士州，由於沒有通過這條法規，還有不少華人來臨。

4

羅布小鎮的居民把大批華人的湧入說是「侵略」。在了解到了一些華人情況後，他們又將這些外來者稱為「天朝人」。因為當時的華人在清朝統治之下，認為中國位於天下的中心，是謂天朝上國，因此都把自己稱為「天朝人」。從這種稱謂中不難看出，在近代社會大江大海的風浪顛簸中，大清皇朝盡管已走到窮途末路，軍事實力和文化觀念都落後於歐美諸國，但是從皇帝到大臣，從高高在上的貴族官僚到下層庶民百姓，那怕是家無鬥糧的貧窮者，心理中仍然頑強地表現出的那種自大的虛榮和驕傲。

以後的歲月，隨著大船運載著「天朝人」的到來，小鎮上產生了一個有利可圖的生意。由於當時新建的碼頭水位太淺，港口

的老板鼓勵當地人用小船接駁華人上船，每人收費八十便士到一英鎊，增加收入的好事刺激起居民興奮的神經，那根撬動歷史的經濟槓桿無論在什麼地方都能撬起某種活力，但也會促發見利忘義的醜陋之事。

少數華人因為付不出這筆「擺渡費」，被西人水手粗暴地連人帶行李水扔進大海，使得那些華人不得不游水上岸，水性不好的華人被淹死於海中。在一則記錄中說明，一艘名叫「威廉麥爾號」船上的幾名水手，因為如此惡劣的虐待華人行為，被地方官員每人罰款五英鎊，罪名是「對這些可憐無辜的生物進行殘忍的暴力對待」。五英鎊在當時是一筆大錢，但也無法挽救沉死海中的華人冤魂，何況法官對於華人的認知，也存在著一種成腐的偏見。

不過，此事也反映出這個區區的小地方，已在政府的有效管理範圍內，而不是無法無天的蠻荒之地。在這塊新大陸上，盡管當時還沒有成立一個統一的澳大利亞政府，但殖民地各個地區政府已經在自己的行政區域建立起比較正規的管理制度，政府鼓勵農牧業和工商業的發展，只要遵守一定的法規，繳納稅收，百姓可以在這片土地上自由的發展；對於罪犯，殖民地政府也傳承了大英帝國對於犯罪者嚴厲懲罰的各項條例。也就是說，早在19世紀五六十年代，這裡已經建立了行之有效的法治制度。

5

華人經過海浪的折騰後，需要短暫的休整，他們在羅布鎮的周圍安營扎寨，最多的時候曾有三千多人。每艘船的來臨，羅布醫生受命為那些剛踏上這片土地的人選擇新的露營之地。這裡

面含有多層意思，一是粗略地了解上岸華人的健康狀況。二是當地人不希望華人進入他們的居住區域。三是他們還認為，有必要將這些外來的華人區分和隔離開來。因為在先來後到的華人間也產生了各種情況，他們來自中國南方的不同地區，背景不同，語言不通，有些是來自鄉村的農民，有些是來自城鎮的手藝人和商人，在族群之間也會發生矛盾糾紛，甚至產生敵對情緒，打架鬥毆等等。

由於海上旅途的顛簸漂流，營養不良，不少華人已經身患重病。南澳政府了解到這批華人的目的地並不是羅布，而是維多利亞的淘金地，所以無意花費許多金錢來為這些華人檢查身體和治病。如果這些華人即將東行維多利亞地區，那麼有些生病者或身體欠佳的黃皮膚家伙如同一個個包袱，就可以在不久以後扔給維多利亞政府。那些在羅布地區被疾病等原因奪取生命的華人，因為物質條件的制約，也只能被草草掩埋。

但是當地還是有不少好心的基督教徒來為那些在船上感染疾病的華人服務，在那些護理人員中包括羅布駐扎官的妻子艾莉諾・瑪麗・布魯爾，後來她也由此感染了疾病，並且被病魔奪取了生命，年僅48歲，她的墓地還可以在羅布的早期公墓區找到。也許她是羅布地區第一位為了照顧華人而貢獻出自己生命的白人婦女，由此而顯示出她靈魂的高貴。

在羅布海灘上曾經可以看到這些生動有趣的場景，在此生活的華人們因地制宜，他們從港灣裡撈起海帶在太陽底下曬干為了食用，抓撈魚類製成鹹魚干，也是為了未來的遠征做出的食品準備。在他們的臨時駐地中，也能看到他們玩遊戲的景像，有些年輕人在天上放起風箏，也許這是在南半球的藍天白雲之下，釋放著他們對故鄉的回憶和對未來之夢的遐想。

羅布海濱的燈塔

　　他們從中國攜帶來的滿清朝制做的錢串在這裡不值一文，但當地人仍然願意接受銀子和其它物品，於是他們只能以物換，得以交換採礦工具毛毯和食物等，準備奔赴遠方的物品和行裝。

　　不過，還是有不少當地居民看不慣華人的生活習慣，因為出門在外的華人經常隨身攜帶刀具，在不少華人中間還有抽鴉片和賭博等惡習，也使當地居民感到厭惡和不安。政府曾經從阿德萊德地區抽調來25位皇家紅衣士兵來這裡維持治安。但在檔案記錄本中，這些士兵沒有為了突發事件而出動的記載，這說明華人駐地的基本保持在有序和平安狀況之中。

　　採金業是一個突然勃起的新興事業，卻能讓人迅速獲得財富，而且在數月間，一批批從東方來的華人猶如潮水般湧上羅布海岸的灘頭，華人的帳篷在這裡延伸，於是在這個港口內外，土地漲價，新的木屋和石屋建起來了，新的銀行和商店一一開張，華人的到來催生了這片土地上的繁榮和熱鬧，讓這個默默無聞的海邊小城成為了南澳的第二大港口。

6

華人淘金者只是這裡的暫住者，經過千萬公里驚濤駭浪的顛簸，他們的目標非常明確，是數百公里外的淘金地。但當時他們還未曾想到，越過這數百公里的南方大陸的山巒路途，其艱難程度遠遠超過千萬公里的海上顛簸。他們還需要湊錢聘請向導，因為他們不知道去往淘金之地的路徑。

華人雇傭的向導是經常走這條路途的牧牛人或商人。向導帶著華人去往金礦，返程時的牛車會裝滿準備出口的羊毛。華人喜歡趕牛車的向導，因為不僅可以把行李放進牛車，無法走路的人還可以坐在牛車上，減輕了負擔，也大大地加快了行進的速度。向導按人頭收費，每人十先令以至數英磅，如果按整個團體收費，100-300人收取50英鎊，依據目的地和不同季節路線會有改變。華人在路途中會在一路的樹木上刻下記號，這樣可以確保後來的人也能安全到達，不用擔心向導中途撇下他們不管。

事實上也有貪婪自私的向導，把他們引入歧途，自己則溜之大吉。這些家伙可以說是另一種情況下的盜竊犯，他們雖然口頭也是信奉上帝的基督徒，很明顯，他們的貪婪行為觸犯了上帝的戒條。所以說，不管什麼民族，也不管他們信奉什麼神，在任何一個族群團體中，都會產生好人和歹徒。

六，藍金黃掀起了波瀾壯闊的熱潮

1

　　追求財富的信念是如此堅強，人類的發展似乎永遠和這些物質利益不可分割。但在追求中，野蠻的叢林法則和族群利益始終是一個尖銳的矛盾。華人赴澳可以追溯到更早的歲月。

　　由於地理關係，古代中國南方各地，海南島台灣香港等島嶼都已經和隔海相望的菲律賓和馬來群島諸地發生了交往。在近代史上，歐洲發現美洲大陸，中國的國門被撬開裂縫，於是乎，就掀起了華人奔赴海外謀生的一波又一波的熱浪，南美洲的古巴、秘魯等地的華工和華農，北美加利福尼亞淘金地的發現，美國和加拿大鐵路的修建等都像一塊巨大的磁石，從中國的南方沿海吸去了不少民眾。

　　澳大利亞是繼美洲後被西方探險家發現的又一塊新大陸，地處南半球，與中國遠隔重洋，之後，也有少數華人跟隨西洋輪船前往謀生。

　　華人成批移居澳大利亞，實始於19世紀40年代。據歷史資料記載：1848年（清道光二十八年）7月，有一只「尼門羅」號輪船，裝載著100個成人和20個兒童，由中國福建省廈門，到達新南威爾士省之悉尼，這是成批到達澳大利亞的第一船華工。據1852年廈門英國領事的報告：在1849年內，由廈門赴澳的華工為

270人，1851年為1438人，1852年為2666人，前後4年間，即達4300多人。

起初到達澳洲的大多是從廈門去的閩南人，但隨後去的，則多屬從香港去的廣東籍台山、新會、恩平、開平、東莞、增城、高要、中山等地人。

早在淘金熱之前，澳大利亞就已經出現了契約工人。因為英國在19世紀40年代停止了向澳大利亞輸送囚犯，澳洲地域廣闊，各種畜牧業和農業已經開發出來，勞動力非常欠缺。由此海外不少人以契約工人的身份來到澳大利亞，為私人地主及澳大利亞農業公司（Australia AgriculturalCompany）做一些牧羊或灌溉等工作。這些勞工大多沒有什麼專長，被稱為「苦力（Coolie）」。契約工人來自於海外各地，有窮苦的白人，有其它有色民族的勞工，也有一部分華人勞工。

當時，安排華工赴澳的洋行和華工們所訂立的合同十分苛刻，須以薪資抵債。這些華工大多數都是以「賣豬仔」（即契約工人）的形式前去的，而自備盤川的只是少數（如1849年去澳的270名華工中，自備川資者僅有28人）。他們到達澳洲後，受雇於當地的農場主，從事農業和畜牧業。到19世紀50年代初期，華人到澳的已有5000餘人。

2

藍色的海洋洶湧澎拜，燦爛的黃金召喚著世人。1851年澳洲新大陸的維多利亞地區發現多處金礦，對於華人來說是清朝又一個皇帝接位，被稱為咸豐元年。中國南方的百姓對於皇帝的年號已經沒有多少興趣，吸引他們是萬裡之外的財富，這種想法和歐

洲等地來臨的大批白人是一致的。在「淘金熱」的推動下，一批批華人赴澳尋找金色的夢想，波瀾壯闊，從此掀開了華人移澳歷史新的一頁。但在這一頁歷史中，不少人的遭遇則比先來者更為淒涼悲慘，被喻為澳大利亞華人淘金的血淚史。

為什麼當年會有大批南方華人奔赴海外？可以從多方面來尋求原因，除了外部等原因，而中國自身肌體的潰爛也是一大原因。清朝咸豐元年到同治三年（1851年—1864年），太平天國運動席捲整個中國南方，是為大清皇朝暮年最為劇烈的動盪時期，內亂外患，西方列強的侵入，加上各地農民起義風起雲湧，戰亂頻發，中國社會的經濟瀕臨破產，腐朽的皇朝日暮途窮。

1852年（清咸豐二年）前後，中國的福建、廣東沿海各地，傳來了澳大利亞出產黃金的消息。這些消息最初是由設在香港的澳洲航運公司招工販子和經紀商人傳播開的。他們誇大宣傳新金山遍地黃金的美好圖景，目的是引誘中國的貧苦農民，甘心作為廉價勞工前往澳洲為他們開採金礦。

華南沿海的貧苦農民，或為生活所迫，或為逃避國內的戰爭災禍，或為擺脫經濟困境，遠走他鄉，企圖去異國他鄉撈一筆金錢。此時，外國商人和招工頭，便在福建廈門和香港等地，設立所謂「豬仔館」，從事招募華工的業務。為了更快地填滿口袋裡的金錢，他們需要大批地招用華工，甚至不惜手段地雇用一批批流氓地痞，施展金錢利誘和強迫硬拉等手段，騙取窮人上當。據歷史資料記載：「豬仔館」老板規定：人販子不論使用什麼方式，只要把中國人弄到手，送到洋行門口，就可按人頭給予報酬。最初每一名「豬仔」，無論是騙、拐、掠、綁來的，一律酬給銀洋3元，後來漲到8至10元，有時竟高達90至100元。

那些被騙招募的華工，就同招工販子或經紀人訂立契約。大

都以3年為期，華工到澳洲後，將他們的勞動收入作為贖身費。3年之後才得自由，才能自積工資。這就是所謂「契約制度」（INDENTURE SYSTEM）或稱「賣豬仔」的由來。這些華工就叫「契約華工」。

販運華工除了「契約制度」之外，淘金時代，大部分人採用的是賒單工制度。即華工去澳洲的船票是從招工頭或經紀人那裡賒來的，抵澳之後在一定時期內，華工要以其勞動收入的大部分償還船票等費用。其實這也是一種變相的「契約」。而船運公司也非常樂意在運載人數眾多的華工中獲取優厚的利潤，而那些境況窘迫的華工則是一心希望能夠出洋賺大錢，過上好日子。外國商人，招工頭，經紀人，華工，航運公司，各個方面當然都是為了自己利益，在利益的彙合中，這股熱潮久經不息。

事實上，在淘金期間來到澳洲的華人之中，超過三分之二無力支付旅費，也負擔不起食物，採礦許可、保護費等費用，買不起基本的採礦工具。許多勞工都是通過工販和中介商戶的「賒單制」出洋來澳的，他們在國內靠借高利貸籌集盤川，通過家人和村裡老人的作保。到達澳洲工作後，還債的方式只有兩種，挖到的黃金或出賣勞動力。

3

華工們經過一段時期勤奮幸苦的工作，將工錢匯回國內償還欠債。如果不還錢，家人就有可能被賣去做工抵債。只有一小部分人有財力支付來澳旅費，沒有背負債務。這也是以後華工在澳期間發生種種悲劇的一個潛在原因。

那些背井離鄉的華裔淘金者，大多是年輕的單身漢子，雖然

年輕力壯，可是他們在做出奔赴海外的決定的那一刻，從肉體到心理已經背負上了雙重的包袱，可謂一悲一喜，悲的是他們借錢奔赴海外，陡然間背負起一個沉重的經濟包袱，喜的是在腦袋裡做起美好的黃金之夢，相信憑著自己辛勤勞動，很快就能在那塊新大陸上找到黃金，還清債務，以後就能過上富裕的日子。

　　他們大部分人雖然敢於勇闖異國他鄉，但在內心深處仍然恪守著古老的中國傳統，信奉孔孟之道等等聖人的信條。他們以為將來掙了錢，可以讓家人過上好日子。年輕人則能回國娶妻生子。他們甚至想到發了財，可以為自己的家鄉辦學，給村莊修路建廟等等。在他們中間，還有一些年僅十來歲的孩子，也跟隨父親和叔伯出來淘金。也許淘金客什麼都想到了，可是很少有人想到，將來一輩子會流落在異國他鄉，甚至成為傳說中的孤魂野鬼。

　　從這條思路思索下去，不難發現當年歐裔人士和華人們奔赴海外時，不僅境況不同，而且觀念也有不少差異。盡管那種遠赴它鄉，然後榮歸故裡，也許是各國民眾共同的虛榮和驕傲，但在中西人士的出國觀念比較中，還是可以清晰地看到，當年歐裔人士的殖民他國，是從國家到民眾的一致行為。歐洲人發現新大陸後，許多移居海外者，把自己從母國的土壤裡連根拔出，然後在新大陸的泥土中，又把自己種植下去，是一種從肉體到靈魂的移居。而當年華人奔赴海外，是南方民眾謀生掙錢的個體行為，不但和清皇朝政府沒有共識，甚至可以說是一種消極的抗爭和逃避。在華人百姓的腦海裡，當然不會憑空產生西方人那種在殖民地開發新大陸的構想。華人的基本想法，就是掘一桶黃金，然後打道回府，不僅可以榮歸故裡，也許可能光宗耀祖。這也是華人們以後在澳洲土地上，之所以產生的種種困惑的原因之一。

4

　　當華工們登上了招工販子的船後，就像落入「浮動地獄」。船上的水手全副武裝，凶神惡煞。他們隨意毒打，甚至開槍射殺華工。最為惡劣的是，他們為了減少麻煩，有時候甚至把華工鎖在艙內，禁止自由行動。當時，船主們大多違反有關國際航運管理的規章，超額濫載並扣減乘客的糧食和食水，把超載的乘客盡量擠塞在船艙裡。船上的通風設備很差，有一部分華工在惡劣的條件下病死，也有病人被遺棄於荒島上，最為嚴重的是，有反抗行為的華人被打死後拋下大海。有的華工因不堪折磨，而悲憤自盡。

　　這種境況不得不讓人們想起從非洲大陸行駛於美洲大陸的販賣黑奴的船隻。不同的是黑奴已身為奴隸，而華工們大部分只是欠債的自由人，但在那些遠洋途中的遭遇是如此相似，狹小的船艙限制了他們生存的空間，為了利潤的最大化，船東和他們的打手經常會處於喪心病狂的狀態。這也讓人們看到，在資本的原始積累時期，資本占有者為了讓金錢盡快地繁殖，人性之惡不時會露出猙獰的面目。

　　而對於華人勞工來說，這僅僅是悲劇的開始。

七，華人勞工踏上那條血淚之途

1

　　近代歷史隨著海潮般湧來，藍色海洋的時代到來了。上帝捧著地球轉了轉，又在東方西方北方南方等地理位置勾勒出一道道粗黑的線條，然後把各種各樣的人文因素像拼積木一樣地擺放在一起，造就了一幅幅精彩的畫面，其中有一幅畫面，就是東方華人坐在西方人的船上如何從北半球來到南半球，踏上又一塊新大陸。

　　大部分華工來自於廣東或福建邊遠的鄉村，他們步行多日來到廣州和廈門，然後轉水路坐木船抵達香港，在那裡的棚戶區居住，等待出發的大船。等到數百人集聚後，西洋船務公司的輪船也已到來，這些大船既載貨物也載人員，而許多華工已經把自己今後的生命作為賭注，把人生的一段歲月作為旅途的費用抵押給輪船公司。這也是船務公司絕妙的生意經，讓借貸和運輸捆綁在一起，獲得最為豐厚的利潤。高桅帆船接載著這些留著長辮的華人浩浩蕩蕩地前往澳大利亞。

　　1853年，第一批淘金的華人抵達維多利亞和新南威爾士地區，總共才幾百人。由於路途遙遠，大海中的顛簸，船艙擁擠，華工在船上的日子苦不堪言，疾病等情況也奪走了不少人的生命，由於害怕屍體會造成傳染病，這些剛閉上眼睛的軀體就被扔

進大海，還沒有達到他們向往的新大陸，卻成為海中的遊魂。

　　整個航程途中耗時六至十二個星期，具體時間要取決於船和風。後來另一塊新大陸上的美國，發明和製造出帶有機械動力的大帆船，航海速度加快了許多，行走於中國到澳洲的這條航線上，時間縮短到三四個星期。

　　當船靠岸後，華人們年輕力壯的身子骨已經被旅途中的艱辛掏空，人人都被折磨成消瘦的人干。他們在港口的郊外休整數日後就要出發，來到新大陸不是為了享受，而是為了艱苦奮鬥，為了早日獲得財富。

2

　　華人在上船的時候，已經根據同鄉和村落地區等集成團隊，通常的情況是，每一批勞工中都有一位工頭或領隊，領隊受過教育，能說幾句英語，還可以給大家介紹一些澳洲的風土人情，也會為他們爭取某些權益。領隊的職責貫徹在整個行程中，包括海路和陸路，他又是整個團隊的領導，維持隊伍的有效運作，分配每個人在一路上的做飯洗衣服等雜活。

　　路上的口糧需要勞工自己攜帶，其中包括大米麵粉，臘肉臘鴨鹹魚，菜乾和佐料等等，還有衣服、被褥、廚具和採礦工具。在航海途中，他們已經消耗了大部分食品和乾糧。其它物品等待上岸之後置辦。為此，他們還攜帶了一些用以交換的東西，包括中國的貨幣，銀子，雕花盒，瓷瓶，飾珠，絲綢，甚至鴉片。所有這些東西都會打成包袱放在前後竹筐裡，行走時用一根竹扁擔挑起全部家當。

3

1854年，三千名左右華人抵達墨爾本碼頭的飛利浦港，然後他們一路向金礦地區進發。當他們達到維多利亞地區的金礦時，迎接他們並不是金光燦爛的太陽，而是當地大批憤怒的歐洲礦工。

白人瞧見這麼多黃皮膚人的到來，頓時產生了恐慌，對於亞裔人的容貌語言和生活習慣等，他們形成了一種群體性的反感。不久之後，原有的礦工和商戶就開始對剛建立起的維多利亞州政府（以前的維多利亞地區也歸於新南威爾士殖民政府管轄）進行游說，要求限制進入維多利亞殖民地的華人人數。

不久以後，當地礦工中發生了尤瑞卡圍欄起義（Eureka Stockade），新成立的皇家調查委員會也認定，除了高昂的採礦許可費之外，華人情況已經成為另一個令許多礦工不滿的糟糕之事。在那場起義暴亂中，發生了華工因為遭受虐待迫害而死亡的事件。

顯然，由於從中國來的淘金者越來越多，衝擊到那些白人淘金者的利益，在這一背景下，1855年6月12日，維多利亞當局頒布了限制令，這項法律旨在針對從中國來的特殊移民，規定來到維州港口的船隻運載十噸貨物僅能搭載一名華人，船長還須按船上華人數目，每人須交10英鎊人頭稅，該法律亦對鴉片課以重稅。

10英鎊在當時是一筆大錢，淘金者一年的人均收入才只有18英鎊，而淘金工人是當時澳洲收入最高的群體。此法律不僅限制了華人來澳，同樣也觸犯了那些船運公司的商業利益，這也就為以後華人們從羅布登陸的那段歷史埋下了伏筆。

此外，由於白人和華人的衝突經常發生，而且華人總是處於

弱勢的一方，維多利亞議會又設置了「保護官」一職，華人每年必須支付居住費一英鎊，才能得到政府保護。保護官在白人和華人發生爭執時，可以根據實際情況，保護華人的合法權益。不過由於當時的翻譯服務很有限，大部分華人都不會說英語，和澳洲官員之間難以溝通，也經常造成種種誤解。

那些航運公司的船長們當然不願意為華人支付人頭稅，他們雖然可以在船上強迫華人自己支付這筆費用。事實上，船上的華工，大部分都窮得叮噹響，連坐船費用還要等待挖到金子或者出賣勞力之後才能償還，他們到哪兒去尋找那可怕的十英鎊人頭稅呢？此外船長們也害怕因為超額運載華人，會在維多利亞港口而受到殖民地政府的巨額罰款。

還有一個更加深沉的原因，不少輪船公司已經把航行的費用當作船資借給了華工，如果華工交不起稅款，就不能登陸，也沒有機會去挖金子或出賣勞力，當然不可能還清船資。由此產生的結果，遭受最大的損失可能就是那些輪船公司，他們把數百名華人從萬裡之外運送到澳洲土地上，卻無法收回航行的費用。更為嚴重的是，能把船上那些華工們怎麼辦？總不能讓他們成為茫茫大海中的毫無目標的流浪者吧？

由於人頭稅的原因，貧困拮据的華人淘金者不得不尋找其它途徑上岸；同樣是人頭稅的原因，船長們也絞盡腦汁，尋找這項生意的出路。輪舵掌握在船長手裡，他們寧可不配合維州當局的規定，也不會讓自己的商業利益受損，一定要把這些能夠出賣勞力而掙錢的「天朝人」送上新大陸的海岸。船長和華工雙方達成默契，兩者的目標是一致的，舍近求遠，沿著海岸線，將船駛往幾百公里之外的南澳港口，那裡不用繳納「人頭稅」。

　　當年由於各個州政府各自為政，南澳還沒有實行人頭稅政策。在南澳管理疏鬆的港口，不但可以不交華人的人頭稅，還可以逃掉靠岸稅，而且南澳地區的鴉片稅也十分優惠，只收取鴉片價格的百分之五。哇，船長們又發現一條生財之道，以後從香港來澳的裝載華人和鴉片的船隻，樂此不疲地航行在這條航線上，雖然此行多出了數百公里的航程。

　　開始的時候，是在南澳較大的港口阿得雷德（Adelaide）上岸，華人登陸後，需要步行700公里，才能抵達卡索曼和本迪戈的金礦地。這段路途有數條路線，十分容易迷路，而且水源不足。因此，華工們又選擇了一條靠南的路線，沿著庫榮地區行進，途中經過沿海的羅布地區，這段路途雖然較長，但先後起到了兩個作用：第一個作用，是在路途中有客棧和棚屋供他們過夜和休息，而且較少迷路。第二個作用更為重要，那就是對於後來的華工們的行進路途來說，發現了一個離維多利亞州淘金地更為接近的南澳小港口羅布（Robe），比從阿得雷德港口去往淘金地要減少二三百公里路程。從此以後，載有華人的航船開始在羅布登陸。

　　香港船運公司決定在這裡登陸時，為了避免政府的干預，沒有告訴任何人，他們在這裡的海岸上打開了一個新的缺口。而前面述說的「糕餅之國號」輪船就是第一艘運載華工在此登陸的航船，日期為1857年1月17日。

5

　　華工登岸後，便循陸路步行300多公里進入維州境內各金礦區。據說：1855年至1858年間，由南澳登岸而徒步去維州淘金地的華工即達2萬人之多。歷史學家是這樣描述華工「入山」情景的：

　　「他們下了船，陸續登陸。一律穿著藍色或黑色的衫褂，首先在阿得雷德（ADELAIDE）城郊的草地搭營露宿。由向導給他們說明入山去去礦區的沿路情形。華工每隊約有100人左右，每人除付給向導費1至2鎊外，整個團隊還要付130鎊作為搬運食物用具的費用。

　　他們由洛夫地山（MOUNT LOFTY）向東南進發，一路上餐風露宿，經常受到土人、毒蛇、野獸的襲擊，苦不堪言，到了威靈頓（WELLINGTON）後，他們便須涉水渡茂來河（MURRAY RIVER），沿著5年前白人尋金者的老路而行。」

　　「有的人乘船來到羅布（ROBE），便向東轉入內陸。羅布是一個濱海小城，因常有大批華工過路，而帶來商業興旺，市面繁榮。由中國來澳的船隻，還滿載茶葉、絲綢、桐油等大宗貨物，在此停卸後，再裝載大量羊毛出口。1857年左右，羅布經常有3000名以上華工停留，等待入山。」

6

　　但從羅布上岸，去往維州的淘金地，仍有三四百公里的艱辛路途。翻山越嶺，在荊刺布滿的道路上，不少華人由於飢餓勞累

和疾病而倒下，再也沒有爬起身來，黑色的眼睛泯滅了，永遠沒有瞧見亮燦燦的黃金，瞧見的只是一片深沉無奈的黑暗。更有甚者，個別掉隊的華人，被當地還沒有開化的土著擒擄去當作肉食。

　　一般的情況是，華人的隊伍在進入維多利亞的管轄區域時，腦海裡始終銘記著那十英磅人頭稅，擔驚受怕，盡量遠離城鎮，以防被政府機構發現。根據當時的人口稀少的狀況，政府部門難以管理到廣闊的鄉村和原野。華人隊伍在沿路的客棧和農莊過夜，有時會買羊充飢。當地的店主和農人當然也希望這些華人隊伍給他們帶來額外的掙錢機會。

羅布去往維多利亞淘金地的線路圖

在華工隊伍中不乏能工巧匠，他們還在沿途修建了許多工藝複雜的水井，解決旅途的用水，不僅幫助了後來的步行者，而且幫助了當地開始種菜賺錢的華人菜農，例如地名為佩諾拉（PENOLA）的一個小鎮，就是一個十分罕見的落腳點，淘金者和向導一起在這裡休息兩天。有些華人就在這裡停留下來，他們本來就是農民，感覺到這裡的土地條件適合種植蔬菜，心思一轉，開始以種菜為營生，為後來的淘金客和當地的居民提供了新鮮的蔬菜等食品。綠色的蔬菜雖然不是黃金，但在中國菜農的辛勤勞作中，也會變成金錢，使得不少華人菜農在澳大利亞過上了像樣的生活。

八，葡萄酒莊和路途中的第一個反思

1

今天，我們也從華人先輩的登陸地點出發。

從歷史再回到現實的之中。先輩們為了追求物質財富在艱難困苦的條件下不屈不撓地上路了。而後行者則是為了紀念前輩，也為了某種精神意念的抒發，我們將以腳步來丈量和銘記這段不可忘懷的歷史。全程為五百五十多公里，也就是一千多華裡。中國有一句老話，「千里之行，始於足下。」在羅布民眾的鑼鼓和鞭炮聲中，在那些藍眼睛高鼻子的掌聲中，我們出發了。

一路上，那些車輛紛紛對徒步隊伍鳴笛致敬或揮手致意。沿途瞧見一些招牌橫幅，都是重走淘金路的中英文信息和標記，對面的那棵大樹上還高掛著燈籠和華人的圖像。看來當地政府和民眾都熱情關心此事。

走出不遠，我們又瞧見一個綠樹圍繞的大湖，湖上正在舉行龍舟划行比賽。原來今天的羅布鎮上不僅僅是舉行一場重走淘金路的儀式活動，這個ROBT CHINESEFESTIVAL（羅布中國人的假日）已經成為全市鎮的盛大派對，他們把160前華人登陸上岸的日子演繹成一個歡快生動的節日。

路途中，走在我身邊的是一位巴拉瑞特來的華裔婦女，她說平時腰痛，經常鍛煉走走路，反而腰部疼痛減輕了，我也頗有同

感，這是走路的實用功效。另一位從新加坡來的華裔男士也很有趣，他說參加第一天行走後，他就要回「巴村」，然後出國旅遊，旅遊回來，再來參加最後一天的行走。我開玩笑說，頭尾露個臉，這可是首長的風度。在行走的隊伍中，巴拉瑞特的人占了多數，昨晚來羅布的十二人座的白色麵包車上，就有七八位「巴村人士」。這不由使我產生了一些迷惑，但是問題還沒有想清楚。

2

由於上午的準備工作和中午的揭幕儀式都占據了不少時光，下午的步行是象徵性的，只走了短短的十公里左右，一路上看到不少葡萄酒莊，這裡也是南澳的葡萄酒產區。傍晚，徒步隊伍走入一個葡萄酒莊的大門，酒莊的主人已經在那兒等候。

夕陽西沉，我們爬上一道高坡，觀看了一排排的葡萄架，又品嘗了一棵蘋果樹上的野蘋果，酸得讓人掉牙。然後下坡去參觀一個小葡萄酒廠。

這樣的小葡萄酒廠在南澳比比皆是，麻雀雖小，五臟俱全，頗具規模的廠房裡各種釀酒的設備一應俱全，形成一條生產流水線，採來的葡萄就從這一道道工序上被擠壓榨汁發酵，最後變成了葡萄酒，然後放入存酒的圓木桶。但整個酒廠沒有幾個員工，是一個家屬作坊式的企業。

隔壁的營業室裡，大家可以用小杯品嘗各種各樣的葡萄酒，其中一個品牌用中文字體「壯志凌霄」做為葡萄酒酒標，價格十八元澳幣。能看見中文名字的澳洲葡萄酒也算是第一次，好幾位買了這個品牌的葡萄酒。熱衷於葡萄酒生意的麥克‧汪先生觀察了一番，購買了幾個種類的葡萄酒，他是個有心人，這次的步行

活動也成了他觀察了解南澳葡萄酒生意的一個機會。我不清楚，兩百多年前，澳洲大地上是否有野生葡萄，還是歐洲人來到此地之後，引入了葡萄品種，種植釀酒。

3

以後的日子，麥克‧汪被分配和我住一個房間，我對他有了更多的了解。他的中文姓名叫汪海波，看這個名字就和大海有關。果然如此，他出生在一個海軍軍人的家庭，在部隊大院裡長大，因此對軍人有一種天然的崇拜，也許這是他前來參加先鋒步行的一個潛在原因。

他在國內做物流生意，到了澳洲就做起葡萄酒生意。我感到新一代人和我們的不同，頭腦靈活，眼觀四路，耳聽八方。當初我們來到澳大利亞的時候，就認准打工一條道，打一份工不夠打兩份，兩份不夠打三份，朝死裡打，也真有華人因打工而累死的。

而如今在他們眼裡，澳洲處處有商機。他談起各種葡萄酒有聲有色，還說可以在南澳和維州之間，開發出一條華人尋根之旅和品嘗購買葡萄酒相結合的旅遊線路。讓我最為讚賞的是，他說在這條旅遊線路上，華人們可以帶著自己的孩子也在這條淘金路途上行走一程，從小培養孩子吃苦耐勞的意志，讓孩子們對華人祖先留下深刻記憶，這對孩子的一生都能帶來益處。頗有見地。

領隊恰爾斯‧張在這一帶來來往往已經轉悠了二十多年，他一路上給汪海波介紹當地的葡萄酒莊情況。原來他的本職工作也和葡萄酒有著千絲萬縷的關係，他在巴拉瑞特開設了一家咨詢公司，就是專門咨詢介紹各種葡萄酒莊的生意轉讓等業務。怪不得他對維州至南澳的交通線路如此熟悉，可以說是一位專家。讓人

好奇的是，他在做葡萄酒莊等咨詢生意的同時又獲得了不少華人歷史的資訊，可謂掙錢做生意和業餘愛好兩不誤，這也是一種人生境界。

4

晚餐就在隔壁的存酒倉庫裡，在那些酒桶邊上放上桌椅，擺出了烤肉，肉腸和蔬菜沙拉，麵包糕餅和甜點，酒廠裡當然也供應各式各樣葡萄酒，這是我們在以後餐桌上難以見到的佳釀。坐在葡萄酒香的氛圍裡，享用著步行途中的第一個晚餐，別有一番情調和風味。

大家邊吃邊喝邊交談，有一位名叫傑奈芬·李的華人女士，她是昨天自己趕來羅布的志願者，她撥拉著餐碟裡的肉腸和我高談闊論澳大利亞的工黨和自由黨。她是自由黨人，當然熱烈擁護自由黨的各項政策，而我以前老是投票給工黨。因為在我居住的蒙乃殊選區裡，工黨占絕對優勢，例如組織這次重走淘金路活動的那位馬來西亞華裔林美豐先生就是這個選區選出的工黨議員，在每家每戶的信箱裡，經常能看到印著他頭像的宣傳資料。而傑奈芬·李說自由黨主張自由競爭，能搞活經濟。說實話，來澳洲二十多年，我真沒有搞清楚，那一個黨執政對澳洲和對民眾更有利，反正兩個大黨換來換去執政，好像也沒有都大區別，反正是為了迎合民眾的要求，都要擺出親民的模樣，這是民主社會的基本樣式和功能。

後來在重走淘金路的微信群中，我才了解到傑奈芬·李女士還是一位「前墨爾本議員競選人」，中文真姓大名叫李靜。越來越多的華人熱衷於從政是一件好事，我熱烈贊成，華人婦女從政

更是一件大好事。這可以從兩個方面來說，一，是華人從政有利於擴大華人在澳洲的影響和提高華人的社會政治地位；二，華人在參加從政的過程中也可以提高自己的工作經驗和培養自己的文化修養和素質。

遙想當年，華人沒有一點政治地位，如今的情況已大有改觀。那位酒廠老板是一位土生土長的白人，他如此說：「當年華人來到此地，在行走途中受到了各種不公平的對待，比如有的白人割斷華人住宿帳篷的繩索，有的白人向導拿了華人的錢財，欺負華人人生地不熟，欺騙他們走入歧途，然後自己溜之大吉，造成了華人在路途中極大的困惑。而160年後的今天，對於你們重走華人祖先走過的路途，我們表示出誠摯的熱情，用葡萄酒迎接你們的到來。」

大家鼓掌，由衷地舉起酒杯。

5

當晚，我們又返回羅布鎮，換了一個旅館。根據實際情況，我們要在羅布要住三個晚上。原來我的想法，應該是走一段路，然後住進附近鄉鎮的旅館。事實上在路途中，有的地方上百公里都找不到住宿之處，因此走到晚上再坐車歸來住旅館。好在我們隊伍前後有五輛後勤支援車輛。一輛走在最前面小汽車，是領路的珂德和呂貝卡兩位金髮女郎，後面跟著的是華裔老人皮特和他太太歐陽的支援車輛，這輛房車上裝著食品和水，車上還有廁所等設備。中間是衛生員克裡斯男士，他駕駛的是一輛裝有醫療用品的救護小車。後面是傑奈芬・李女士和關英虹女士駕駛的兩輛載人的麵包車，如果在半道上，那一位走不動了，可以上車休

息。可見這次徒步活動已做了充分的準備。在澳大利亞有組織的行走活動，需要經過政府部門的批准，需要提供必要的安全保障條件。

6

第二天的路程是二十七公里，可以說長途跋涉才剛剛開始。中午的時候，巴拉瑞特的短途行走人員辭行了一大半，因為他們是利用周末兩天，來參加部分路程行走的，今天要坐車趕回「巴村」。頓時，步行隊伍清靜了不少。

現在留下的徒步隊員都是全程行走者，西人四位，他們是波羅斯，傑蒂老太太，麥克斯和安吉爾，後來又從阿得雷德趕來一位高個子奎斯，共五人，他們都是通過英文報紙和當地的西人網站等媒體獲知這一消息來參加這次徒步活動的。相比之下，走全程的華人也只有七位，其中三位還是來自巴拉瑞特，領隊的恰爾斯・張，另外是一對母女，楊女士和她的女兒張雨虹，從本迪戈來的青年人張力，也是從英語網站上看到消息來報名參加活動的，還有就是我們墨爾本來的三位，溫方臣女士本人是這次活動CCCAV的組織者之一，汪海波也是從羅布的英語媒體中獲得這一消息的。而真正在墨爾本參加報名的只有我一個，而且還差點被關閉在「報名窗戶」的外面。

7

雖說報名活動可能出現各種各樣的情況，比如說有閑的老人沒有體力參加，有體力的年輕人和壯年要上班掙錢，沒有空閑等

等。但是墨爾本有幾十萬華人，應該會有不少人來報名參加，總不至於我一個吧？其實在我倉促報名之前，我也沒有在一家華文報紙和華文網站等媒體上看到過這則消息。據說這個消息只是在幾個微信群裡傳播。其實，不少人對於微信上消息並不重視，將信將疑，特別是群組裡爆炸似的成千上百條信息，有時候都懶得打開。

反觀西人媒體，這項工作做得比較出色，卻看報名者的情況便知。其實從昨天羅布市先鋒步行活動的序幕上，就可以感受到他們對此活動的熱情關注和高度重視。而我們華人隊伍，如果再缺少巴村的那幾位，就更顯得人丁冷落車馬稀。由此我對那個迷惑的問題突然就想明白了，在這次徒步活動中，兩者對照，無疑的，組織者們在西人方面工作做得周到細致而富有成效，而在華人群體這方面，至少在開始的時候，組織和宣傳工作做得不足。其實從後來一路上的情況都可以獲得證明。為什麼會造成如此情況？是工作中的缺陷還是有其它不能言說的隱情，我就不清楚了。

只是作為這次活動的參與者，我感到有不少遺憾。其理由是，畢竟這次重走淘金路的活動，應該是以華人為主體的重大活動，而當時之勢，華人知曉者寥寥無幾。事後，和不少華人朋友說起此事，有人說如果早知道這個消息，肯定會來報名參加，因為這次徒步活動對於我們澳洲華人太有意義了。也許能夠在華人群體中間做成一次聲勢浩大的社會活動，同時也能對主流社會造成更大的影響。

九，華人井和袋鼠出沒的地區

1

澳大利亞南方的曠野一覽無余地展現在我們面前，天高雲淡，芳草綿綿鋪向一望無際的遠方，一棵孤獨的大樹兀立在綠草中間，猶如上天降落在原野中間一位孤獨的勇士。相似的鏡頭在路途中經常出現，好像這是澳州原野上的特色之景。

對於自然界來說，這裡是一片天老地荒的土地，對於跳躍的袋鼠來說，它們曾經是這片廣袤大地的主人，對於奔跑的土著人來說，他們和袋鼠相伴大概有五六萬年。也許這都難以描述為澳大利亞的歷史，因為那時候這塊土地就是一塊純然的土地，並沒有這個大名。歷史需要流動和記載，需要有人類事物的變化和大事記，更需要有人類意義的命名，就像「澳大利亞」這個名詞的由來。

對於已有文明史概念的歐洲人來說，1770年的某一天，他們坐船來此，被記載為踏上新大陸的開端。而對於袋鼠和土著人來說，只是太陽升起和落下的一天，和以前千千萬萬的白天和黑夜一模一樣。不同的是，就在那一天，在袋鼠和那些土著人的瞳孔裡，撞進第一批「侵略者」，那些和它們（他們）膚色不一樣的怪物。

隨後的歲月，白人反客為主，歐裔居民和文化成為主色調。

而在幾十年後，成千上萬的黃皮膚的天朝人光臨，在當地白人的瞳孔裡，這批「天外來客」又等同於新的「侵略者」。而對於土著們和袋鼠們，卻已視外來者成常態。

而這一切，在二百多年的歷史爬行中，隨著白色黃色黑色和棕色等千萬名移民踏上這片土地，生存繁殖，一個龐大的多元文化色彩的社會正在融合和溶化。然而這片土地的底色仍然沒有改變，大自然還是原來那片色調。

這支步行隊伍踏著公路邊上的雜草前行，有時候雙人成行，有時候一路縱隊，從遠處望去，想必是一組動人的電影場景。路途中，遇到CCCAV的幾位領導者，他們下車和我們徒步隊伍合影留念，祝賀我們一路順風，然後駕車返回墨爾本。

隊伍行至半途，在路邊的不遠處有一口枯井，井沿稍稍高出地面，已被雜草掩蓋，如果稍不注意就會錯失這個孤獨的古跡。扒開野草可以看到乾枯的井底，如果井裡有水，井底不應該這麼淺，氣候條件的變化，使得井水乾枯，漫漫歲月讓荒草蓬勃成長，也讓四周的泥土填高了井底。恰爾斯‧張告訴我們，這就是傳說中的華人井。

華人是一個善於挖井的民族，碰巧的時候，他們也會挖到金子。來到海外，華人不僅僅帶來了生產工具和生存技巧，也帶來了傳統和各種習性，從過去到現在。現在，我們邁步在當年華人經過的路途中，只不過當年的小道已經變成了如今的大路，昨天的水井變成了今天的枯井，而我們華人的習性又有多少改變呢？

曾經有詩人描繪華人漂洋過海，爬山涉水，走在淘金路途中的軌跡：

飄過洶湧奔騰的海洋，

那群尋找金山的來客，

在路途中留下了幽深的水井，

井中包藏著他們神秘的傳奇。

……

2

傍晚時分，走過一片樹林，路邊突然出現了一排漂亮的建築，恰爾斯・張說，那是一所學校。誰也沒有想到，在這片原野的路邊還會出現一所漂亮的學校。恰爾斯・張熟門熟路的把大家帶進學校，在校舍的庫房旁邊，一群人正在火爐上烤製肉食，誘人的烤香味朝隊伍飄來，原來是學校裡的幾位員工已經在替我們準備晚餐。大家已經是飢腸轆轆，校長和幾位老師過來迎接我們。

這是一所什麼樣的學校，為何會建立在這個四周空曠的地區呢？天色已黑，因為明天還要從這裡出發，這個話題就留給明天。

在我們坐車回羅布旅館的路上，已經回到巴拉瑞特的朋友給我們發來了微信照片，照片上是一盆大龍蝦，他們是從羅布海畔購買的。幸好我們在學校裡已經填飽了肚子，沒有垂涎欲滴，兩天的行走已經讓大家進入疲勞狀態，坐在車裡昏昏欲睡。

3

每天早晨上路前，溫方臣女士都會把大家召集在一起，做幾個簡單的熱身動作，每人說一句激情的話語，大家伸出手掌疊在一起，齊聲高喊一句。我估摸著，這個儀式大概是她以前參加

馬拉松賽跑時學來的，「馬妹」有多年參加馬拉松長跑的歷史，能文能武。今天她帶領大家一起高喊的是這個口號：「Kangaroo（袋鼠）！」

我們先坐車來到昨晚行走到的地點，也就是那個學校，這個學校的全名叫Kangaroo Inn Area School，用中文直譯出來就是袋鼠客棧（或酒館）地區的學校。

讓人驚奇的是，今天早晨，全校師生都在圖書館裡等待我們，一百多名穿著墨綠色校服的學生席地而坐，校長老師圍繞在四周。今天，他們等待著我們講述淘金路上華人的歷史。

這所學校成立於1979年11月，學生從一年級到十二年級，全是附近地區的孩子，說是附近也許從幾里地到幾十里地之外的全有。這兒地域廣闊，人口稀少，學校巴士奔馳於鄉村公里的一個個站點接送學生，所以大大小小的孩子全在一所學校就學，兄弟姐妹是同學，老師和自己的孩子在同校，比比皆是。

四年前，恰爾斯・張曾經帶著讀高中的兒子奧斯卡・張步行到了這個地區，路途漫漫，到達此地已是精疲力盡，口干舌燥，飢餓難熬。這兒前不見村後不著店，他們突然瞧見了路旁的這所學校，就如同發現了一所救生的宮殿，跌跌撞撞闖了進去。學校裡的老師給他倆提供了水和食品。恰爾斯・張敘述了這段動人的故事，而當年的那位老師就是眼前的這位女校長。女校長和恰爾斯・張熱烈地擁抱。

溫方臣女士的即興演講也很生動，她說：「160前華人的祖輩走過這兒，他們不知道將來，今天的我們就是他們的將來。160年後，我們的子孫也會走過這兒，他們又是我們的將來，他們會談論我們今天走過這裡的故事。今天我們不但是華人的後裔，我們大家都是澳大利亞人，一起建設著這個陽光燦爛的國家。」

Kangaroo Inn Area School師生聽徒步人士演講

　　我們隊伍中年齡最大的安吉爾，白髮蒼蒼，笑容和藹，他已經76歲，他的臉相雖然是西人，但高祖父也是一位華裔，因此他的血管中也流動著部分華人的血液。他用自己的家族歷史來印證華人淘金者的歷史，還說要在這次的步行途中尋找有關前輩的蹤跡。迎得了師生們的掌聲。

　　當我們走出學校，再次踏上征程，一百多位師生們和我們一起步行了一段路程，空曠的道路上響起了少有的歡聲笑語。

4

前方的路口，那是什麼？猶如一個荒廢的城堡，周圍一大片修剪齊整的草地，碧草茵茵，中間散落著一片破敗不堪的建築群，草地外圍和建築四周有兩道圍欄，此地好像是文物保護地。光天化日之下，附近卻見不到一個人影，破敗的房舍像一群失落的幽靈。步行隊伍迎著這群幽靈走去，走到面前，終於看清了它們的面目。

高高架起的木牌上刻著這群建築的姓名：「袋鼠客棧的歷史廢墟」。圍欄旁還有一個石牌上也刻載著同樣的文字。

大家從圍欄的缺口中紛紛跨入，裡面曲徑通幽，有不少破敗的房屋，大家四處參觀。我踏進其中的一間，看見牆面上有兩根橫木，橫木上面釘有三個草綠色框架，框架裡面白紙黑字，印寫著這個客棧中在一百多年中曾經發生過的狀況。

這個客棧的歷史可以追溯到1840年，當年它盤踞在去往淘金地的路旁，可謂盛況空前，裡面有面積寬闊的酒館和不少住房，且看那片廢墟的占地面積就能知道它當年的規模。事過境遷，由於淘金地的衰落和公路的變遷，附件的居民住地也陸續遷移，酒館蕭條冷落，不得不在若干年後關門大吉。而如今，終於演繹成為幽靈徘徊的場所。

5

在這群建築中，大部分房屋都已沒有屋頂，日光灑落在斷牆殘恆上，有的一面牆壁全部倒塌，另一面殘剩的磚牆上泥灰剝

落，牆上斑斑駁駁，還刻畫著混亂的文字，和一些稀奇古怪的圖像，好像魔鬼在牆上畫下的咒符；有一間屋子保存得比較完好，鐵皮屋頂上豎立著煙囪，黑洞洞的窗戶就像魔鬼進出的洞口。另一間屋子的下方保留著一個寬闊的爐灶，壁上還有火燒過的焦黑痕跡，可能這裡就是酒館的廚房，盡管地上已經爬滿荒草，但仿佛讓人還能聽見前面店堂裡醉鬼們的大呼小叫。

據說在這個酒館裡，曾經發生過一起華人鬥毆事件，喝醉酒的華人在爭執和咒罵聲中動起手來，結果一人被另一人殺死。看來，我們的祖先也不全是被白人欺辱，同胞之間的內訌也是華人群體中的家常便飯。

門口有一個磚石壘砌起的大井，能讓我們十幾位步行者在邊上圍成一圈，大家低頭察看，只能看到井底深處的一些碎石，沒有井水，也沒有見到顫抖的鬼影，讓人發出一聲世態炎涼的感嘆。

大草地中間聳立著兩棵高大的枯樹，樹枝上沒有一片樹葉，陪襯著不遠處的那片袋鼠客棧的廢墟。

又走了十分鐘光景，先是聞到了一股兒刺鼻的臭味，然後在路邊的雜草中，看見兩頭袋鼠的屍體躺在那兒，沒有走了幾步路，又瞧見一頭袋鼠的屍體，屍體已經腐爛，大概都是被夜間汽車撞死的。

我突然醒悟過來，這裡原先是眾多袋鼠出沒的地區，於是就有了後來的袋鼠（酒館）客棧，然後，這片地區都跟著這家酒館的大名而被命名為「袋鼠客棧地區」，再後來，這兒附件又建立起一所「袋鼠客棧地區的學校」。哦，澳大利亞這個袋鼠的家園，在這片土地上，它們生存的歷史肯定比人類在這兒居住的歷史更加久遠，可惜它們只會跳躍，而沒有人類那樣的可怕腦袋。

袋鼠客棧的歷史廢墟

十，叢林營地之夜和傳奇老人

1

傍晚，結束行走，大家坐車來到一家鄉鎮飯館。沒有想此地能有一家這麼漂亮的餐廳。

餐廳坐落在一個大花園裡，燈光從漂亮的建築裡飄灑而出，裡面高大寬闊，裝修豪華，我們就像踏入一個闊佬的莊園。門口邊的一處桌上，放著介紹這家餐館的資料，腳步繞過酒吧，進入裡面的一個寬敞的餐廳。

餐廳裡幾張米黃色的方桌拼成長桌，桌上整齊地擺放著雪白的餐碟、銀色的餐具和紅色的餐巾，旁邊兩張圓桌上放著自助菜肴和食品。幾天沒有見到這些熱氣騰騰的食品，雖然味道一般，大家還是在此飽餐了一頓。

2

晚上睡覺的地方更加出乎意料，不是賓館，也不是汽車旅館，而是那些旅遊房車的宿營地，門口豎著一塊「Bush（叢林）」的招牌，裡面有一大片場地，樹林環繞著一汪小湖，四周排立著一個個帳篷，帳篷邊上停泊著車輛。另一邊有寬敞的草地和一排庫房改造成的房子，是供人們用餐的大廳和洗澡房，後面

有洗衣房和五六個洗澡間，邊上還連接著幾間簡易房屋。

由於一下子來了這麼多人，那幾間簡易房屋只能供數位女客居住，餘下的人員全部住入帳篷。

黑夜籠罩著這片營地，一團篝火燃起在大廳門口，大家興致正旺，圍著篝火高談闊論。營地老板是一位身材又高又胖的中年人，讓人意想不到的是，他的妻子是一位華裔女子，一個中國姑娘竟然嫁到這麼偏僻的地方。他管理這個房車營地，而他的妻子每天駕車去四十公里外的一個城鎮上班，每天來回八十公里，中華女子吃苦耐勞的精神不得不讓世人敬佩。

胖老板手上握著啤酒瓶子，我遞給他一支中國香煙，他眉笑顏開地說：「我的老婆是Communist Party（共產黨員），這個營地已經被Communist Party of China占領了。」我以為他是在開玩笑。

3

睡帳篷是一件新鮮事，我們要在這裡住兩個晚上。帳篷內有一定空間，能放幾張床，汪海波和張力，還有我，三人睡這間帳篷。睡覺打鼾是常有的事，麥克·汪和我都打鼾，但這兩個晚上我最大的感觸是年輕人張力的鼾聲，可以說是驚天地而泣鬼神。曾記得，大洋報的馮總和我一起去悉尼出差，睡一個房間，他的鼾聲也算是驚天動地，但是馮總的鼾聲和張力的鼾聲相比較，還差兩個段位。

我半夜無法入睡，只能在微弱的光線下長時間的觀察張力的打鼾，他不但打鼾，而且打鼾時兩條手臂還分別在頸下抽搐，讓人感到有點兒不安，我最後總結出來是三長二短八咬牙，三長

聲是：吼──吼──吼，二短聲是：呼──呼，然後是七八次咬牙，接著三長二短又開始了，徹夜不斷。

這時候汪海波的鼾聲也響起來，朦朦朧朧之中，我已經搞不清楚自己是否也在打鼾，半睡半醒，是在夢裡還是睜著眼睛。後來又瞧見張力從睡袋裡爬起來，他睡覺時也不脫衣服，我猜想他大概也知道自己打鼾太厲害了，半夜起來外面走一走，讓我們能熟睡一回。好像剛睡著一回，又聽見聲響，張力已經回來鑽進睡袋繼續打鼾。汪海波突然起床，他提著手機去洗衣房那邊，昨晚就聽他說這邊帳篷裡沒有手機信號，天還沒亮，他就要通過手機去打理自己的葡萄酒生意。今夜，這個帳篷裡注定沒有安寧，其實此刻已是拂曉。

4

第二天，我勉強撐開眼皮爬起床，掀開帳篷，睡眼惺忪地瞧見營地的草坪上有一根高高的旗杆，旗杆上飄揚著五星紅旗，定睛一看確實不是澳洲藍色的國旗，而是中華人民共和國的紅旗。腦子轉了兩下才轉過來，想起昨晚胖老闆對我說的共產黨之類的話語，還真有這麼一回事，我猜測肯定是他老婆的主意，看來華人的故國情結是難以忘懷的，即使在澳洲南部的一個偏僻的野外營地之中。「五星紅旗迎風飄揚……」我迷迷糊糊地哼了起來，下一句忘了詞。

第二天，據其它帳篷裡的公民反映，雖然相隔數十公尺，也能聽到我們這個帳篷裡的如雷貫耳的鼾聲。反正這兩個晚上我都沒有睡好，白天走路就有點腿軟。其實張力如此打鼾，自己也睡得不踏實，有時候，他坐在車上，沒幾分鐘就傳出鼾聲。第二天

晚上，我用紙巾把耳朵塞得嚴嚴實實，但是仍然抵不住高頻率的
鼾聲的穿透。

5

　　第二天晚上的篝火旁多出一位傳奇人物馬略・韋斯頓
（Murray Weston），他已經八十五歲，高高的身材，腰背沒有
一點兒彎曲，白髮蒼蒼壓在一頂牛仔帽下，臉上閃爍著一片古銅
色，精神矍鑠，神態安詳。

　　他是一位運駱駝的人，曾經騎著駱駝直行澳大利亞，又趕
著駱駝橫穿澳大利亞，直行橫穿，氣度非凡，要知道澳大利亞的

傳奇老人馬略・韋斯頓和作者

中部成千上百公里，都是無人的曠野和漫漫無際的沙礫，這位壯士在曠野中騎著駱駝行走，邁過的路途加在一起，超過了數萬公里，在他七十八歲的時候才結束徒步旅行的生涯。

當年，馬略變賣了大部分家產，走上了這條使人困惑而又讓人興奮的旅途。澳大利亞人聽聞了他的壯舉，把他當作英雄。在一次次的旅途中，為他募集了二十幾萬澳幣，而他把這些錢都捐獻給了那些無腿和斷腿的殘疾人士。

據我所知，在澳大利亞有不少退休老人，賣掉自己的帶花園的居所，用這筆錢買了房車等設備進行環繞澳大利亞旅行。他們主要是開車旅行，車行到那兒，就在那兒生活一段時間，然後又奔赴下一個點，在有生之年，玩遍這個大島上的每一個角落。

而對於馬略·韋斯頓來說，在澳洲大地上漫游早已成為一種奇特的生活方式。如今他吃穿住行都在一輛舊房車內，駕駛室的兩個座位上，一邊是他，另一邊是他的那條狗維索。因為經常在這一帶路途上活動，他對這兒的大路小道都很熟悉，猶如一本活地圖，此刻他拿來一幅地圖，在篝火邊講解當年他橫穿直行澳洲大地的線路。

6

以後的日子，他跟隨著我們的隊伍一路駕車漫行，有一次還興致勃勃地要和我們一起步行，行走了一段路，因為年齡的關係，跌倒後被送去醫院，沒有想到，第二天，他又興沖沖地駕駛著那輛舊車來了，「汪汪汪」維索在車窗口興奮地叫喚，它也和大伙成了朋友。

在和我們同行的途中，他講起了當年和兩位伙伴一起穿行中

部沙漠的故事。一位是上了年紀的德國人奧瑟·曼波，另一位是詩人德魯·凱特爾。那位詩人在沙漠的篝火旁，半小時內，一氣呵成寫下了一首詩。詩的段落大意是：

那是穿過半個澳大利亞的緩慢艱苦的旅行，
從艾爾斯岩出發去金絲鳥海灘，
光亮穿過吉布森沙漠，
哪兒是紅色的沙粒和被瀝瀘過的乾淨大地？

和奧瑟一起輕輕撫弄著四輪馬車，
供養著一個飢腸轆轆的群體，
誰能像蘇格蘭的麻布那樣穿過數英畝的土地，
做成行路用的兩根手杖。

在星空下，他翻轉挪空了他的背包，
它有足夠大的空間給予兩根手杖，
但是唯一的事，他的共享那些，是早於清晨的露水。

他帶著晨露，他驕傲而又愉快，
他們抵達到了他的身後，
他們拿來了煤氣罐，他揭開了上面的封蠟
像一位專業的燒烤者，
燜熟了帶著毛髮的肉塊讓大家品嘗。

我們說，我們如此的感謝你——奧瑟，
為了他在每一個空隙間的操勞，

從艱難的旅途開始，他就干著這些工作，
日復一日，從白天又回到晚上。
……

　　那是一幅在荒涼的沙漠中富有情感的畫面，星空之下，跳躍式的物體形像，篝火，帶皮毛的肉食，和艱難旅途中建立起來的真摯友誼。

　　詩中那位燒烤帶有毛髮的肉塊的德國老人奧瑟，在他96歲高齡的時候去世於波特蘭醫院，又將自己的一輛汽車贈送給了馬略。而馬略·韋斯頓——這位傳奇式的老人仍然伴隨在我們這個團隊的前後。他將澳洲沙漠和曠野的濃重氣息傳染給我們。

十一，華人菜園和佩納拉（PENOLA）小鎮

1

　　路邊竟然看到了一塊地產交易所的廣告牌，風吹雨淋，也不知放了多少日子，看來房屋地產的買賣無孔不入，哪怕是人煙稀少的鄉村，這裡幾乎只有不多的車輛經過。半道中瞧見了一條漂亮的小白狗，應該是附近的農舍裡跑出來的，它奔跳著和隊伍裡的人玩耍，這裡難以見到行人，狗看見人就高興，人看見狗亦如此。

　　又走了一段路，路旁樹立著一塊醒目的標牌，標示著此地離開某幾個地方的距離，「羅布102公里」，大家高聲歡呼道，我們走完了第一個100公里。

2

　　徒步數個小時後，前面出現了兩個岔道，路標上顯示，一條叫貨物街（MarksRd），另一條叫中國人路巷（China mans Lane），看來我們已經走近了一個城鎮。在這兒的拐角處，瞧見有幾個上了年紀的白人，一會兒，一輛又一輛小車都拐彎進入這條道路，很快停在道旁的小車就成了一長溜，人越來越多，他們是佩納拉鎮上的社區負責人和熱情的居民，歡迎我們參觀他們的

小鎮，在這個小鎮上有不少昔日華人的歷史痕跡。

他們首先引領我們走入一片欄杆圍起來的土地，告訴大家，這裡就是當年一位華人種菜的土地，土地平整，綠油油的一大片草地，現在土地易人，早已不種蔬菜了，但仍可見這片菜地的規模，不由讓人遐想起當年華人菜農戴著草帽在土地的辛勤勞作的場景。

而菜園前面這條路，就叫「中國人路巷」，當地的居民為了記住華人在此播種下的業績，留下了這個路名。

2013年，恰爾斯‧張曾經帶著兒子奧斯卡‧張步行到了這個地區，四年過去了，他還清楚地記得，這兒的居民給了他一個西瓜解渴。他說：遺憾的是，他重新來到這兒，沒有帶著西瓜。不過今天他帶來了一支重走淘金路的徒步隊伍。

一位慈祥的老伯拿出當地產的黑色小葡萄給我們品嘗。大家站在草地上，嘴裡吃著甘甜鮮美的葡萄，耳朵裡聞聽著他們敘述的故事。恰爾斯‧張經常擔任翻譯的角色。

當地的居民都知道華人是一個知恩圖報的民族，此地流傳著這樣一個故事。早年有一群華人路過此地，其它人經過小鎮走遠了，但有一位華人病倒在小鎮的路旁。一位好心的白人把他扶到自己家裡，請來醫生給他看病。這位白人自己並不富裕，但是每天照顧他，供給他食品和醫藥。不久，這位華人病愈，離開了這個地方。

鎮上的居民並沒有搞清楚這位陌生人的情況，以為他一去不復返了。他沒有回來，但是在一年後，那位白人照顧者突然接到了阿得雷德郵局的一個通知。他去了阿得雷德，回來的時候，他攜帶著一個從香港寄來的箱子，打開後是整整一大箱絲綢。在那個年代，絲綢是非常昂貴的衣料，能賣許多錢，這是那位華人離

開澳大利亞回到中國後寄來的。以後，這位白人就用賣掉絲綢的錢開了一個小店，改善了自己的生活。

大家仍然不知道那個華人的真實面目，他的中文名字也沒有人念得清楚，他是一位窮人還是富人？當年他病倒在這個小鎮上的時候，窮困潦倒，也沒有一點發財的跡像。也許他是挖到金子的淘金客，也許他從別的什麼地方發了大財？這些僅僅是猜測。有點像基度山恩仇記的情節，但是在這個故事裡只有華人的知恩圖報，而且是在這個小鎮史上的真實版。

3

「中國人路巷」斜過去的路口就是那條「貨物街（Marks Rd）」。上個世紀的50年代，如今的公路的路面上還盤踞著兩道鐵軌，「嗚──」火車在鐵軌上奔馳。

這兒的歷史書籍朝前翻動幾頁，其中的一頁描繪出這樣的場景，1872年的某日，華人菜農把蔬菜堆集在鐵路旁，等待火車光臨。火車轟鳴著放慢速度進入這個路段，就在貨物街那兒，車輪咣當咣當地停住，其中一節貨車廂拉開車門，戴著鬥笠的華人菜農飛快地把一箱箱新鮮的蔬菜傳送上去，沒有多少時間，車廂門關閉，火車鳴叫一聲，又向前進發了，去往南澳的大城市阿得雷德。這是一個多麼富有生活氣息的動人鏡頭，而這個鏡頭被確確實實地記載在地方志上。

這裡不僅僅是一個熱鬧的鄉鎮，對於華人淘金者來說，也是一個歇腳的中途站。當年從羅布去往各處的淘金地的路線形成後，也就產生了一種送往迎來的生意模式，猶如一站一站連接起來的運輸線。半途中有華人早已挖好的水井，每個水井之處就如

同一站宿營地，讓行路者解渴洗濯和休息。而這裡的菜園地也是其中的一個驛站，附近的華人房舍可以供淘金客落腳，增補生活用品等，然後淘金者又在這兒等待下一站的人來接送。

聽起來，有點像當今世界的黑民偷渡的一條龍服務。其實，在那個年頭，淘金客行走在這條路途上，真的比偷途客更加艱辛。從南澳羅布碼頭上岸，然後爬山涉水，從山道中偷偷進入維州，千里迢迢，只是為了亮澄澄的黃金。當年死在道上的淘金客，從人數比例上來說，遠遠超過今日的偷渡者。

4

從華人菜園步行了一段路，我們來到佩納拉鎮上的社區中心。大家走入會議室，一眼瞧見的是慷慨待客的熱情場景，中間的長桌上鋪著翠綠花紋圖案的桌布，上面整齊地擺放著社區居民送來的各種景致的點心。溫方臣女士讓我幫忙把兩幅特意為重走淘金路製作的掛圖樹立在兩邊，又為屋子裡添加了幾分思念華人祖先的氣氛。

社區領導致辭歡迎我們，介紹了鎮上以前華人的情況。一位老太太還記得在小時候，去鎮上華人開的雜貨鋪裡買東西，小店裡除了日常用品，還有各種稀奇古怪的東方物品，那個華人店主的印象深深地印刻在她的腦子裡。現在小鎮上已經沒有什麼華人了，華人的記憶大多紀錄在小鎮的檔案中和幾位白髮老人的腦海裡。據記載，當年大批華人路過此地，在此歇腳；有的華人就停留在這兒種菜務農，有的華人淘金回來選擇在這兒開始新的生活等等，這是小鎮上不可磨滅的印記，也成為這個鎮上寶貴的歷史資料。

在這間大屋的牆上，掛著各種各樣的圖案和照片，靜靜地述說著這個小鎮的過去和今天。我發現一張地區報上就有四年前，恰爾斯‧張和他兒子奧斯卡‧張步行到達這個地區的報道和照片，這對56歲和16歲的父子雙人徒步組合已經引起了廣泛關注。時至今日，重走淘金路的徒步人員已經壯大到了一個團隊。社區領導和居民都非常關注華人來到此地的情況。白人祖輩在此生活，華人祖輩也在此生活過，用中國話說，這都是一種緣分，如今這種因緣又連接到重走淘金路的我們身上。

今天，我們在這裡喝著咖啡吃著點心，肯定和當年的華人淘金者來到此地，有著天壤之別的兩種狀況。當年他們在路途中的吃喝並不富裕，除了乾糧麵粉，還有就是路途上的野果和野菜，因為攜帶的錢財有限，或是以物換物，偶然能和當地白人牧民交換一頭羊，吃上一點葷腥，增加體力。糧食吃盡之時，他們經常挨餓受凍，或者在烈日炎炎下行走，缺少水喝，乾渴難熬。我仿佛瞧見了當年一群佝僂的華人身影，他們挑著籮筐麻木不仁地走進這個小鎮。

十二，阿英之墓和華人的貢獻

1

每天早晨沒有太多時間準備煮燒食品，當然更不可能有什麼小吃店之類。我們的早餐都是支援車上攜帶著的麵包乾糧和牛奶飲料等。

我經常瞧見早起的是白人博羅斯，路途中，他行走在隊伍第一位，天剛放亮，也經常是他第一個來啟動早餐順序。他會找來一張桌子，把那些食品從支援車上搬來，擺放在桌上，然後開始享用早餐。不一會，可以見到睡眼惺忪的人絡續到來，自己動手，烤麵包抹黃油，燒咖啡或喝果汁，也有人喜歡把麥片泡在牛奶裡，有時還能有幾個水果，看來華人的嘴巴，在不得已的情況下，也只能適應澳大利亞西人主流食品的口味，這讓我不得不想起中國早餐的小餛飩生煎饅頭和牛肉拉面之類，甚至是稀飯蘿蔔干。

今天早晨，由於這兒的駐地有爐灶，恰爾斯・張和安吉爾兩人早起，在平底鍋裡煎鹹肉片和雞蛋，吱吱的油響，誘人的香味飄溢在大廳內，我能看出，大家的嘴巴和舌頭都有點激動，這熱乎乎的鹹肉片和煎雞蛋夾在麵包片中間，一口咬下去就是味道不一樣，有的人端著盤子朝煎雞蛋那個方向走去不下三五次。

珂德和呂貝卡給大家分發了一套簡易的塑料餐具，讓大家用

完後，自己洗乾淨保存，這是從環保的角度考慮。環保意識已經越來越深入到澳大利亞人的心裡，盡管這個國家有豐富的資源。

吃的好，就走得動，這當然是一種因果關係。

今天的路程是三十二公里，路一天比一天走得長。有徒步經驗的恰爾斯・張說最累的是前面三四天，這話聽起來有譜。

不少人腳板上已經開始起泡。我三天走下來，感覺到膝蓋內側的筋絡如同被牽拉住一樣，邁動腳步就會疼痛，昨晚貼上了一張雲南白藥膏，今天走了一路，走著走著，不疼了，還真有奇效。後來我把這個藥膏送給幾位腿傷者，都說有效果。看來中國的古老醫藥品牌名不虛傳，這是老祖宗留給我們的好東西，可惜還只是在華人圈裡打轉，沒有打入西人的醫藥體系。那麼，華人在澳大利亞這塊土地上最為出色的貢獻是什麼呢？當然不是挖金子。

2

上午，隊伍走出不久，瞧見有一位金髮的中年婦女等待在路邊，有點臉熟，原來她就是昨天接待我們的社區負責人。昨天重走淘金路的徒步隊伍來到佩納拉鎮的消息，今天已經在地區報紙上刊出，當地記者的工作卓有成效，報頭上還有一張大家合影的照片。她是特意趕來給我們送報紙的，大家既高興有感動。

她又把我們帶到不遠處的一個公共墓地。她介紹說，能埋葬在這個墓區裡的都是附近有身份有地位的人，或者是對這個地區有比較突出貢獻的人士，其中就有一座華人家族之墓。

此墓年代久遠，現在人們所知道的僅是他的名字叫阿英，是當地的菜農，種了一大片菜地。根據他能夠埋入這個墓區進行推測，便能知道他是當地蔬菜種植和買賣都做的非常成功的一位，

在那個年代，已經被當地民眾視為成功人士。

　　此墓半人多高，獨具一格。墓碑方方正正，端莊結實，上面是一個半圓形拱頂，猶如天穹，取中國傳統文化中天圓地方之意；墓牌下方朝前突出一段，是一個半圓形的墓柩，其內可以存放骨灰盒，這也說明不是一個存放棺材的樣式。華人來到海外時間長了，移風易俗，也認同了火葬，火化而升天，在天上是沒有國界的，靈魂也不分民族。據說這個墳墓中存放的不止阿英一人的骨灰，因為那是一個家屬墓地，可能放有阿英家族的好幾位。這都是當地老人的證詞。

　　墓碑正面朝東，在海外祖先的心目中，東面總是面向自己的母國。其實從澳大利亞的地理位置上來推敲，東面仍然是大海，遙遠萬裡的西北面才是中國的位置。我想當華人先輩的靈魂在這塊土地上升天之後，他們會在雲彩間識別回家的路。

　　這座墓碑的正面應該刻有死者的姓名，背後刻有家屬姓名等等，而左右兩面都刻畫著風景圖案。但是這已成為過去式了。為什麼呢？這裡的老人說，在他們年輕的時候，還看見過這個墓碑上的漂亮精致的圖案，是刻印在大理石片上的，大理石片嵌入在水泥墓碑中，是富裕人家的製作。後來有歹人看中了這些雕刻精美的大理石片，可能還有文物的價值，就把那些東西敲鑿下來偷走了。於是乎，今天這個墓碑上，只留下石頭上被鑿的殘痕，再也見不到阿英和他的家屬們遺留下的任何蹤跡，嗚呼哀哉。

　　那位女士說，社區裡正在收集這個鎮的歷史資料，阿英的身世是這個小鎮的一個重要部分，可惜那塊墓碑上所有的文字和圖案都被偷走了。如果你們在重走淘金途中，了解到阿英的任何信息，可以和我們聯繫。時過境遷，這個渺茫的希望有點像大海裡撈針。

社區人員介紹阿英之墓，領隊恰爾斯・張翻譯

3

　　那麼，誰是那個偷鑿墓壁的歹徒呢？至今仍然是一個謎語。
不過以後仍然有一段小插曲，可以議論一番。在我們步行途中，
有一個華裔團體裡的兩位女士來看望我們，還帶來了飯團等食

品。當我把這個故事告訴她們的時候，其中的一位女士不加思索地斷言道，這個偷東西的歹徒肯定是華人，言下之意，西方人不會幹這種齷齪之事。我對此斷言頗有疑問，此事不是發生在今天，從歷史年代和當時華人在鎮上日益減少的境況來看，更有可能是西人歹徒所為。而且給我們講述這個故事的那位社區的金髮女士也是如此認為的。

再例如，當年歐洲的紳士也曾經有過在中國大西北鑿竊敦煌壁畫的劣跡，而且他們不是一般的盜賊。貪婪之心是不分國界的，古今中外都有。當然中國也不缺乏破壞古物之輩，在那個轟轟烈烈的文革年代，不知毀壞了多少有價值的文物古舊，遠遠超過了洋人在中國竊取的文物。而且那個時候，人們不是為了貪婪，而是為了瘋狂的革命激情。這話題扯到哪裡去了？

4

從墓碑再回到華人的菜園子，不難發現在這一段歷史之中，華人不僅僅是這塊土地上淘金客，特別是當金礦的礦源枯竭後，在以後漫長的歲月裡，他們對澳大利亞社會所做出的最為出色的貢獻——種菜，這也和當時中國仍然是一個農業社會相吻合的。華人先輩是從具有幾千年農耕文明古國走出來的一群，農作物和蔬菜的種植是他們的拿手好戲。

華人農民在蔬菜種植方面的成就往往讓其他族裔的農民感到眼紅。在澳洲農村裡有一種農展會，而澳洲農民在當地農展會評獎中屢屢敗給華人。《巴瑟斯特自由新聞與採礦雜志》（Bathurst Free Press and Mining Journal）發表的一篇評論1886年巴瑟斯特農展會的文章反映出了華人參賽者取得的成功：「澳大

利亞農民，想什麼呢，你們要讓中國佬用蔬菜把你們打趴下嗎？蔬菜種植要全盤拱手讓給那些中國佬嗎？」也許可以如此說，這也是當年從主流社會的視角表達出對於中國菜農的豐富經驗的認可。

澳大利亞至少在大規模的機械化農業耕作之前，華人的蔬菜種植是非常有效的，而且彌補了歐洲人的許多缺陷。那本艾瑞克・羅斯著的《澳大利亞華人史》上如此說：「19世紀的後30年，華人提供澳洲所食蔬菜的3/4。他們可能將整個國家從災難性的壞血病中解救出來，而不僅僅是淘金地。」

今天，我們一路走來，也有如此體會。

其實人們生活中最缺乏的並不是金子，而是空氣和水，糧食和蔬菜等。可惜的是，心神不安的人們發現了金子，至今我們還不能弄清楚，這究竟是上帝給予人們的啟發，還是魔鬼迷惑人類的陰謀。

十三，達歌漢穆（DERGHOLM）地區的晚餐

1

今天已是徒步的第五天，行走三十二公里。有一塊標牌，標示我們已經走過南澳和維多利亞州的交界處。雖然行走越來越疲勞，讓大家暖心的是一路上當地民眾的熱情關懷。鄉村公路上，沒有多少車輛，但往來的車輛，瞧見我們隊伍後，有的鳴笛致意，有的在車窗裡翹起大拇指。在獲知先鋒步行者路過此地的消息後，一位中年婦女在自己的農莊門口擺上小攤，給我們送水和餅乾巧克力等，一位老漢特意駕車在我們經過的道旁等候，給我

當地百姓在路旁給徒步隊員送水果和巧克力

們送上當地產的蘋果等水果，他們的友好舉動是發自內心的，真的讓人感動。

最讓人難忘的是達歌漢穆地區的晚餐。

當隊伍走近此地的社區中心的時候，這裡還是靜悄悄的，那幢大房子就像一位孤零零的老人等待在那兒。我們走上台階，門開著，但沒有瞧見人，靜寂中帶著一點神秘感。

我們步入室內，四周有點兒社區的裝飾感，朝右走進一個大廳，只見兩根繩上橫掛著幾面澳大利亞國旗，一面牆上貼滿了黑白老照片，有老人，孩子，家庭，學校和婚禮等等內容，還有一張放在鏡框裡的照片，是1949年當地球隊在比賽後的集體照，清一色的英俊小伙子。哦，那時候這個小鎮還年輕，生機勃勃。

還有一塊標牌上指出，這座社區中心的建築物落成在1953年7月。從牆上的照片和文字裡，能夠讓人了解到，這裡曾經是一個一千五百多人的地區，人丁興旺。而在更早的十九世紀中期至晚期，華人奔赴淘金地的隊伍也經常路過此地。

2

如今這幢大房子已經黯然失色，有一間屋內，不但牆面斑駁，屋頂處的幾根梁木也已折斷，用塑料布掩蓋著部分天花板，也沒有認真修理。我們正打量著這幾間屋子時，當地的社區負責人和居民陸續到來。他們來的時候都攜帶著東西，端著各種鍋碗瓢盆。

當他們把這些鍋碗瓢盆擺放在前面的桌上，數十種食品一一打開，讓我們長見識了。各種各樣的燉煮燒烤的肉食，蔬菜，面點，湯羹，甜品等等，全是家庭式製作，用我們中國人的話說，

就是「家常菜」。這些菜肴食品真的很好吃，不同於飯館裡的味道，可以說是我們在行走途中吃得最有味道和最有特色的一餐，讓我們領略到了澳洲的鄉村家庭裡也能製作出豐富多彩的食品。

這些食品來自於這個地區的十一戶家庭，家庭裡的男女老少和我們一起共進晚餐，談天說地，其樂融融，整個屋裡，他們和我們就像是一個大家庭。而我想告訴諸位的是，這個地區，如今只留下了這十一戶人家，今晚他們全來了，有的家庭過來，還要駕車行駛不少路程。他們把我們這支重走淘金路的隊伍當作貴客。

讓人傷感的是當年一千五百多人的地區，如今只留下十一戶人家，幾十口人仍然堅守在這塊土地上。這裡已經沒有什麼商業和店鋪之類，購買東西都要到較遠的其它區域。周圍都是林區，他們大多是一塊塊林地的林主，整年整月和大森林做伴。一百多年前，華人淘金客也曾穿行在這片森林中。

在第二天的行走途中，嗡嗡地響聲從森林裡傳來，砍伐工人採用機械化作業，一棵棵高大的樹木被砍倒，一輛輛大卡車拉著被砍去枝葉的樹木，運往它處。每當一輛卡車經過我們身邊時，我總是擔心卡車邊上的那幾根護欄是否堅實，滿載的圓木好像隨時隨地就要從車上滾下來似的。其實這只是一種視覺上的恐懼感受，行走在我身邊的KM溫女士說，「杞人憂天」。也許每一個地方的發展興旺和衰落，都有一定的規律，社會在發展，各地社會狀況會隨著經濟變化的因素，受到驅動或消沉，人們難以隨心所欲的支配。

但願達歌漢穆地區以後能夠再次繁榮，上帝保佑這十一戶人家幸福快樂。

十四，音樂人（Music Man）

1

今天是步行的第六天，行走三十四公里，路越走越長，路途高高低低，上上下下的爬坡。大部分人腳上都已起泡，我的腿腳，前幾天是某些關節部位疼痛，通過雲南白藥膏的作用，有所緩和。第五天腳板下開始打泡。對付水泡，西人醫治的方法就是在起泡處貼上創口貼，把泡封死在裡面，典型的頭痛醫頭腳痛醫腳方法。衛生員克裡斯開始忙碌起來，大家紛紛亮出腳丫子，問他拿創口貼。創口貼分大小兩種，最多的時候，我需要大小各兩張，也就是說我腳板下同時亮起兩大兩小四個水泡。

當你的關節等部位疼痛難熬之時，當你每走一步，腳底板下的水泡都在向你發出疼痛的抗議之時，而身體的各個部位也都會對腦子發出疲憊不堪的信號。這就是考驗意志的時候來臨了，你必須咬咬牙挺過去。「走著瞧」我對這句俗語有了更深的體會。不但是瞧著一路上的風景，瞧著別人走路的狀態，也在瞧著自己的內心和意志力。你可以繼續走下去，也可以坐上車去歇一回，然後再下車行走，或者躺在車上直接休息到終點，這取決於你自己的想法或選擇。

2

　　而我的選擇，是想辦法把腿部和腳板下的疲勞和疼痛忘記。能忘掉嗎？我帶著一個小收音機，裡面那張卡片上刻錄著兩千多首歌曲和音樂。在這二十天的路途中，我打算把兩千多首歌曲聽一遍，一天一百首曲子，每首三到四分鐘，正好是一天走路的時間。你別說，這一招還真管用，當你感覺到身體的各部分器官在抗拒自己的走路行為時，就把興奮點集中在耳朵上，關注在音樂聲中，關注在詞曲和自己以往生活的聯想中，於是乎，腿腳就會處於自己行走狀態，好像有點和大腦分離了，也就是說把疲憊和痛苦暫時扔到腦後。

　　我沒有帶歌曲目錄本，難以對歌曲進行選擇，於是不管好聽難聽，只能一路聽下去，就如同我們一路不得不走下去的感覺。

　　音樂在隊伍前後飄溢，給大家的耳朵增添幾分情趣，也為大家的身心帶走幾分疲勞。於是乎，大家叫我「音樂人（Music man）」，而第一個將這個光榮稱呼贈送給我的是溫方臣女士。

　　不過音樂的功效還不僅如此，比如大伙走的很起勁的時候，收音機裡飄來的是鄧麗君軟綿綿的歌聲：「路邊的野花你不要採」，於是就消磨了徒步者的堅強意志；更有甚者，需要大家腿上加把勁的時候，那個小廣播裡傳出來的是紅樓夢中的林黛玉淒淒慘慘的葬花曲調，讓大家頓時腿腳發軟，想去大觀園躺一會。溫方臣女士和張雨虹女士同時發出抗議聲，我認為她們是同性相斥，是和林黛玉過不去。在我的耳朵裡，紅樓夢裡的女子歌聲還是挺悅耳的，肯定比紅樓夢著作讓人來得興奮，想當年，在我閱讀四卷本的紅樓夢時，典雅的篇章，優美的文字，不一會就使得我昏昏欲睡，鬧不清金陵十三釵誰是誰？

3

在行走隊伍中，我感到精神最旺盛的還數溫方臣女士，她經常奔前跑後，走到誰的身邊都要扯上幾句，也經常和我交談。從交談中我了解到，她大學畢業後，先到美國去工作，又來澳洲工作，在澳洲結婚生兒育女，人生閱歷豐富，除了自己的正職工作，還在CCCAV做志願者，又要去參加馬拉松賽跑，平時天天鍛煉。我真的很羨慕「馬妹」那無窮無盡的精力。

後來，我才知道，她在以前賽跑時膝蓋受過傷，參加這次步行活動還有一層意思，就是加強鍛煉腿部的功能，別人腳下起泡用創口貼，而她要用長布條將整個腳板綁住，行走時還需要一個特殊的護膝。用她的話說，她是CCCAV本次徒步活動主辦方的協調負責人，其實，她是這支步行隊伍中最辛苦勤勞的一位，平時和大家一樣走路，還要忙著拍照片發消息給本部，讓CCCAV本部將消息發送給墨爾本的新聞媒體，因此她的手機的內存總是飽滿的。晚上大家休息時，她還要坐在電腦前忙碌，趕寫旅途的消息稿。

那天當我走了二十幾公里時，感到氣喘吁吁，「馬妹」給了我一支在高強度運動時食用的能量劑，飲下後立竿見影，不一會兒就感到精神奮發，一口氣又走了十公里。這讓你不得不相信，專業和非專業的就是不一樣，專業運動員從鞋襪衣褲到食品飲料都大有講究。

不過，先輩華人的徒步隊伍，肯定沒有這些專業的東西。除了一些用針挑水泡和在腳上抹草藥等土法外，他們更多的是依靠那種決心，那種夢想獲得金子的強大精神意念。

十五，卡斯頓（CASTERTON）華人營地和老華人餐館

1

傍晚，來到卡斯頓地區，天還敞亮著。走近鎮口，一位社區負責人在此迎接我們。

這是一個古老的大鎮，當年從羅布上岸的華人奔赴淘金之地，一批又一批人馬路都經此地。當地的白人政府對華人像潮流般的湧來引起恐慌，發布公告，讓警察把華人隊伍阻擋在鎮外，不許他們進鎮，只容許華人在鎮外面的一片河灘上圍起營地。

此時此刻，我們就站在當年那個營地位置的對面。營地早已不在，對面圍欄後面那些房屋都是私人建築，但從土地傾下的角度能看出是一個河灘上的坡地，據說在那些房子後面還有一口當年留下的老井，是那個年代居住在此的華人挖掘的，這裡是他們去往淘金地的又一個較大的中轉站。

雖然黑夜還沒有降臨，但我的眼光在遠處飄游，仿佛能夠看到留著辮子的先輩們卸下扁擔籮筐，在那片營地上搭起簡陋的帳篷，而沒有帳篷的人們只能點起篝火，圍繞著火堆度過寒冷的長夜……

2

我們的隊伍走人卡斯頓街區，許多社區居民自發地來到市中心的街道上歡迎我們，地區報記者在鎮中央為我們拍團體照，我們又要上報了，如今這支重走淘金路的隊伍已經成為一路上的新聞人物。

我們被社區負責人領往市政廳和歷史協會，觀看當地華人的資料照片和文物等。在資料中就有當年境況的詳細記載，1857年～1860年，華人從羅布走過這兒去金礦。其中一段報道中這樣寫道：1857年某月某日，有500名華人走來這兒，黃皮膚，臉色黝黑。當局不許他們進城，城裡居民跑去看見他們在河邊露營，在地上挖洞，燒火柴，做米飯……

不過，在以後的歲月，卡斯頓鎮上也不少華人居住下來，有記載華人肯姆・陳就在鎮上開了一家蔬菜店。

3

今晚，珂德和呂貝卡還特意把我們安排到當地的一家華人餐館用餐。飯館裡的裝修非常老舊，牆上是廉價的招貼畫，還有一些破舊的東方裝飾品，被安置在四處，大概算是表現唐人文化。老板是一個滿頭白髮的華裔老漢，有七八十歲光景，他不會講國語，能講廣東話，英語也說得較生硬，屬於那些早年從廣東等地來的老華人，也可能就是當年淘金者的後裔。我們團隊中只有支援者皮特和他太太歐陽能用粵語和他交流。店裡另有一個胖胖的金髮女孩是他雇傭的伙計，負責端盤子和洗碗。

二十多人，一下子坐滿店堂，也許是很久沒有來過的大生意。老闆忙得不亦樂乎，做菜做飯做炒麵全是他一個，瞧他在灶台上端鍋翻菜，手臂顫顫作抖，有點兒擔心他能否做完這麼多人的飯菜。我在想，他應該有子女吧，為什麼不出來幫他一把？

其實這種情況，在澳洲華裔的家庭裡也不少見，兒孫們在澳洲教育環境中長大，不喜歡老一輩人的職業，就算這家鄉鎮飯店還能掙上一些錢，也不會有繼承者，更何況是在一個華人稀少的城鎮上。

再聯想到如今不少新華人來到澳洲，一茬一茬地購買各種各樣的小生意，雖然小生意可能會比打工多掙幾個錢，可是從早到晚，一年三百六十多天泡在店堂裡，沒有休息天，也沒有節假日，人生就像點油燈似的慢慢熬盡，而在澳洲成長起來的子女，有幾個會繼承這種熬油燈的小生意呢？

一代人有一代人的生活方式，華裔老人和後代之間的斷裂畫面，不免引起人們的哀嘆。

這些斷裂層面，不僅僅發生在華裔身上，想當年意大利移民希臘移民等老一代和新一代之間，也曾經發生過這些斷裂現象。代溝在全世界都會以各種形式出現，而且隨著科學技術的高速發展，社會生活中各類事物變化的節奏也會越來越頻繁，代溝現象有過去的幾十年變成了如今的十年八年，老年、成年、連青年和少年之間都產生了代溝，一個人活一輩子，和兒孫輩的溝溝坎坎實在是太多了。好在，澳大利亞還算是一個生活節奏不算太快的國家。

4

端上來的飯菜同樣讓人不感恭維。不管是肉食海鮮蔬菜米飯和麵條，滿滿的一盆一盆地端上來，東西不少，分量充足，千篇一律的顏色和味道，用的是同一種黃色的咖哩作料，帶點辛辣和甜酸，這能算中國餐嗎？

幾千年前，孔老夫子就有「食不厭精」之說，以華人那張講究食為先的嘴巴來說，這個中國菜做得太粗糙太歪曲了，缺少中國飲食文化的精細底蘊，僅僅能夠填報肚子。如果和達歌漢穆地區的十一家西人家常菜相比較，這樣的中國菜肯定輸的一敗塗地。

只有那幾位西人還在嚷著味道鮮美，在他們的腦海和嘴巴裡，中國大餐就應該是這種千篇一律的味道和色彩，就像機器上製作產品一般，可見他們低端的味覺和嗅覺還沒有進化到中國食客的高端階段；或許，這種澳洲內地的華人餐館的菜肴，主要是為了適應西人的舌頭和牙齒，何況大鍋菜製作方便，澳洲人工又貴，於是就粗製濫造地開發出種種別扭的中國餐。哦，還能指望那位老人家做出什麼山珍海味？

5

晚餐雖然不怎麼樣，但在這個城鎮的商店裡，買到了幾樣東西，一是塑料水盆，三元五角一個，晚上用來燙水泡腳，數人購買。李靜女士破費二十幾元，買了一個不鏽鋼水桶。恰爾斯・張買到了針線，用於挑破腳板上的水泡，然後在水泡中間留下一段

面線，到了第二天早上，血泡裡的水就會流盡，再貼上創口貼，效果奇佳。

我，汪海波和波羅斯三人睡一個房間。波羅斯瞧見我用針刺血泡時就直搖頭，以為對自己的肉體太殘忍了。其實西人不懂得熱水泡腳和針刺水泡的效果，中國人的不少傳統方法也包含著科學成份。當年華人祖先走淘金路的時候，腳上起了水泡，大概使用的也是這種簡單實用的方法。以前很多南方人，都是光腳穿著一種叫木屐的拖鞋，走在路上，能發出咯吱咯吱的響聲。華人農民，經常赤腳幹活，腳底板已經磨出一層厚皮，如同動物的腳足，也有人就是光腳走在澳洲的大地上。

我們團隊住在城鎮上一個較大的旅館裡，旅館樓下是酒店，這兩天晚上恰好是周末，酒店內外更是熱鬧。由此也可想像出，當年的淘金工人，白天幹活，晚上踏進酒店買醉。如果翻開歷史書可以看到，自從人類發明了這種陶醉自我的液體，酒店成為了橫跨各個歷史時期的熱門生意，這個生意永不衰退，喜也喝酒，悲也喝酒，愁也喝酒，爽也喝酒，如果用喝酒作為標準，今天的人和過去的人真的沒有什麼兩樣。

樓上的客房裡，步行者們也把幾天前從酒莊裡購買的紅酒拿出來，泡著腳，喝著酒，吹牛侃大山，講著途中的新聞軼事，不亦樂乎。

十六，走入荒野

1

步行團隊是這樣安排的，前面領頭的是波羅斯，隊伍後面有恰爾斯・張照顧，中間是溫方臣女士前後奔跑。

行走規則是：在公路邊上行走時，離開路面一公尺；必須在行駛車輛相反一側行走，有利於瞧見迎面而來的車輛；車輛過來時，隊伍前方的人會對後方發出呼叫，一聲一聲傳向後面的步行者，最為重要的是行路安全。

今天路途不順，走錯了一段，波羅斯老是在察看那張臨時翻印的地圖。原來確定的路線，由於被水沖垮了一段，正在修路，無法通行。珂德和呂貝卡兩位金髮女郎也下車過來，恰爾斯・張從後面趕到前面，幾位領導商量後，決定朝荒山野嶺裡進發。這個意思就是，步行隊伍脫離了支援車隊，汽車不得不繞道去前面的路口等待。而每一段路都在七八公里左右，步行隊員無法獲得車輛幫助，所以每個人自我估量一下，如果一口氣走不下來，可以直接坐車去前面等待。

2

走入荒野和行走在公路邊上是不一樣的。

首先是景觀不一樣，走在公路上是人觀望兩邊的景色，猶如一位自然的旁觀者；而行走在荒野裡是人走入景色中間，人和動物都成為了一種活動景觀，大概上帝眼裡看到的就是如此。

　　由此可以體會到：一，人在這個世界上，可以是一位旁觀者；二，人不是旁觀者，而是自然的一個組成部分。如果從哲學層面上分析，可以看出，當人類把自己和自然隔開後，就成為二元世界，人為一元，自然為另一元，人們自得其樂地認為兩元對立就此而形成。人可以作為一股兒超自然的力量去改造自然，這是一個偉大而又可怕的念頭。自然能夠被改造和戰勝嗎？而當人們再次認識到自己其實是和自然是一體的，只是自然的一個渺小的組成部分，人和自然又歸入於一元的時候，人對自然的態度就會變得謙虛起來，尊敬大自然也就是尊敬自己。

　　其次，路和路是不一樣的，公路邊較為平坦，即使是雜草和碎石，行走也無大礙，而荒野中只有狹小的路徑，或動物走過的路徑，從一個個牛腳印中就能看出。有時候完全找不到路，根據大致方向，一邊走一邊朝前探路。

　　荒草時高時低，草低時淹沒腳背，草高時擋住膝蓋，再高時超過腰部。腳底下泥土比較軟，高低不平，和行走在公路上感覺不同。這時候人們才會真正感受到那句簡樸的語言，走的人多了，路才會變成路。也許不僅僅是人，走的動物多了，也會形成路徑。

　　恰爾斯·張指著道上的一個個痕跡說，那是袋鼠的足跡。袋鼠有一個習慣，它每次走出去的路徑，和走回來的是相同的路，其它袋鼠也會跟著領頭的袋鼠走這條路，它們走的次數多了，就走出了袋鼠的路線圖。恰爾斯·張還說，這個經驗是他以前在家裡研究老鼠所走的路線獲得的，老鼠也喜歡走相同的路線，抓老

鼠可以在回來的路上攔截它。其實，不止鼠輩如此，大自然中的動物都會有相同的靈性，就像人也喜歡走熟路一樣。

3

　　隊伍走入了密密麻麻的草叢，跨過乾枯的河溝，穿過稀疏的樹林，走出樹林瞧見那邊牧場上一大群牛朝我們跑來，它們在圍欄邊瞪著牛眼瞧著我們。大家拿出手機拍照，有人高聲呼喚，有人學著牛吼羊叫和狗吠，它們又轟隆隆地奔跑而去，似乎來到了大草原上。

　　另一個鏡頭是，遠處幾頭袋鼠朝一大群羊奔跑跳躍而去，袋鼠所到之處，羊群一哄而散。有人比喻，澳大利亞是馱在羊背上的國家，但幾百頭羊碰上了幾隻袋鼠，就會聞風而潰。那幾頭袋鼠張牙舞爪，不肯罷休，一會兒又朝羊群進攻，也好像是故意在和羊群嬉鬧，那意思，這裡全是它們幾個的地盤。多少萬年來，澳洲大地上沒有什麼凶殘的動物，袋鼠得天獨厚，它們才是真正的主人。除了另外一種狡猾的動物──人。

　　跨上一道高坡，層層疊疊的荒草阻攔著腳步，雙腿需要花費加倍的力氣，人人走得精疲力盡，疲勞至極連說話也不想多說一句，就在這個時候，我手上的紅色小收音機裡很爭氣的響起了一首歌：「一無所有」，

　　每一位華人都熟悉這首歌曲，崔建的嗓子在嘶喊，不屈不撓而富有張力。大家不由而同地從說不出話的嘴裡跟隨著嘶唱起來：

這是你的手在顫抖
這是你的淚在流

可是你總是笑我一無所有，

啊——呵——

你何時跟我走？你何時跟我走？

⋯⋯⋯⋯⋯

在荒原中，每一個人的命運是一樣的，生命沒有高低貴賤，但每一個個體的生命力又都在煥發，企圖超越，在向上蒼和大地訴求，在和原野對抗，但又在和自然融合。人活著到底是為了什麼？物質和精神就像人們上下兩排牙齒在對咬，就像天和地在拼搏。

高聲嘶喊的一群中有我和汪海波，溫方臣和克裡斯蒂娜‧張女士，還有走在後面的李靜女士和提著相機的安吉爾，平時他們兩位都在開車，今天不用開車，就和大家一起走進荒野。李女士走著唱著，「呵，我一無所有。」今天肯定是她走得最厲害的一天，第二天，她就嚷著腿走傷了。安吉爾雖然身上有八分之一的中國血統，讓他唱Chinese歌曲實在是難為他了，他提著照相機

走入荒野

跟隨在後面攝下我們聲嘶力竭的一幕。

　　這讓我忽然進入了一種境界，感受著160年前先輩們走過的道路。那個年代澳洲大地上沒有幾條像樣的路，也不是今天寬闊平坦的公路，而是一條條狹小的，馬車顛簸的道路。華人淘金隊伍所走的路徑，翻山越嶺，大部分都是在荒野中穿行，就如同我們今天所走的路途。仿佛時光倒流，如果我們頭戴鬥笠，肩挑擔子，我們就可以變成160年前的他們。

　　我們又爬上一道高坡，我們從高坡上奔跑而下，我們的歌聲還在吼叫：

　　這是你的手在顫抖
　　這是你的淚在流
　　可是你總是笑我一無所有，
　　啊——呵——
　　你這就跟我走，你這就跟我走！

翻山越嶺

十七，克萊寧（COLERAINE）鎮上的展覽館

1

下午時光，路過一個看似荒廢的農舍，圍欄門大開著，裡面場地開闊，遠處一間破敗的房子，四處散落著一堆堆木塊和一個老樹樁，好像是無人管理。珂德和呂貝卡從附近城鎮采購來了午餐，由於外面道路旁比較狹隘，風又大，車輛就駛入這處農舍。大家在院落裡吃午餐。

不一會兒來了一輛車，安吉爾等人和下車者交談，原來他是這個農舍的主人。後來我們了解到，大概是附近的鄰居從遠處瞧見一大群人闖進這裡，也不知道是什麼名堂，打電話告訴戶主。戶主說不久前，這個農舍裡面關著羊，被人偷走過，於是他就趕過來瞧瞧。知道了我們是重走淘金路的隊伍，也就沒有多說什麼，離開了。

我們離開此地，認真地把欄門關上。看來這也算是一個教訓，沒有經過主人同意，不能輕易地進入私人地域，這是澳洲的規矩。即使瞧上去像荒廢的土地，也可能有地主，隨意猜測也是靠不住的。

2

傍晚時來到克萊寧鎮，寧靜的街道上豎立著死亡軍人的雕像，石牌上刻著他們的姓名和活在世上的短暫歲月，當年歐亞大陸上發生了兩次世界大戰，澳大利亞的每一個城鎮上都有青年人參軍，奔赴萬裡之外的戰場。有一位美國政治家揶揄澳洲是地球上的屁股。澳洲人可不這樣想，他們對於這個世界上發生的大事，很有參與感，也具有正義感，滿腔熱情的投入。

社區負責人帶著我們去參觀這裡的鄉鎮博物館。街上有一排老舊的建築物，其中一所是當年的火車站，牆上的圖片和文字介紹說，1970年還有馬戲團坐火車來到這裡，圍起一塊場地，有大像和馬匹表演，盛況空前。老火車站邊上的一個建築裡就是博物館。

博物館裡面積不大，玻璃櫃裡擺放著陳舊的物品，牆上貼著老照片等。但這個博物館裡完整地保留著當年外來人口到達這裡的登記冊，有厚厚的幾大本，其中也詳細地記錄著不少華人來到此地居住的年月。不包括路過此地的淘金者。

1840年，有中國人來到這兒。

1889年，有三名中國人在這兒居住。

1916年－1920年，四名中國人在這兒注冊落戶。

1957年在這兒的老墓地裡埋葬了一位姓潘的華人，他來自廣東省老惠鎮……等等。

講解員說，當年鎮上的一個白人家庭，有一個17歲的孩子失蹤了，後來才知道他是跟著華人的淘金隊伍走了。原因是什麼呢？也許他就是想離家出走，也許他想跟著華人一起去淘金發財，還有一個可能，就是他嘴饞，喜歡華人的食品。

3

1916年，有一個名叫路易・沈的華人開辦了一家雜貨店，1933年這個店裡銷售大米水果和煙葉等等，當年的舊報紙上還登載過小店的情況。這裡的一位老太太曾記得，她孩提時代經常去這個小店裡，吃華人自己做的酸梅湯，酸梅湯很好吃，至今她還懷念著那個味道，但是也有一次喝多了，喝壞了肚子。那時候她還跟隨祖母去雜貨店買中藥，中藥喝起來很苦，但她祖母非常相信中藥。路易・沈的職業是果農，以後開了雜貨店，又是一個中醫師（看來是一個聰明的全能型人才），由於他為這個地區所作的貢獻，在1926年被當地政府授予他最高的榮譽獎，還為他做了銅像。

恰爾斯・張四年前來到這裡的時候，也聽到過一個有關路易・沈的故事，是從當地的一個古董店的老太太那兒聽來的。說是一個鎮上的頑皮小孩，用放大鏡通過太陽光點燃了雜貨店裡的鞭炮，路易・沈發怒了，提著刀追出去，當然最後沒有動刀，抓住小孩，痛打了他一頓，事後沒有告訴小孩的母親。因此小孩很感激他，因為那個小孩認為他和路易・沈之間發生的事情，是男人和男人之間的事情，應該用男子漢的方法解決，以後這個小孩長大，一直對路易・沈很尊重。這個故事生動有趣，而且包含著某種道理，讓恰爾斯・張印象深刻。

另一位在此地獲得榮譽的華人是恰特・金，他在鎮口河畔和小溪邊，種植了大片的蔬菜，讓附件的民眾都吃到了新鮮的蔬菜。1972年，當地政府用他的名字命名了那條小溪。

還有離此地不遠，在林南河的南邊，大片土地都是早年中國

菜農開發出來的。後來那裡成為了國家的土地，建起了城鎮。在這個過程中，華人的利益在白澳政策下受到了嚴重侵犯，包括土地上的種植物和人員都受到限制，因此華人越來越少。以後希臘人和意大利人接替了日益老去的華人菜農，歐裔農工利用機械力來替代人力，開啟了機械化種田的開端。1950年，參加二戰的士兵歸來，政府又把那兒許多土地分給了退伍軍人。

4

在中國的許多鄉村裡和鄉鎮上，都有著家族祠堂等，祠堂裡保持著老祖宗的牌位和用文字書寫的形形色色的家譜，有的家譜甚至可以追溯到兩千年以前。澳大利亞雖然只有兩百多年的歷史，但許多城鎮裡都有歷史協會，對保持當地的歷史資料也很重視，社區工作人員默默無聞地從各種渠道搜集資料，讓城鎮的記憶一代一代地保持下去，這就是人類文明持續不斷的薪火。

晚上，在當地的一家飯館，不少居民和我們共進晚餐，發言的居民一位接著一位，講述這個地區有關華人的故事，有一位八十歲的老人特意從遠處趕來，敘講他和華人間的往事。社區負責人說，此地以前也興旺發達過，曾經舉辦過一千多人的運動會，如今由於經濟轉型，也像澳洲許多內陸城鎮那樣，人口都流向大城市。她希望有更多的人來到這兒生活，增添地區的經濟活力。

一位胖胖的牧師在晚餐前帶領大家作禱告，讓神保佑大家幸福快樂，「阿門」。

十八，漢明屯（HAMILTON）之夜的篝火和美景

1

昨天翻山越嶺，今天走的是鄉間小道，在一個個私人牧場中間穿行，別有一番風味。

這些牧場又是草場，大片大片地種植麥草。這裡的土地呈鹼性，而麥草呈酸性，兩者之間恰好互補。麥草三到四年種一次，每年收割後，第二年再次生長，三四年後燒掉麥稈，拖拉機將麥稈壓入土地，然後再次播種。

植物學家說，地球上的北緯和南緯三十六度到三十八度的地域，最適合草本植物的生長。這個地域生長的草本植物裡含微量元素最多，水分大且長得最好。從地圖上可以看到，澳大利亞和新西蘭某些土地就在南緯三十六度到三十八度內。麥草看上去很像小麥，但沒有麥芒，生長期與小麥相像。這種黑麥草因為含有大量對牛羊生長的營養成分。被全世界畜牧業公認為最上乘的天然飼料，可以稱作牧草中的上品。

每一個牧場都有一兩公里路長，四周圍有柵欄和鐵絲，在一個牧場和另一個牧場的交界處，都有可以開啟的柵欄門。牧場裡的大片草地都已收割，但許多草杆還豎立著，雜草叢生，經常能看到散放的牛羊，看見人來，就會發出「咩咩」的叫聲，它們是

在和人們打招呼。

由於今天露水很重，走過草場的鞋裡，整個就像在水裡泡過一般，襪子裡能絞出水來，大家不得不穿著濕鞋大步行走。林中鳥鳴滴溜，太陽出來了，人們精神也振作起來。

草場也有它獨特的魅力，彎彎曲曲的路，高高低低的樹，那些樹林各顯千秋：有的大樹根上長出新枝，有的樹木自然死亡，有氣無力地躺倒在草叢裡，有的樹木倒下擱在另外的樹木身上，好像自己死了也非要把另一棵樹也要弄亡；還有幾棵樹，上面的樹干是棕色的，中間部位卻是黑的，就像長出幾顆黑瘤，而下面的樹色又恢復正常。有人分析道，是因為當初的森林火災，把這棵樹點著了，但樹沒有徹底燒死，它後來又發芽繼續生長，上面長出新的枝杈，底下被燒黑的部位長到了高處，底下是從土地裡新生長出來的，於是乎，在這棵樹上就出現了這樣奇怪的「三段論」。大自然正是無奇不有，而這個「奇」所表現出的是隱藏在背後的自然邏輯關係。

在草場上，我們碰到了當地中老年人組成的短途步行隊伍。在澳大利亞很多地方，都有老老少少的徒步群體，這已經構成了一道生活方式的風景線。大家寒暄了一陣，分享了點心食品，各走東西。

2

今天整整一天，隊伍都在草場裡穿行，天晴，風卻老跟在身後，直到看見了夕陽。

天黑了，我們來到漢明屯地區，走入一個大倉庫似的建築，是這裡的社區中心，工作人員正在門口的烤爐上進行澳洲特色的

BBQ燒烤，烤肉飄香；院落裡，已經來了幾十個當地的老鄉，提著葡萄酒杯在聊天，看見我們隊伍，熱情歡迎。院落中間，兩個長鐵盆裡點起紅紅的篝火，因為今天風大，晚上有點冷。我和汪海波在溫方臣女士的吩咐下，豎立起兩面CCCAV的重走淘金路的宣傳牌。今晚我們就在這裡和當地社區民眾聯歡。

CCCAV的領導，那位熱心的陳東軍女士和她的同事趕到這裡，又來看望先鋒步行者的隊伍。她和幾位社區的負責人先後發表了熱情洋溢的講話，兩位廣東同鄉會的女士還帶來了飯團等亞裔食品。大家一起拍照留念。

我們喝著飲料，吃著噴香的燒烤。篝火在黑夜裡燃燒，火光映紅了四周，驅散了寒氣，暖在大家的心頭。從第一天到今天，已是第八天，一共走完了230公里。

3

光臨漢明屯，我們住進了這次行走途中最好的旅館，當然不是四星級五星級賓館，而是附近度假村的營地。澳大利亞各地有許多這種度假村，一輛汽車來到這兒，一套簡易的木頭房子可以讓一家五六口人居住，房子裡有兩個不大的臥室，一間裡放著一張大床，另一間裡有兩個上下床鋪。廚房和廳室連在一起，有煤氣灶和全套餐具等。屋外通常還有一個小涼台，放著桌椅。

在當天的行走途中，經常看見棕色和黑色的牛群，附近大概有不少養牛場。在一處標牌下，我們從照片和文字介紹中看到，此地的樹林草叢間還生存著一種很長的蜥蜴，黑頭黃臉，身上布滿條紋，粗一看，那就是一條蛇。

另外一處標牌則告訴我們，這裡曾經通行鐵路，但在1910年

9月7日的上午10點45分，發生了一場災難，從克拉寧駛往漢明屯的火車在麥卡寧河灣的橋上翻入河灘上，造成50人受傷。當時，這個頭條新聞讓全澳大利亞人都知道了這一地區。

我們來到附近一個頗有特色的景點，在一片原野和樹林中間大地突然陷下去，露出一個大洞，或者說是上帝挖了一口大井。

這個洞底成為低於地面幾十公尺的一片綠色的小湖，這可能是突然來臨的地殼運動造成的，在深陷下去的石壁上，能看出不同顏色的泥石，一層層地夾在地下。

最為生動活潑的是，從遠處的地面上匯聚了一股兒雪白色的水流沿著洞壁奔流而下，形成一股兒瀑布，猶如一條白龍投入碧水之間，而這條白龍有著源遠流長的身材。

在大洞的四周，大片的綠草圍繞，再外面一圈，則是高低起伏的樹木和森林。此景美矣，如有中國古代的文人雅士光臨，一定能在此飲酒賦詩，玩賞風月。可惜我們要行走趕路，不能在此欣賞晚上的月亮，只能想像一輪明月投入在深湖中絕妙精致。

十九，長途步行者概況

（一）華人長途步行者的狀況

1，楊女士和她的女兒張雨虹

　　在我們隊伍裡，楊女士是我們華人中間年齡最大的一位，來自於中國的新疆，也許是新疆寬闊的地域練出了她行走的本領。一年前，她就參加了一場從巴拉瑞特到墨爾本的行走活動，三天走了一百多公里。這次是五百多公里，她仍然雄心勃勃的報名參加走全程，雖然她在途中走一段，需要坐車休息一段，但一位七十一歲的華裔老人，還在如此行走，真是了不起。我走得搖搖欲墜的時候就說：「往死裡走」。她總是樂觀地說：「要朝活裡走」。

　　青出於藍而勝於藍，這句話用在楊女士的女兒張雨虹身上真是太合適了，她的英文名叫克裡斯蒂娜・張，瞧她走路的樣子一點也不費勁，好像可以永遠走下去，而且一路上她還要光顧路邊的果樹之類，有一次她發現了一棵野蘋果樹，結果是隊伍中每個人嘴裡都在啣吧啣地咬蘋果，一點斯文也沒有，有的人口袋裡還塞了好幾個。

　　她那兩條長腿走路的模樣可以和高個子的白人奎斯有一拼，看他（她）倆走路的步態是一種享受。不像我走路的熊樣，還沒有開走，已經一拖一歪不成體統。要知道她也是三個孩子的媽

楊女士和她的女兒張雨虹在中途用餐

媽，體型保持的比年輕姑娘還好，那一定是經常走路的功勞。我就對她說：「你身上一定有走路的遺傳因子。」她就笑笑。因為我聽她母親楊女士說過，她丈夫也很會走路，能走很長的路。看來他們一家是走路之家。後來聽她說，她女兒游泳很好，已經代表巴拉瑞特地區的學校去參加游泳比賽。再後來又了解到，張女士本人在少女時代，曾經兩次獲得中國青少年中長跑四項全能冠軍。

　　眼前兩個女人都嚇我一跳，溫方臣是參加馬拉松賽跑步的運動員，張雨虹曾經是跑步冠軍，我能跟在她倆後面行走，有點誇張，會不會讓我這上了年紀的家伙走出人命？這就叫做「往死裡

走」。有一天，我瞧見她倆都穿著有點兒像斑馬圖形的緊身褲，前面那四條腿在邁動，分明就是兩匹母斑馬。我不得不緊跟在她倆後面，走得上氣不接下氣。

徒步隊伍習慣性地會越走越快，你不緊跟著前面的人步伐，很快就會被甩下，雖然只有十幾個人在行走，但隊伍前後有時候會被拉長超過一公里。

有一個辦法可以擺脫這些窘況，那就是你快步朝前走，甚至是奔跑，超越前面所有的人，然後你就可以歇一口氣，躲進樹林去放便一下，不過也不能太久，幾分鐘後，後面那幫家伙就雄赳赳氣昂昂地趕上來了。

2，重慶來的年輕人張力

張力是我們隊伍中最年輕的一位，身材胖胖，他以前在布裡斯本地區的一個政府部門工作，後來他的家鄉重慶飛躍發展，他又回國工作。在那個山城裡重慶火鍋太油膩，他天天晚上和酒肉朋友們一起下館子，越吃越胖，他感覺到如此下去太過分了，必須改變自己的生活方式，這不又回到澳大利亞。現在他居住在本迪戈，自從報名參加這個先鋒步行者的活動後，就開始進行熱身鍛煉，每天行走十多公里。

他行走時不喜歡背包，手上握著一個水瓶子，走一段喝一口，走路大搖大擺，腳下一使勁也走的挺快，走到隊伍最前面，甚至超過了第一名波羅斯。波羅斯斜過眼睛看看他，心想你怎麼可以超過前鋒，有點耿耿於懷的味道。

張力疾步行走了兩天，腳板上打起了水泡，貼上創口貼，晚上撕下創口貼時，一不小心，把腳底板上的肉也撕下來，這下遭了大罪，第二天腳不能沾地，只能躺在車上睡覺打呼嚕。

重走淘金路途中，給張力送上生日蛋糕。左一是作者，左二是支援人員珂德女士

　　我也有一次咬咬牙抬抬腿，趕超到最前面，超過波羅斯先生。第一名沒有保持多久，一去樹林裡方便，波羅斯就疾步趕上來了。我猜測他嘴上不說，心裡憋著勁，士兵怎麼可以超越將軍？

3，葡萄酒商人汪海波

　　汪海波走路時的步態也挺累人，大概和我的樣子不差上下。不過他走路的時候還挺忙碌，一會兒手機響起來，只聽他說：「我可以給你個賬號，你把兩萬塊錢打進來就行了。」過一會手機又響了，他又說：「賬戶上已經看到你打進來的錢了，再多打一點也沒有問題。」

「麥總」汪海波

　　我可不是偷聽他的商業機密，是偶爾飄進耳朵裡的，這讓我羨慕得不行，一邊走淘金路，一邊談葡萄酒生意，還不斷地有人把錢打進銀行賬戶，真是太幸福了，就如同淘到了金子，這種幸福的事怎麼就輪不到我身上？聽說他年輕的妻子還在墨爾本的高尚地區開著一家頗有特色的咖啡館，夫妻雙雙努力做生意掙錢，前景一片陽光燦爛。以前，上海灘有一句洋涇浜英語叫，「鈔票多得麥克麥克」，就是很會掙錢的意思，大概是從英語「Make Money」而來。汪海波的英文名叫麥克・汪。這就Make到了一塊。這次徒步完成後，他購買了一個葡萄酒莊，大家叫他「麥總」。

　　他行走途中還喜歡拍照，看見牛羊馬等動物或者是漂亮的景觀就邁不開腿，所以經常落在隊伍後面。

領隊恰爾斯，張，張衝天舉起獎牌

4，領隊恰爾斯・張

　　隊伍最後面有恰爾斯・張照顧，他的本名叫張衝天，身上穿著步行者的紅色運動服，下面是寬松的中褲，小腿肚子爆上出青筋，兩條腿蹭蹭有力，好像永遠不知道疲乏。他是一位徒步的經驗人士，腳下的運動鞋上套著袖管，這樣可以在步行中防止雜草穿透襪子。他已在這條淘金路上走過幾次，還勘探過更多次。不愧為一名偵察兵。

　　據他自己說，他的祖上有著蒙古人的血統，俄羅斯的血統，當然中國人的血脈占大部分，瞧他的體型，孔武有力，讓人相信他身上含有那些草原民族的基因。他似乎呆過中國的許多地方，

可以和每個人稱老鄉，但從口音中能聽出來，上海味最濃，和我用上海話交談。他出身於軍人家庭，十六歲就去當兵，而且在南京軍區的特務連，在今天就是特種兵。轉業後又在籃球隊打籃球。怪不得直到今天，他還保持著強壯的體魄和旺盛的精力。

5，「馬妹」溫方臣女士

跳跳蹦蹦的溫方臣女士是從馬拉松賽跑中過來的，我因此而稱她是「馬妹」，前面已經對她做過許多敘述。

還有一位行者就是我，本人的行走情況也在文中一一發露，這裡就不再贅述。長途步行隊伍裡的華人，大體就是這些狀況。

「馬妹」溫方臣女士正在揮轉「比利茶」

（二）參加重走淘金路的白人步行者。

6，兩位排頭兵──波羅斯和傑蒂（Bruce Harmer and Jacqui Lawson）

走在整個隊伍前面的經常是他們兩個，波羅斯和傑蒂，一男一女。兩位都是西裔白人，從血統上來說，和華裔沒有任何關係，但和華人非常友好。兩人都是在英文媒體上看到華人重走淘金路的信息，前來報名參加的。

波羅斯身材不高，和華人的普通身高差不多，看上去很精干，鬢髮和鬍鬚都已發白，雙眼發亮，在路途中精神抖擻，很少

走在前列的徒步協會會員波羅斯

看見他疲乏的樣子。以前他的境況可大不如現在，像澳洲的不少肥胖的人那樣，多走幾步路，就得大喘氣。他決心改變自己的生活方式方，參加步行活動。十年來的徒步鍛煉，讓他獲益匪淺，不但改變了體型，也改變了人生的精神面貌。人有時候就得下一個決心，不管你是年輕還是你年老的時候，這個決心會改變你自己，讓你的生活朝良好道路上發展。

他參加了徒步協會，現在他的行走速度超過了普通的年輕人，更稀罕的是，在我們這支步行隊伍中唯有他一個，一路走來，腳底板沒有起過一個血泡。說起此事，他就要拉起褲腿，讓人瞧瞧他那雙二百多元錢的運動鞋和二十多元的羊毛襪子。步行鞋襪一定要合適，這是專業徒步者的經驗。專業的東西當然價格要比非專業的貴出好幾倍。不過，波羅斯不差錢，他幹的是建築這一行，在澳洲造房子幹的是勞力活，數錢的時候可以數到手發軟。聽說如今他一年建造兩套房子，也不多幹，餘下的時間，就去參加澳洲各地區的徒步活動。健康而又自由瀟灑，這可是了不得的做人境界。

傑蒂身材瘦小，走路有點搖晃，背個包裹就好像要讓人扶一把。沒有想到的是，在一段一段的行走途中，她的步伐如此堅定。用恰爾斯‧張的話說：「真是有眼不識泰山。」她瘦小的身材仿佛就是一座山。

她面目和善，一頭金髮已經發白，說話不多，那張臉永遠笑嘻嘻的，哪怕路途走得再辛苦，她仍然是一臉自信的笑容，也為其他步行者增添了信心。在我心目中，她是這支徒步隊伍中最了不起的一位，簡直就是一名超女。為什麼如此說呢？

她個子小步伐也小，別人走兩步，她也許要走三步，她以自己的節奏來趕超別人的步伐，用頻頻加快的腳步走在隊伍最前

徒步協會的會員傑蒂——她瘦小的身材仿佛就是一座山

列，一步不拉地走完全程五百五十多公里。聽說她的背部和腰部都受過傷，但她每天帶著狗，繞著岡比亞山下溜達，堅持不懈地鍛煉，一年四季，從不中斷。當她和那條狗一起散步之時，不知是她牽著狗，還是那條大狗牽著她在山道上奔走，由此練出了她行走的速度和意志。

據說，她在五六年前，還去中國爬過喜馬拉雅山，雖然沒有爬到珠穆朗瑪峰之巔，也爬到了那裡的高山營地。她還經常參加國際性的登山活動，世界上的不少名山大川都留下了這位老太太的足跡。我想說的是，今天她已經71歲高齡，徒步協會的會員。

7，和我同行的奎斯（Chris Field）

奎斯和福克斯是我們隊伍中身材最高的兩位。奎斯來自於南澳首府阿得雷德，是在我們隊伍出發後的第三天趕來的。那天他走在我邊上。我在途中，喜歡提著一個小型的收音機播放音樂，減輕疲勞。奎斯說他有一個碟片，是去中國旅遊時買的，很好聽，其中有幾十首中國的經典歌曲，被稱為紅歌。雖然我的英語較差，但一下子有了共同話題，一路上似懂非懂地聊了起來。

從談話中，我了解到他去過中國多次，從北到南也去過中國許多地方，而且對中國人文歷史頗有研究，特別是對滿清晚期和民國時期那一段歷史，他還寫過有關文章。

沒有想到在這次步行途中還能夠和一個熱心關注中國文化的澳洲知識分子相遇。知道我是上海人後，他就和我聊起上海的魯迅公園，他對魯迅很崇敬，知道魯迅寫過許多有意義的作品；他又談起長江，談起長江邊上的鎮江揚州和南京。在虎踞龍蟠的南京，他攀登著一級級石頭台階，登上了氣度恢弘的中山陵，參觀了孫中山先生的陵墓。

澳大利亞可真找不出這樣一座陵墓，當然澳大利亞也沒有出現過這樣的偉人，在澳大利亞這樣短暫的歷史上也許不需要偉人，沒有偉大領袖的國家也能建成一個好國家，只要設計出一個良好的社會制度，讓社會在良性環境中逐漸成長，排斥在成長中產生糟粕的東西，這個社會就會越來越健康。

讓我最驚嘆的是，幾年前他去了四川雲南，參加了那些革命發燒友的重走長征路的旅行團，旅程五千公里，雖然不全是走路，但也花費了一大段時間，使他了解到了中國的許多東西。

奎斯再有一年就到了退休年齡，他的愛好，除了讀書寫作，

奎斯在接受紀念獎牌的時刻

熱愛在澳大利亞的鄉村間行走，田野中視野寬闊，牧場上景觀美麗，還有那清新醉人的空氣。且看他走路的模樣，腰背挺拔，兩條長腿走路節奏分明，每一步都很勻稱，一點也沒有疲乏的感覺。瞧他走路，好像是一種享受。有時候他已經走得很累，頭上冒出汗珠，但腳下仍然邁動著整齊劃一的步伐。

　　在這次徒步活動中，他和他太太瑪克斯姆租了一輛房車，早晨，太太把他送到步行出發點，他開始行走，太太開車去周圍的市鎮，瞧見教堂等有特色的建築和景色，就拿出畫板，坐下來繪畫，她是一位業餘畫家。晚上她再驅車來和奎斯團聚，夫妻倆的恩愛和生活真讓人羨慕。

　　恰好我的行李箱裡還帶著一本描繪澳大利亞旅遊的長篇小說《情迷意亂——那輛澳洲巴士》，我把書送給他，他非常高興，他說，雖然看不懂中文，但會讓懂中文的朋友翻譯告訴他。後來，和我合作一起寫這本書的老宋也來到先鋒步行者隊伍，奎斯高興地拉著我們兩位作者和他一起合影留念。

8，撐著拐杖行走的麥克斯（Max Brady）

　　麥克斯身材高大，經常戴著一頂布帽，平時沉默寡言，步履沉重，行走時還帶著兩根鋁合金的拐杖。他年近70歲，走一段路，上車歇一會兒，他不喜歡在車上多坐，一會兒又下車加入步行隊伍。盡管他人高馬大，看上去和其他白人沒有什麼不同，但在他的身上也流動著華裔的血液。這次他是從昆士蘭州坐飛機趕到南澳，特意來參加這次徒步活動，來體驗祖先160年前走過的路途。

　　雖然他不會說漢語，卻銘記著自己的源遠流長的家族史。1857年，他祖母的爺爺王漢山從廣東去香港，又坐船來到澳大利亞，那條船也如同「糕餅之國號」一樣，載著數百名頭戴鬥笠身挑擔子的中國人。他們從羅布海灘上登陸，王漢山就是其中的一員。他一路走過了維州，後來又去了新南威爾士州。這就是說，他徒步的旅程比其它人還要加倍。

　　但是，王漢山以後的生活道路似乎要比其他華人走得順利，他沒有去種菜，而是開了一家肉店。在那個年代，肉類同樣是貴重的食品，而且西方人吃得較多的是麵粉土豆和肉類。王漢山經營肉店肯定需要一筆啟動資金，那麼是否可以猜測，他曾經在金礦地停留後，也挖到過不少金子呢？

　　事實上讓他越過種族的樊籬的是他的婚姻，他和英裔女子阿梅裡亞的婚姻。在那個年代，這兩個中西裔青年之間到底發生了什麼羅曼蒂克的愛情故事，作為後裔的麥克斯也無從猜測，但從家族保留下來的信件推想，可以看到這種通婚也遇到了不少阻力，這種阻力主要來自於白人社會對於黃種人的偏見，所以當年白人女孩嫁給華裔男子是罕見的，也需要極大的勇氣。

兩位長腳——麥克斯和奎斯

　　這次婚姻是成功的，也許可以從兩個方面來分析，一，從王漢山的舊照片上能看出，他衣著整齊，氣度不凡，應該是一位家庭出身良好，也受過教育的年輕人，而且他經營著一家肉店，勤勞能幹，有不錯的經濟收入，形成了一定的社會地位。盡管這種社會地位在不少白人種族歧視者眼裡仍然是受到排斥的。二，從阿梅裡亞一家來說，他們思想觀念相對是開放的，認識到這位華裔年輕人的品德和潛力，父母也尊重女兒的情感，不理會自己族裔群體中的某些流言蜚語。這就解釋了，這一中英聯姻的成果終於在那個困惑的年代破繭而出的部分原因。

　　王漢山和阿梅裡亞的後代開枝散葉，到了麥克斯已經是第五代。麥克斯雖然年邁，還經營著一家農場，也許是他的血液中仍

然保持著祖先的勤勞不懈的基因。他的女兒在做餐飲生意，而他的兒子遠在倫敦工作，好像回到他家族血脈的發源地。麥克斯的家族代代相傳，有據可查，家族史已被悉尼的一家博物館收錄展示。他還期待著，有一天能到中國去尋根究底，也許可以找到血脈的另一個源頭。

9，安吉爾（Adrian Hem）和他的女朋友瑪琳

安吉爾是我們這支隊伍中年紀最大的一位，所以他雖然報名行走全程，大部分時間還是駕駛車輛，而且負責幾輛車的管理，以前他的職業是消防隊員。

安吉爾也走了不少路，有一天在翻山越嶺的途中，走的大汗淋漓，76歲高齡如此行走，真是精神可嘉。他在路途中還接受了ABC廣播電台的採訪，這次華人重走淘金路的活動在澳洲主流社會產生了廣泛的反響和關注。

安吉爾和麥克斯一樣，體內也流淌著八分之一的華裔血液。而他這次參加徒步活動，還有一個目的，就是在這條路途中尋找祖輩的軌跡。根據他自己搜集的資料，他的高祖父來自廣東台山，16歲時就奔赴海外，可見這位年輕人的膽略。當年台山地區出海尋找謀生之路的風氣已經盛行。然後他經由香港，坐船來到澳大利亞。

早年華人的姓名，因為沒有標準化的拼音字母，還有各地方言的讀音不同，因此翻譯成英文是南腔北調的，而且英語的姓名的位置和中文顛倒。這個年輕人的姓名在經過安吉爾的一番考證後，應該是溫培天（如果按照中國人的姓氏流傳，那麼安吉爾今天也應該姓溫，我們這支步行隊伍中有一位華人KM・溫女士，現在還可以加上一位白人安吉爾・溫先生）。

溫培天在巴拉瑞特金礦淘到黃金後又去了本迪戈，年輕人頭腦靈活聰明，在感覺到淘金年代即將過去的時候，他就在當地用黃金購買了土地，利用中國農民對於種菜務農的優勢，辦起了自己的菜園。我們可以從有關澳華的史書上看到，有許多華人挖到金子後，都打道回府，回中國去了。但也有一部分華人不顧種族歧視的壓力，堅持在這塊新大陸上生存下去，而且不少人後來的成功都是從菜園子起步的。

汪培天後來也娶了一位英國姑娘瑪麗·雷爾頓為妻。瑪麗的家人是如何對待這樁突破白人偏見的婚姻呢？且看當年父親給女兒的一封家信：「只管去做你想的事，嫁給你想嫁的人，不要在乎其他人的看法。也請你告訴他，如果他真心待你好，我也會喜歡他的。」這是一位敢於打破傲慢與偏見的思想開明父親。

安吉爾的女朋友瑪琳來自本迪戈，她雖然沒有參加我們步行的隊列，但也經常和我們隊伍在一起，熱切關心重走淘金路的狀況。傍晚之時，她就會駕車來和安吉爾碰頭，和我們大家共進晚餐。從她面相上來看，她更像一位亞裔，她的曾祖父和曾祖母都是來自中國。從2000年以來，她一直在搜集研究家族的史料，如今電腦的網絡系統，可以讓她進入各個地區的社會組織查看史料，給她的搜集工作帶來許多便利。如今在她手頭上，已經收集到了祖先的結婚檔案，相片等等。但在那個年代，在社會機構中保存下來的紙質資料和相片資料很有限，而且有不少紕漏和錯誤，需要去辨析和認證。

她的祖先為什麼來到澳大利亞，是如何來的，來了以後又干了什麼？這對於瑪琳依然是一個個未解之謎，她憧憬有一天，能夠收集到更多的家族歷史資料，寫出一本家族史書，送給自己的兄弟姐妹，讓他們都牢記自己家族的淵源。

「澳大利亞是一個包容多元化的移民國家，希望這種多元文化能夠一直傳承下去。」這位女士如此說。

　　看來，不管是東方人還是西方人，都有著對於祖宗的關切，好奇和想往，企求祖先生活的密碼，都在內心之中對自己提出這樣一個發問：「我從哪裡來？」，這種追溯精神是如此的頑強，會讓人一輩子耿耿於懷。

有華裔血液的安吉爾（右）和新金山圖書館創辦者孫浩良先生（左）

二十，原野、高山、和「篝火茶」

1

去往德凱麗特（Dunkeld）的路程是三十三公里，以前這個地區叫鱒魚山（Mt Sturgeon），應該和此地的某座山脈有關係。1854年1月1日這裡改名為德凱麗特，這個城鎮的名字來自於蘇格蘭，因為這裡早期的移民大多來自英國的蘇格蘭。

隊伍有時候徒步在鄉村間的沙土路面上，有時候穿行在牧場中間。由於大部分路途平坦好走，隊伍又走又跑，速度越來越快。不少人已經度過了行走初期的難關，身心感覺都沒有那麼疲勞了，腳下的水泡也沒有那麼疼痛了，走著走著就達到了忘乎所以的境界。特別是那幾位女將，原來今天是母親節，她們全是孩子的母親，用跑步來紀念她們的節日，不亦樂乎。

路邊開著形形色色的野花和蘑菇，那位「前墨爾本議員競選人」李靜女士不但對政治感興趣，對那些野菜和蘑菇更感興趣，她說她對植物有所研究，也不知道真假。

雖然她報名支援者，大部分時間開車，有時候也行走一段路程。草地上的蘑菇群是對她最大的誘惑，她零零星星采了一大盒，還說要帶回墨爾本去，也不知道她如何保養這些寶貝。

采摘野蘑菇，最怕的就是撿到毒蘑菇。李靜女士揚言能夠分辨蘑菇是否有毒，膽大妄為的將生蘑菇放在嘴裡咀嚼。過了一會

兒，她臉色紅潤，也不像中毒的樣子，說話更加精神，就是有點兒顛三倒四，無法確定是否蘑菇發生了作用？然後也有人學著她生嚼蘑菇，然後說話也顛三倒四。

李女士把采集來的蘑菇交給車內的駕駛員關女士。關英虹女士腰受過傷，因此不願意下車走路，等待行走隊伍的時候，就在電腦上看韓劇，一集一集看得津津有味。等到隊伍的最後幾位都走遠了，她就駕駛麵包車再駛往前一個點上。

支援車輛停泊在路邊，前一個點和後一個點之間的距離，都在五六百米和一公里之間，跟隨步行隊伍一陣一陣地往前挪動。

2

走入鄉間小道，路口迎來一輛漂亮的老式敞篷汽車，駕駛員是一位精神矍鑠鄉村老人，頭戴帽盔和墨鏡如同一名開坦克的駕

徒步隊員支援隊員和老爺車合影

駛員，瞧見我們就像久違的朋友，大家相互招呼，然後大家和他那輛老式汽車合影。

走到寬闊的田野，迎面一片湖水倒映出天上翻滾的白雲，綠黃夾雜的草地上點綴著白色的羊群，遠處羊群挪動的時猶如白雲在大地上飄移。還有那種棕色的絨毛卷起的羊駝，據說是很珍貴的品種，出毛率特高。

再眺望遠處，白雲下面，平坦的大地上突然聳立起一座高山，山上面有兩座漂亮的山峰。當年澳大利亞被發現不久，海邊城鎮逐漸建立起來了，但內陸還是一片空白，不少歐洲探險家來到這兒，他們雄心勃勃，從海畔向內陸進發，一步一個腳印地去探視這塊新大陸的真面目。

那時候，內陸沒有任何車輛行駛的道路，全靠兩條腿行走，那些模糊不清的自然路徑也許是野獸奔跑過的印痕，也許是千萬年土著人行走過的腳印。一位英國軍人米奇上校帶著探險隊，披荊斬棘，在大地上行走數月，白色的皮膚已經被澳洲太陽曬得黝黑，除了高鼻梁和深陷的眼窩，膚色已經和土著人差不多了，他驀然抬頭，發現了一座高山就在眼前，這座山好像在哪裡看到過？他想起來了，那是在歐洲大地上的比利牛斯山。他和他的探險隊爬上了這座高山，將此山命名為澳大利亞的比利牛斯山。

3

路途中經過另一座山，沒有比利牛斯山高大，就是那座Mt Sturgeon（鱘魚山），山上草木豐盛，綠草遍野，是牧羊的好地方。但在這座山上，曾經發生過一場悲劇。

在半山腰上，有當年華人修建的公路，山上是放羊的牧場和

農場，還有二百多名華人挖出一個巨大的水塘，裡面積累存放的水源，都是為了在剪羊毛前給成千上百頭羊洗澡所用。然而悲劇就在那個時候發生了，五十幾名華人在幾天內陸續死亡，有人懷疑是食物中毒，有人說是吃了野蘑菇，還有人說是山上出了奪命的鬼怪。在那個年代，人命並不高貴，華人的生命更是低賤，最終警察上山也沒有查明原因。這是發生在澳洲華人中間的一個歷史謎案，也是華人在這塊土地上的一個大慘案。迷底至今沒有揭開。

今天，澳大利亞華人的生存環境和命運，和當年的澳洲華工生活相比較，已有了天壤之別。澳洲雖然版圖不小，但從人口上來衡量，它依然算不上是一個大國，對這個世界的影響也依然有限，但澳洲社會的文明進步，它提倡的多元文化政策，和珍重生命的觀念，已經讓這個南半球的國家在人類文明進步的跑道上走入世界領先的階段。

4

重走淘金路的行程已經走完一半。再接再厲，才能走完另一半。說到一半，我在路途中產生這樣一個感覺，因為我們隊伍行走的方向，從羅布到墨爾本，基本上都是由西朝東走，也就是說，太陽總是在朝北的一面，雖然天有陰晴，但在出太陽的那一天，或者說是那一會兒，太陽老是照在臉部的一面，而照不到另一面，根據推理，那麼二十天走下來，那張臉會不會變成陰陽臉呢？

我把這項推理和擔憂告訴隊友。結論誰也說不上，大家相互瞧臉，再對照一下自己的臉，好像有點陰陽味道，但還沒有變成

鬼臉，但也難以分辨出那一面比那一面更黑。不過，每張臉也好不到那兒去，全都變瘦變黑。在此要告訴大家一個道理，風吹日曬和風吹雨打，都能讓皮膚變黑，所以就分不清兩面臉的黑白。

今天日頭高照，路程不雙太長，才二十七公里，走得輕輕鬆鬆，路過一堆很有特色的麥草，這麥草壘得齊齊整整像一堵牆，有幾層樓高，幾位步行隊員在金色的草牆前拍照留念。

路途輕鬆，大家的說笑也多了起來，有人說昨天走了36K，指的是36公里，有人就接上話，大講特講36k黃金，還振振有詞說，一定要在淘金路上弄到一些金子，一百多年前老前輩們能挖到金子，憑什麼今天我們就不能搞上幾塊。

金子的誘惑力如此之大，從古到今，可以沉澱在帝王將相的心肺中，也可以融化在平民百姓的血液裡，可以穿透千百年的歷史，也可以造成今天普遍性的拜金主義。但在千百年以前，當這種金屬還不能做為一種交換東西的貨幣時，金子又有什麼意義呢？沒有一個人為它瘋狂，就像這個地球上所有的動物都對金子無動於衷一般，在它們的眼中，金子不如一口能咬進嘴裡的肉食，不如一個能吃進嘴裡的果實和一片草葉。人啊人，金子是人類自己為自己創造出來的傳奇，在這個傳奇中有著太陽般的金色光芒，也有黑暗無恥和骯髒。多少掠奪迫害和殘殺，使得金色光芒變成了血淚之史，血色茫茫，如同無可奈何的晚霞。

5

半道上傳奇老人馬略·韋斯頓開著房車又趕來了，他差不多每天都跟隨著我們的隊伍。我探頭對那輛房車打量一下，裡面有床，有爐灶有餐具等，能吃能喝能睡，平時，他和那條狗維索就

生活在這輛車裡，白天在澳洲鄉村四處遊逛，夜晚轉悠到那裡，就在那裡停車睡覺。不過他也有自己的房子和產業，他還將自己的一個優良的葡萄園出租給別人種植。他不願意固定待在一個地方，喜歡這種四處為家的生活方式，喜歡和步行者們結伴。

今天馬略給我們帶來了新玩意，一種很奇特的茶水，不是茶葉有多少奇特，而是茶葉和熱水配製過程很奇特，據說是澳洲野外行者的傳統制茶方法。這種茶水叫做「比利茶」，又叫「篝火茶」。將茶葉和水放在一個鐵壺裡，在篝火中燒開。

恰爾斯·張顯然熟悉這種製茶方式，他提著那把燒開熱茶的鐵壺走到一片開闊地中間，大家在四周圍觀他表演戲法。他的手臂帶著鐵壺劃圈轉動，我猜測如此轉動的功能，應該是在鐵壺裡加快茶葉和熱水的融和（而我們中國人喝茶，喜歡茶葉在燙水中泡一會，讓茶葉味道自然而然地滲入水中，所謂功夫茶，就含有這層意思）。洋人性子急，沒有工夫等待，在旅途的篝火中剛燒開茶水，又急於喝到嘴裡，就發明了這種旋轉法，轉了數圈，茶就可以喝了，一一倒入大家的杯中，此茶滾燙，有一些異香，但和中國的功夫茶味道不一樣，也品不出什麼特別的滋味，我也裝模作樣地喝了兩杯。

喝完篝火茶，我們就像千百年來的步行者那樣，再次踏上了旅途。這時候，反而感覺出滋味來了，不是茶水的味道，而是在大自然中篝火茶水和出發融合在一起的味道。

二十一，路漫漫，風蕭蕭

1

今天的路途是36公里，是整個行程中最長的一天。早晨，又吃到了香噴噴的煎雞蛋和鹹肉，加上幾片麵包和一杯牛奶咖啡。吃飽喝足，爬山涉水。

車輛出門時經過營地邊上一個漂亮的湖泊，就像一塊綠寶石嵌刻在山林中間。車輛爬上高坡，兩邊的山谷裡白霧騰起，陣陣白霧遮住了山嶺，有幾棵大樹穿透在白霧間，白霧上面飄浮著幾個零星的山峰，後面襯托著紅色的朝陽，一片美麗的晨景。

在昨天步行結束的路口，汽車停下，大家像下餃子似的從麵包車上下來，很快就組成了行走的隊形，隊伍又出發了。

徒步開始的時候，寒風嗖嗖，不一會兒，人就熱起來，停住腳步，換了一件衣服，不到一分鐘時間，身邊的人已經走得老遠。這種可怕的狀況逼迫行走者換衣服時腳步也不敢停下，把背包等東西交給身邊那一位，邊走邊換。那天，我去路邊的樹林裡小便，恰逢一棵熟透了的蘋果樹，地下還掉著十幾個，我方便完，朝外一探頭，一個人影也沒了，趕緊去追隊伍，一路狂走，連撿野蘋果的心思也沒有了。

中國有一句俗語：「看山跑死馬」。這兩天的路途就好比繞著山轉，昨天走在比利牛斯山那邊，今天走到了比利牛斯山的這

邊。但今天和昨天不同的是，昨天大部分是平坦的道路，而今天在不停地翻山越嶺，而且高低落差很大，走這樣的路最費力，坎坷不平的道路讓每個人付出加倍的體力。

我身上只穿著一件紅色的T恤，汗水照樣從額頭上掉下來，淌進眼裡是酸的，流進嘴裡是鹹的，由於每天汗水的積累，頭戴的紅帽子上留下一圈汗水的痕跡。走累的時候，說話也會顛三倒四，起初是喋喋不休，後來是一語不發，不是不想說，是說不動了，只留下腿腳機械的邁動。溫女士說了一個笑話，說那位傑蒂老太太走到休息地的時候，在原地打著轉兒又走了兩圈，自己還不知道。這個時候，腿腳有點不受大腦控制。

2

路途中，不僅僅是腿腳不受大腦控制，連嘴巴耳朵也會走樣，對話經常會牛頭不對馬嘴。我說以前在雞廠幹切雞，那個人接上話說去機場接人，雞廠機場，兩人以為在說一件事，竟然你一句我一句的說下去；我說了以前在牛奶吧裡有人來買避孕套，我卻給他找來蠟燭，兩個東西在英文裡讀音有點像——凱特，有人插上話來，說起那個金髮女郎的領隊珂德，文不對題；有人說洋人的金首飾只有九K，有人就插上話來說喝酒。這都叫瞎說瞎聽，當然大家不是瞎子聾子，這是走累了，耳嘴等器官不聽使喚的結果。

大家走得精疲力竭，差不多每個人腳上都打起水泡，休息時，有的人一屁股坐下去，就不想站起來，累得不想再多走一步。珂德和呂貝卡在大塑料箱上擺上餅乾巧克力等點心，有人一步也不肯挪動，就讓別人把食品傳遞過來，塞進嘴裡，咂吧咂吧

地喝上幾口水，咬上一個水果，閑話又開始多起來，人嘴的作用和腳的作用還是不一樣。

歇腳的時候真快，不可能永遠坐下去，必須站起來，大家都在咬牙堅持。而我每次在重新起步的時候，腿腳都不利索，關節和腳底板都要疼痛一陣，走了一段後，這些疼痛感反而消失了。那兩條腿好像在警告我，不許歇著，不許停下，腿腳在行軍途中就是這樣犯賤。

3

下午，風越來越大，從前面呼喚的刮來，就像一道道無形的欄杆推擋在你胸前，又像一隻隻無形的手，扯住你的腿腳。當你走到高坡上，那風就好像要把人吹倒，你必須頂住身子再朝前走幾步。

這個山嶺相交的地段正是風的通道，從地理位置上觀察，也許是各路來風都要通過這個山口。從這兒的山坡上可以遙望前方的平原上，排列著一排排的風力發電的風車，風葉旋轉，猶如巨大的風扇吹拂著大地和山林。這也說明了此地是一個風源的集結地。

我的腦袋被風吹得迷迷糊糊的，休息時為了避風，坐在一輛麵包車裡，不知不覺地打了一個小盹，睜開眼睛，朝外面一望，隊伍已經出發了，而且走的老遠，我急忙跳下車去追趕他們，剛追近隊伍的尾部，他們腳步刷刷地又奔向前方，而且一路攀升，山坡一個比一個高。我的腿一爬坡就使不上勁，腳步也會慢下來，走上高峰時就會落伍，下山之時，一路小跑趕上前去。

這一路是緊跑慢趕，掉隊又趕上，趕上又掉隊，奔跑到一個

山谷中，瞧見他們又攀上一道高峰，這道山坡又長又高，斜面陡峭，我瞪眼遙望著前面的隊伍登上山坡，眼睜睜地瞧見他們翻過山梁，又沒有了人影，頓時感到自己的腿腳使不上勁來，心氣一衰，再也邁不開腳步，只能等待後面的麵包車駛來，招手上車，躺倒在車位上。

幾天來，我走完了三十三，三十五公里，然而卻在今天的三十六公里的途中敗下陣來，不就是多走一公里路嗎？我在心裡盤算著，已經走了二十幾公里，另外的十公里左右沒有完成，這需要在五百五十二公里中減去十多公里。

當然誰也不會在乎我少走這段路，但是我自己在乎，耿耿於懷，這是我在行走途中遺憾的一天，為什麼我就不能再咬一咬牙挺過去呢？這一路上我有三個遺憾，這是第一個。

4

傍晚，路過了斯切斯姆（Streatham）地區的一個城鎮，附近有鐵軌穿行和火車站，公路寬闊，但在公路兩旁的商店大多已經關閉，一家連著一家的玻璃櫥窗，窗內暗淡無光，學校和公共場所也寂靜一片，街上看不到一個行人，馬路上也幾乎瞧不見來往車輛。

當年這裡曾經是維多利亞省最大的谷麥雜糧集散地，附近的農村種植著大片的小麥燕麥，城鎮欣欣向榮。但隨著交通工具的變化，這些城鎮也發生了巨大的變化。當年狹窄的路途上，最早載貨運人的是奔跑的馬車，後來維多利亞省的西部發展起一條條火車網絡，成為當時的主要交通工具，也使得這個農作物的集散地的城鎮發展到了它的頂峰，後來鐵路又被寬闊的公里系統所替

代，這個城鎮就慢慢地蕭條下去。

如今這裡隨著人口朝大城市遷移，公司商店也全都搬走了，留下了一個少見人影的鬼鎮。在澳洲內陸，伴隨著經濟活動的變化，產生了不少這樣越來越蕭條的的死亡城鎮，或者是即將走向死亡的城鎮。

人類不斷地翻出新花樣，似乎是社會進步，但那些花樣又反過來控制人類本身，有時候，人不得不為自己所作所為發出一聲唉嘆。

西邊的太陽從大半輪縮小成為淡淡的小半輪，最後輪廓全部消失，天際由紅色化成黯紅。在黑暗降臨的過程中，天的另一邊，卻也能看到幾處紅色，那是遠方的幾處森林大火正在燃燒，火光上面還有大片的濃煙滾滾，原來並不僅僅是炎熱的夏季才發生森林火災，而現在是澳洲的秋季。

天色越來越暗，遼闊的大地上黑夜降臨，夕陽和遠處的森林大火全都變成了黃昏中的幾支蠟燭。

二十二，「芝麻開門！」上帝為華人打開了「亞拉臘」金門

1

當天傍晚，我們來到了亞拉臘（Ararat），這兒離墨爾本約200公里，原是一片荒蕪之地。1845年，這裡就有採金的記錄，但規模很小。直到十幾年以後，這裡產生了巨大的變化，而這個變化，是由華人淘金者的雙手造成的。

澳洲金礦產地和華人先輩的淘金情況，對於大部分華人來說，只是一片模糊不清的圖像，也許更多的了解來自於一些旅遊點上的介紹，例如維多利亞州巴拉瑞特地區的疏芬山金礦遺址公園等。其實，澳大利亞的維多利亞州有三個和華人關係密切的金礦城鎮，巴拉瑞特，本迪戈和亞拉臘，和采集金子有關的中等城鎮和小城鎮就更多了，在南澳進入維多利亞州，只要那裡發現了金子，那裡就會聚集起一大批淘金者，就會產生或發展起一個城鎮，例如我們重走淘金路途中路過的：

佩納拉（Penola）、達歌漢穆（Dergholm）、卡斯頓（Casterton）、克萊寧（Coleraine）、漢明屯（Hamilton）、斯卡帕特（Skipton）、蘭墩（Linton）、斯切斯邁（Streatham）、斯密斯代爾（Smythesdale）、卡士域（Creswick）等一系列城鎮，而亞拉臘對於華人來說，卻有非同凡響的意義。

亞拉臘山嶺

　　亞拉臘（Ararat）的名稱來自於土耳其東部的一座山名，這座山名至所以聞名天下是和聖經舊約中的一個故事有關，挪亞方舟在漫天的大洪水過後，就停在此座山上，於是挪亞和他的家人，成雙成對的動物走出方舟，人類的又一次生存期開始了。這是歷史的真實，還是猶太人虛構的神話，至今無法獲得確切的印證，但這個古老的故事魅力無限，其寓意和象徵，似乎預示著人類後來發生的一個個片段。當這個名字被取用於南方新大陸上的時候，這裡還是一個很不起眼的小地方，坐落在從羅布去往本迪戈和巴拉瑞特淘金地的中途，周圍的亞拉臘山嶺也不如土耳其境內的亞拉臘山高大險峻，附件散居著一些白人定居者和開拓者。

2

1857年，有一支來自中國廣東台山、開平、恩平及鶴山四縣的淘金隊伍，他們從香港乘船出發，目標就是澳大利亞維多利亞金礦區。經過一個月的海上顛簸，船隻到達維多利亞的一個港口。由於維多利亞殖民地當局實施禁止中國人登陸的法令。船長不得不像其它船隻那樣，掉轉船頭沿海岸西行，在南澳的羅布港口登陸。這支數百人的隊伍，浩浩蕩蕩，肩挑著行李，爬山涉水去往本底戈或巴拉瑞特淘金地。

跋涉在異國的荒原上是如此的艱辛，疲乏飢餓和病魔也在奪取一條條生命，特別是太陽底下的酷熱，需要補充大量的水分，因此一路上尋找水源也成為頭等大事。

在一座荒涼的山麓，他們暫停前進，就地休整，順便也挖挖地皮，扒扒土層，是找水或者是尋找其它什麼，只有上帝知道。在當年淘金者的意識中，淘金地並非集中在一地一處，而是在維多利亞州的叢山丘陵地帶，到處都有可能埋藏著黃金，只是等待著那位幸運者高喊一聲：「芝麻開門！」。而這時候，在他們面前的這座山就是亞拉臘。

也許是奇跡，也許是上帝的眷顧，雖然那時候的華人並不是基督教的信徒，但上帝打盹的時候，金色的陽光也會照耀在異教徒身上。那天金色的陽光恰好照在一群拖著黑辮子的腦袋上面，他們只是一群經常在菩薩面前叩拜的凡夫俗子。

據地質學家後來的描述，這裡的地表情況是最容易發現和發掘金子的地方，地面上只是一層淺薄的衝擊土層，金子就掩蓋在這層薄土下面，而薄土很容易被水沖走。

1857年6月初的一個中午，戲劇性的一幕被拉開了，兩位出去找水的華工，在河邊的太陽光下，瞧見了水下的一層金色，有點晃眼，但這決不是讓人昏眩的陽光，兩雙粗糙的巴掌伸進水裡，從水下抓起一把泥土，瞧清楚了，那泥土中分明點綴著大小不等的金粒，頓時他倆血脈噴張，奔跑跳躍著去告訴眾人。領隊的經驗人士經過勘察，大家又淘出了更多的金砂，他們驚喜地發現，此地就有十分豐富的金礦，地下的那扇寶門被華人打開了。

　　中國話說，上天不負有心人。於是乎，這群來自東方的華夏子孫在原始的南方大陸上發現了一塊最容易發掘金子的寶地，他們當即把那座山命名為「廣東礦脈」。這裡不需要許多沉重的機器設備，只需要他們從中國帶來得的，钁頭鐵鋤等工具就能挖出閃閃發光的金塊，就能從淺淺的河床上淘出金砂。這支隊伍就在這裡安營扎寨。幾天中，數百名華人也從附近趕來，開始了大規模的金礦開採。

3

　　中國淘金者開發「廣東礦脈」，旗開得勝。在最初的三個星期內，他們挖土刨金，一股勁挖出了3000盎司黃金，這讓他們受到了莫大的鼓舞。當他們將挖到的金子去附件的卡斯卡特區去購買補給品時，出售了價值4000磅金砂，這個消息不脛而走，從火溪地和巴拉瑞特等地的的淘金者也蜂擁而來。隨著黃金開採的順利進展，消息迅速傳到廣東家鄉。成千上萬的中國人一批批地湧來。

　　華人在亞拉臘挖出的第一個金礦，他們通常不會挖得太深，因為挖得太深，他們害怕冒犯那裡的山神。他們在發現了金砂的地方開掘，金礦層通常有25至60公分深厚，他們用絞盤把一個人

吊下礦井，在下面用鋤頭和鏟子把礦土取出，送上地面，然後在盤中搖動水洗中發現金砂金粒，或者在洗礦槽中洗找金砂。

「廣東礦脈」所淘的礦土含金量及其豐富，淘金當然要靠運氣，也有各種方法，但由於此地礦源豐富，幾乎人人都有收穫。他們在淺灘中掘出來的礦土，每桶含金量有25盎司之多，這條礦脈寬有200至300英尺，有些地方甚至寬有一英裡，深達60至90米，全長兩英裡的礦脈可以橫列六至八個礦區，這裡的金粒粗大，有的地方金粒多的驚人，有六個華人在一個礦區內淘得130磅黃金，在礦脈的下端的許多礦區也出產同樣豐富的金粒。

「廣東礦脈」的最豐富的礦藏大部分仍然深藏於地下9公尺左右的深度（約30英尺），但是隨著發掘，礦井逐漸挖深達21公尺（70英尺），在較深的礦脈中挖出來的礦土，每桶平均可以超過3盎司，多的甚至有20至25盎司，可見其這兒是一片「含金量」很高的土地。最後發現整個廣東礦脈又長又寬，長達八公里，可以分成3000個採金區，成為世界上含金量最豐富的淺灘礦脈之一。兩個月以後，華人們又先後發現和開發出潮濕礦脈（Wet Lead），菲利普灘礦脈（Phillip's Flat），悉尼灘礦脈（Sydney），等五條礦脈。

為什麼這片山林之地會蘊藏著如此之多的淺層寶藏呢？這是由於含有金礦的岩石受到風雨長年累月的侵襲後，所含的金砂被沖入溪間，沉澱在河床中，形成了衝擊礦藏，然後成為了礦脈。由於金砂比重較大，往往沉澱在低窪，河曲，淺灘，石縫和樹根之間，千百年後，金砂就和大小不等的沙石混合在一起，同時也被那些沙石所淹埋。這些含有金礦的上古河床很多已經乾渴。這也就是被找金者所尋找到的礦脈。而上蒼恰恰將這扇寶藏之門推現在吃苦耐勞的華人祖先們的眼前。

大戲開場了，經華人發現和開發的「廣東礦脈」，成了當時維多利亞殖民地最豐富的沖積層金礦區。消息傳開，澳大利亞各地大量的歐裔居民也紛沓而至，參與金礦的開發。在1857年8月18日的本迪戈廣告人報有著這樣的記載：歐裔礦工來到這兒的時候，發現每條礦脈左右都已經有華人在發掘，因此他們只能跟隨在華人後面去開採礦區。

趕往亞拉勒山的淘金人群像潮水般湧來，人數之多，在維多利亞殖民地上是無與倫比的，在短短兩個月中，本來是人跡罕見的荒山野嶺，頓時變成了搭滿帳篷和建起木屋的熱鬧市鎮。

這座新市鎮的人口驟增。高峰時期，人口達到了5萬多，其中中國人達到0.9萬。很快，這片原本是荒山野林、寂無人煙之地面貌大變，幾年功夫，商店、旅館、飯店、銀行、台球房和劇院等像雨後春筍般地冒出來，房屋櫛比鱗次、人口密集、一個熱鬧繁華的市鎮誕生了。

這場大戲是由華人祖先拉開帷幕的，他們來到這兒的時候猶如走出了挪亞方舟，迎來了金色的陽光，在這片荒野中開拓出一個城鎮。「廣東礦脈」的本名為亞拉臘山脈，故這一新興的市鎮，遂定名為亞拉臘。

在那個年代，雖然這片金礦地主要是由華人開發出來的，但是隨著大批白人礦工的來臨，也發生了不少起華人和白人間為了爭奪金礦地的衝突。據記載，當年，有一隊華人勇敢地阻止了一幫白人暴徒強占高產金礦後，他們的商店和帳篷卻被暴徒燒毀。針對類似的暴行，華人們也舉行了示威和抗議，但由於當地白人政府的偏袒，收效甚微。

以後在亞拉勒淘金的華人也集成了自己的社區，並產生了華人僑領。在1861年，僑領們代表華人社區向維多利亞議會請願，

要求取消一切歧視華人的人頭稅和一些不合理的稅項。後來政府終於接納了華人的請求，於是人口眾多的亞拉勒金礦區就成為了其它金礦區的取消不公平政策的榜樣。

（二）金山博物館

1

　　金山博物館坐落在城西Lambert（蘭勃特）大街31號——33號，大街的另一側是火車軌道。當晚我們來到了這個著名的博物館。在夜色的燈光下，依然能夠看到博物館金色的琉璃瓦屋頂。博物館的英文全名是GUN SAN（廣東話讀音金山）ChineseHeritage CentreArart Australia意譯為澳大利亞亞拉臘地區金山中華文化遺產中心。

亞拉勒金山博物館內華工模型

這座博物館2001年4月落成，館前的廣場上坐立著兩米多高的孔子石像，另有兩尊華人銅像。一尊銅像是紀念亞拉臘最早的中國翻譯於沃阿其，他來自廣東，1855年乘船到達維多利亞，於1859年在此地入籍。由於他的努力，促進了當地華人與白人關係的發展。在參與籌資建設亞拉臘第一和第二醫院的過程中，他在華人間組織了文藝演出，籌集了六十英鎊捐給醫院。另一尊手捧金砂的銅像是紀念當地最後一個華人淘金者威利‧阿洪，他在1953年9月13日死於房屋失火，享年93歲。他在這裡的歲月也成為了亞拉臘城鎮發展的見證，在淘金時代結束後，他挨家挨戶賣蔬菜30年。當時聽到他的死訊，許多居民感到悲傷，因為他們還清楚地記得阿洪推著手推車沿街叫賣蔬菜的情景。

　　從廣場拾級而上，可見麒麟端獸等，整座建築都洋溢著中華文化的特色。博物館說明書上這樣寫著：「遨游新金山，樂趣無窮……它將十九世紀中葉移民礦工的社會環境及政治狀況重現你的眼前──讓我們踏上懷古之路，體驗一下當年的華工，從南澳的羅布前往維多利亞州金礦是如何艱辛。──且試試淘金，再想像一下亞拉臘開始時的生活，及當年華工發現世界蘊藏量最豐富之一的衝擊淺金礦床時的喜悅與興奮。──體驗一下礦工的掘金生活是什麼滋味。──探究19世紀50年代華人移民對澳洲生活造成什麼影響。」

　　在這座博物館裡，收藏著19世紀中國淘金者們使用的生活用品和生產工具以及他們挖出的金礦石。館內還陳列著栩栩如生的各種模型。只見當年中國淘金者們頭戴竹笠，身穿中式對襟褂，腳蹬布鞋，頭上留著長長的髮辮。有的手推木制單輪車，有的肩挑著滿竹筐的行李。館內擺放著淘金用的各種工具，還特意設置了一個小礦洞，另有淘金演示台以及中國的書法字畫等工藝品。

這些文物及展品，把人們帶回到150多年前，告訴你亞拉臘的歷史滄桑。這裡吸引著澳大利亞各地來的旅遊者，而很多中小學校已經把參觀博物館做為當地歷史教學的一個部分。

2

唐‧雷諾茲和亨利‧簡斯頓兩位先生是建造這座博物館的推動者。他們都認同華人創建這座城市所做出的巨大貢獻。1994年9月，亞拉臘和廣東台山建立起姐妹城市關係。唐‧雷諾茲先生在這一年故世，亨利‧簡斯頓和同事們繼續推進這項事業。此後，澳大利亞聯邦政府和維多利亞州政府各自撥款20萬澳元，香港台山商會捐助15萬澳元，台山市贈送5.6萬塊琉璃瓦及石獅兩座，華人社團和亞拉臘市民也紛紛捐款，於是，這座博物館在「廣東礦脈」的遺址上平地而起。

亞拉臘金礦的大量開採，一直持續到1912年。此後的開採，含金量低，產量大大減少，終於在1939年，維多利亞州當局正式宣布礦源枯竭，關閉亞拉臘金礦。其時，中國人也漸漸離去，轉向其他礦區，或另謀生計。

這個城市現有1.5萬人。然而，多少年來，亞拉臘人民沒有忘記開發出這座城市的中國人，南半球的11月，正是春末夏初，而春末夏初應該是中國清明時節。在亞拉臘的這個季節，不少市民們自發地走向市郊公墓，依照中國的傳統習俗，為那些長眠在澳洲土地上的中國開拓者進行祭奠。

三百多個長眠於此的中國人的墳墓，多數沒有墓碑。有墓碑者，也不是都有其姓名，有的只是一個編號。市民們從茂密的樹叢及草叢中，找到一座座墳墓，恭敬地擺上祭品和鮮花，點燃紙錢和香燭並敬奠酒水。然後，深情地行鞠躬禮，再默默向他們祈

禱。市民們祭奠所需的紙和香，均由亞拉臘市政府免費提供。在此期間，亞拉臘市還要組織一系列緬懷中國先人的紀念活動。除了舉辦兒童風箏賽和中國杯賽馬等活動外，獨具民族特色的中國獅舞與龍舞，則把紀念活動推向高潮，而這些舞獅者全都是金髮碧眼的白人。

3

本文第一篇裡說起的那位「惠山」先生出場了，今天他帶領墨爾本新金山圖書館一群志願者來到此地的金山博物館歡迎我們。在中國無錫有一座山就叫惠山，而這個「惠山」是個筆名，他就是新金山學校和新金山圖書館的創建人，無錫人士孫浩良先生，他是一名熱衷於海外華人事業的知識分子和企業家。他的學校和圖書館都起名新金山，似乎傳承了當年淘金之地的概念。

遙想當年，北美大陸上發現了金子，那裡的聖·佛朗塞斯科被華人稱為舊金山；後來南方大陸澳洲也發現了金子，這裡的淘金地又被華人稱為新金山。

孫浩良先生告訴了我一個想法，因為三大淘金地，本迪戈和亞拉臘都有華人淘金歷史的博物館，唯有最大的淘金城巴拉瑞特還沒有華人淘金歷史博物館，他正在和巴拉瑞特地區政府聯繫，打算籌備建造一個華人博物館。這可是一個雄心勃勃的計劃，如果做成，功德無量。

遠道而來的還有新金山圖書館的總管潘志遠先生，即將加入我們團隊的宋來來先生和新金山圖書館的義工尕林夫婦等，以及CCCV4觀眾俱樂部的幾位人士，大家一起在博物館二樓的大廳裡共進晚餐。

豐富的晚餐由當地社區的幾位熱心的金髮大媽燒煮和準備，放在中間的長桌上，如同自助餐的形式。

　　那位亨利・簡斯頓先生大駕光臨，給大家介紹了建造博物館的情況，他雖然年事已高，但仍然牽掛著一件大事，就是要加快修整好亞拉臘的華人墓地。那裡長眠著327位華人淘金者，大部分墓碑已經蕩然無存，有的墓前只是插有一根木棍作為標識，他說：「一旦我們這一輩人去世，我覺得可能很難有其他人來將這項工作推進下去。」他通過翻閱查找亞拉臘的死亡記錄，已經了解到了大部分墓主的姓名。他希望在今年完成籌款並開始修繕工作。他所做的這些工作都是為了讓人們記住那些為了亞拉臘市做出貢獻和流過汗水的已故華人。

　　其它幾位社區負責人也先後做了講演，然後大家邊吃晚餐邊觀摩大屏幕上的影片。

　　影片敘述當年華人來此的淘金情況，其中的山水還是那片山水，故事是根據以前淘金者的傳說拍攝而成，只是影片中扮演淘金者的演員又白又胖，肯定失真，我們在發黃的老照片裡看到的當年的中國淘金工人，個個又黑又瘦，甚至七分像人三分像鬼。或許瞧瞧我們這些重走淘金路隊伍中的大部分人，臉容消瘦黝黑，就能遐想出幾分當年淘金者的尊容。我在想反映華人淘金者的故事，將來的澳洲和中國可以合作，拍攝出一部真正的大片。

　　最後大家在金山博物館裡拍攝了集體照。OK！

徒步團隊和博物館人員新金山圖書館義工合照

二十三，白天雨中行走，晚上大塊吃肉

1

清晨，天色灰蒙蒙的。一陣陣的細雨飄落在汽車旅館的庭院裡。庭院一角有個帆布大傘，早睡早起的波羅斯已經在大傘下的桌子上擺放早餐。

同樣早起的是老宋，宋來來先生在澳洲曾經幹過導遊，還是一位旅遊巴士司機，我和他合作寫了一本關於旅遊的長篇小說「情迷意亂──那輛澳洲巴士」。原來他也報名參加重走淘金路活動，因為健康原因，沒有成行。

昨天，我們來亞拉臘時，他駕駛著新金山圖書館的車輛也趕到這兒，今天參加我們團隊。領隊恰爾斯・張安排他做志願者汽車駕駛員，這份工作倒也合適。昨晚，他被安排和張力睡一個房間，聽說張力打鼾，老宋揚言道：「年輕人，我的鼾聲名列前茅，今天夜裡要讓你知道薑還是老的辣。」

今天一大清早，只見他穿著厚厚的大衣，手捧飽暖杯坐在門口的椅子上，大概屋裡的張力還在打鼾。有人瞧見老宋就問道：「感覺如何？」。老宋無可奈何地感嘆道：「長江後浪推前浪，前浪死在沙灘上。」他的鼾聲徹底敗在那位年輕人的巨大聲浪前面。

老宋帶來了自己做的蔬菜包子和尕林夫婦做的洋肉包子，我

拿了幾個，和同室的朋友分吃了，好多日子沒有吃中國餐，那包子的味道也分外可口。吃完早餐，隊伍出發。

2

一路上算是老天開眼，基本上都是風和日麗的好天氣。前幾天在翻山越嶺中迎著大風行走，有時候，有陰晴變化，但沒有在途中碰到過倒霉的雨天。

今天老天爺終於翻臉了，細雨中的雨粒越來越大，大家都穿上了輕飄飄的一次性的雨披，也有幾位有遠見的徒步者自己帶著結實的雨衣。

風雨總是伴隨在一起的，風趕著雨，雨夾著風，那薄薄的雨披被吹著飄起來，人就像在風雨中跳芭蕾舞，上身被雨披護著，下面的褲腿被雨水打濕，鞋襪全被泥水滲透，如同從水中撈出來的，但腿腳仍然在雨水中啪啪啪地前進。有時候，公路上有大卡車經過，轟地一聲，輪子卷起一片水霧朝路邊撲來，如果不及時躲開，那就成了瀉娃（Shower——洗澡）。

雨中，一切都是灰蒙蒙的，天色朦朧，山朦朧，水朦朧，原野上的那些牛羊也不見了，路邊的樹木也成為朦朧的樹影，這一切讓時間也變得朦朧起來，因為從天色中也看不出時間的變化，也不知道走過了多少路程。

雨中行走，因為風聲雨聲交相的干擾，又隔了一層雨披或雨衣，彼此說話就要加大音量，甚至大喊大叫，如此說話太累，所以步行者的話語也減少了，只管悶頭走路，一心一意的對付自己，漸漸地，人和人之間拉開距離，前後的人影也變得朦朧起來。

雨一會兒停，一會兒下起。老天爺今天算是和我們糾纏上了。在這個糟糕的雨中，今天我們走完了二十八公里，要比平時走的三十多公里還辛苦。情不自禁地又想到了一百多年前的華人淘金者所走的路途，他們在風雨中是如何行走的？況且，當年都是泥濘的路徑，而且一路上難以找到避雨的房舍。

3

傍晚來到斯卡帕特（Skipton）鎮上，Skipton的意譯是「跳出」的意思。一整天的雨剛停，我們跳出了晦氣嗎？天已轉黑，街道上冷冷清清，瞧見玻璃櫥窗外貼著這家飯店需要出售的廣告。而我們今天的晚餐恰恰預訂在這家飯店。這家飯店連生意也要做不下去了，裡面能有什麼好吃的嗎？

風雨中兩位女徒步隊員溫方臣和張雨虹

這時候每一個徒步隊員身外都被雨水弄得濕漉漉的，肚子裡面卻在咕咕叫喚，也管不到這麼多了，魚貫地踏進店堂，迎面襲來一股兒鄉村飯店的溫暖的氣息。

　　我打量一下，能感覺出是一家中型規模的飯店，但房屋和擺設，木桌木椅都比較老舊，顯然是一家有年頭的老餐館。老板是一位留著絡腮胡子臉膛紅彤彤的中年人，女服務員帶有幾分農村姑娘的羞澀和靦腆，從他們待人接物的神態上都能感覺出某種鄉鎮風格，那叫純樸。

　　今晚這家飯店裡，只招待我們二十幾位貴客。老板告訴我們，他已經經營飯店多年，飯店正等待出售。其實我們一路走來都有所感覺，不少內地城鎮人口減少，轉移向大城市，商家生意清談。今晚來了我們這群人，大概算是一筆不小的生意。

4

　　晚餐上來之前，老板送給每人一瓶飲料，這種飲料有點像可樂，但比可樂好喝，每瓶要五六元錢，我也是第一次喝到。老板又說，今晚，他可不是按照平時飯店那樣招待來客，而是按照親戚家人的聚會那樣，做一頓特殊的晚餐。

　　正餐一一送上桌來，我們才算是大開眼界。先上來幾盤烤袋鼠肉，有韌勁也有咬勁，讓大家先練練牙口；接著上來的是燒羊排，大家爭先恐後的伸出刀叉，牙口不停撕拉咀嚼；又接連上了牛肉等其它幾種肉食，和幾盤蔬菜沙拉，大家連說話也顧不上了，嘴裡含糊其詞，因為嘴巴裡都塞滿了肉塊。

　　以前總是感覺澳洲超市裡購買的豬肉，經常會有一股兒肉腥味，讓人送進嘴裡大倒胃口。今晚的豬肉也上場了，最後是大盤

的烤豬腿，烤熟的豬皮呈現金黃色，中間夾著白色的肥肉和赤色的精肉，用刀鋸割開，那肥肉送進嘴裡，不但毫無腥味，也沒有油膩之感，滿嘴飄香，其肉鮮美無比，油脆之豬皮之香韌爽口，可以再次磨練牙齒和嘴部的肌肉。白天的雨中行走雖然辛苦，可是今晚的大餐膾炙人口，也算補償。

說句實話，以前吃肉還從來沒有這樣的豪放過，我觀察了一下，這些肉食加起來，被我們這些餓鬼們大概吞吃掉一頭豬或者是一頭羊，也許是一頭小牛。大塊吃肉，大杯的喝酒，輪盤的秤金銀。這是水滸傳中好漢們的勾當，也有點兒土匪的味道，澳大利亞當年也有過綠林好漢。重走淘金路的我們，一路走下來，男男女女都變得粗獷起來，路途中酒喝得不多，黃金只是一個夢，肯定沒有分到一文，但這頓大肉吃得那個痛快，肯定此生難忘。

這時候，金髮女郎珂德和呂貝卡端上來一個插著蠟燭的奶油蛋糕，原來今天是我們團隊中的張力的生日，大家高唱起Happy birthday to you。祝賀這位年輕人生日快樂。我和他碰杯時在想，這個生日他肯定難以忘懷，因為這個生日讓他和淘金路上的華人先輩們的足跡聯繫在一起，又和我們這些重走淘金路的伙伴們音容笑貌聯繫在一起。

恰好老宋帶來了那本我倆合作的長篇小說《情迷意亂──那輛澳洲巴士》，我就把此書贈送給奎斯，他和我在一起行走時，經常交談中國。他很高興，捧著書本和我倆合影。

收場時，我把那盆沒有吃完的烤豬腿打包回家，我邊上的李靜女士也把幾塊肉骨頭帶走，說要敲骨吸髓煮湯。

當晚我們住宿在一個度假村，住房條件很不錯，有煤氣灶鐵鍋等燒煮設備，看來還能對打包來的肉食進行中國式的加工。

夜晚天已經放晴，這一頓大肉讓大家吃得興高采烈，忘了疲勞，也還不想睡覺，興致很濃，交談甚歡，馬略老人也來了，在前面點起一盆篝火。我和李靜女士又討論了工黨和自由黨的問題，這叫吃飽了撐著。

二十四，老鎮蘭墩（Linton）

1

老宋和我今天起了個早，把昨晚留下的豬腿肉進行加工，腿骨熬湯，切割下豬肉片讓大家做夾肉麵包。一會兒，吃客一撥一撥光臨此屋，人民群眾喝湯吃肉，不亦樂乎。

後來李靜女士從馬略老人那兒借來一把長柄斧頭，說要把她昨晚帶回來的幾塊肉骨頭敲碎熬湯，結果把一塊砧板也砸壞了。老宋就說：「敲骨吸髓的女人可以搞政治。」他還感到李女士拿著那把斧頭，老是在他周圍走來走去，讓他的光腦袋後面嗖嗖發涼。昨晚，我和前議員競選人有過一番黨爭，此刻我也不敢多言語。後來就成為大家的笑談。

李女士又去借來一杆釣魚竿，讓老宋在屋後釣魚。屋後是一汪美麗的小湖，遠處的森林背後升起一輪朝陽，倒映在湖水中，讓湖水也反出了艷紅的光彩，煞是好看。昨天下了一天雨，今天是個好天氣。魚還沒有釣到，隊伍又該出發了。

2

今天路途不長，只有22公里，經過前幾天的長途爬涉，這麼短的路程，小菜一碟。在明媚的陽光下，我們的隊伍排列成行，

雄赳赳，氣昂昂，登山爬坡。

一路上，頭頂藍天白雲。牧場上，我們看到一輛拖拉機，後面牽引著超大型的帶齒輪的機械裝置，大概用於壓草和割草，可見澳洲私人農場裡的機械化程度。

在牧場上看見了一群可愛的小馬，它們不像有些牛羊，瞧見人就跑得老遠，而是見了陌生人就跑來待在欄木邊，你用手去撫摸它們，它們挺樂意，好像是專門來和我們合照留念的。還看見一頭又大又漂亮的駝羊，有人說，你走近它，它會吐你一臉口水，還好，這家伙沒有向任何一人吐口水，而是乖乖地讓我們拍照。

在休息的地方，恰爾斯·張故意把一朵特大的蘑菇插在一棵樹上，好像蘑菇是從樹上長出來的。眼觀四方的蘑菇愛好者李靜女士竟然沒有發現樹上的這朵蘑菇，這讓恰爾斯·張感到很失望。

下午走的是上山路，彎一個坡，又迎來一道更高的坡，山坡連著山坡，這座山名叫Flagstaff Hill（旗杆崗），由一道道起伏的丘陵組成，一路攀升，越走越高。我瞧見七十六歲的安吉爾走得滿頭大汗，但他還是堅持行走，氣喘吁吁地爬完了這道高坡。

翻過了最高坡，向下之路我感到輕鬆了許多，一路小跑，只感覺到耳旁生風，兩旁的樹林由前面一會兒就轉到了身後，我跑到了隊伍最前面。

3

下山以後，拐了幾道彎，很快就步入了古老的城鎮Linton，這個詞翻譯過來是綠杆沸石。這個區域的地底下面資源豐富，有各種各樣的礦石。當年也是一個熱鬧的採金之地，高峰期採金工

人上萬，而華人淘金者有四千，也就是說當年在這個城鎮街道上行走的人，十個人中間就有四個是華人，這個地方被老華人稱為蘭墩（Linton）。

今天這個小鎮上還留下區區六百人，街道上冷冷清清，見不到幾個行人，走過一個圓木搭成的舊房子，上面掛著一塊簡陋的牌子，說明是這個地區最老的鐵匠鋪。

政府建築也是一幢不起眼的平房，屋前有一處雕像，形像是一個背著鋪蓋卷兒手提鐵壺的淘金漢子，他面對著一條狗。這個雕像很好地說明了這個城鎮的起源，另有一塊石牌上的文字說明這兒從1864年起就屬於格蘭佛行政區域，而這個區域內有許多淘金地。

走了不遠，瞧見街對面一幢孤伶伶的老房子就像一家普通的住戶，可房子上面的文字卻告訴我們，那是1874年建起的公共圖書館，現在依然是圖書館，只是讀者冷落。一輛警車駛來，警察開窗和路邊的一位女士說了幾句，想必這個小鎮上人人都相識。而那位女士就是來迎接我們的社區負責人，接著來又來了一位上了年紀的當地歷史協會的男士。

他們帶領我們走過一個1870年建立起來的火車站，房子外面也很難看出火車站的面目，再過去是鎮上最老的棺材鋪，現在裡面改造成了博物館。

我們踏進了這個小小的博物館，麻雀雖小，五臟俱全。屋內空間有限，但放滿了各種歷史資料，牆上是圖片介紹，還有不少當年保存下來的舊物等，幾本厚厚的記錄本中記載著許多華人的英文譯名和他們到達這個城鎮的日期。

華人們來到這兒，隨著運氣好壞，生活狀況也各有不同，幸運兒掏到金子掙到一筆錢，倒霉的，淘金多年也沒有到手幾兩

金子。當淘金年代結束後，不少華人離開這兒，掙到錢的打道回府，回去中國買地經商。錢沒有掙夠的去往澳洲其它有利可圖的地方。但也有許多華人在附近居住下來，種地買菜，開店做小生意等。沒有掙到幾個錢的，只能出賣勞力，成為雇傭勞動者，這是他們活著的境況。不過，不管他們活著的時候境況如何，是富人還是窮鬼，過世後都去往同一個地方。

4

參觀完博物館，社區人員又帶領大家出鎮，來到郊外的一個公共墓場，走到墓場的縱深處，其中專門開闢出一片華人墓區，區內有幾百處華人墳墓。當地華人於公元2009年3月7日，在綠色的草坪上豎立起一座紀念碑，灰色的大理石座底端坐著綜色的石碑，石碑上刻有金色的字體：「維省蘭墩華族先僑紀念碑」。邊上還刻有一首舊體詩：「金山好夢長，蘭墩扎營帳；雄心原千丈，惆悵兩鬢霜。故國雲天遠，錦衣願未償；青山茲有幸，異域也故鄉。」道出了他們當年的生活場景，奮鬥和想望，惆悵和無奈。

此時此刻，擔任開車志願者的老華僑皮特・雷（Peter Louey）和他的妻子歐陽兩人默默地站立在這塊墓碑前，燒香叩拜，從他倆的身世朝前追尋，可以讀到中國南方廣東等地的先人來到澳大利亞淘金的蹤跡，他倆和那些淘金者有著血緣傳承。

四周散落著一排排的華人墓碑都已經渡過了悠悠歲月，不遠處的西人墳墓和墓碑的式樣豐富多彩，各有千秋，有的甚至可以用華貴來比喻，相比之下，這邊的華人墓碑是如此的寒酸和簡陋，幾乎都像是從土地裡鑽出的一塊塊低矮的石頭，這也說明了當初在這片土地上，華人普遍的生活困境。

一百多年來，他們在這片異國它鄉的土地上，從大地之上走入了泥土地下。我們仔細地打量著一塊塊石碑，有的石碑上還能依稀地看出光緒十三年等字樣，有的石碑上的文字早已被風吹雨打成幾道看不清的斷筆殘痕。

　　墓區後面是一排排莊嚴肅穆的松柏林木，社區人員站在綠草地上講述了華人墓區的由來和遷移等情況，我們都佇立在這片墓地前面，默默地為華人先輩們祈禱，願他們在這片土地下面永久地安眠。

5

看完這個墓地，我們又去參觀了附近的一個鳥類養殖業場，這個養殖場很大，是由私人捐獻出六百多公頃土地組成的，大廳裡擺放著各種鳥類照片。澳大利亞地廣人稀，人和鳥獸同住，現代澳大利亞人的環保意識越來越濃厚，他們願意為這片土地上的飛禽走獸付出更多。

從歷史到現狀，我們似乎看到了澳大利亞人的一步步的足跡，其中也包括著我們華人在這片土地上，一百七八十年來走過的一步一個腳印。

第二天早上，伴隨著我們一路行走的馬略·韋斯頓和團隊告別，大家在那件標誌著先鋒步行者的紅色的T恤衫上簽上自己的名字，贈送給他以示留念。可惜我當時不在場，沒有留給他那個有意義的簽名，這是我行走途中的第二個遺憾。好在我還保持著和這位傳奇老人的合影。

二十五，消逝的鐵路線

1

今天的路途是從蘭墩（Linton）出發，走往斯密斯代爾（Smythesdale）。這兩個城鎮都是當年繁榮昌盛的淘金重地。一條鐵路把這些城鎮連接到了一起，而這條鐵路線，從某種意義上來說，也是淘金時代成為它最初的起因。

昨天說起蘭墩街上有一處不起眼的舊火車站。今天走到鎮外瞧見另一個保存完好的老火車站，火車站的候車室和頂蓬等都油漆一新，兩旁是水泥站台，中間的黃沙鋪地應該是當年的鐵軌穿越之處，一邊仍然安置著侯客的幾排長椅，另一邊則豎立著一個個的石牌，上面嵌錄著老照片和有關車站的文字介紹。顯然，這個修繕一新的老火車站已經成為國家的歷史文物保護性建築。盡管澳大利亞的歷史是如此短暫。

從這兒出發，我們今天走入一條特別的路徑——消逝的火車路線。當年火車在這條路上奔馳，如今公路交通四通八達，汽車替代了火車的大部分運載任務，於是，這條火車線路只能悄悄地走進了歷史的煙霧中。

在這條線路上，地面上鋪著的鐵軌已全被拆除，但鐵道下面硬實的地基還在，於是在這片地基之上就形成了一條林中的道路。這條道路因為過於狹小不能通行車輛，但對於步行者來說，

卻是如此完美的一條林中小道。平坦硬實地面上花草難以生長，可是對於我們疲勞的腳底板，卻如同在林中休閑漫步。

2

　　林中的道路一片靜寂，一路上已經習慣了風聲雨聲，還沒有在如此寧靜的道路上走過。附近溪流的涼涼水聲伴隨著我們的腳步，林中清脆的鳥叫和草叢中的蟲鳴似乎在和我們對話。道路夾雜在兩道高坡中間，風從頭頂上的林木中掠過，嘩嘩的樹葉聲則像走過一段自然樂章，橫跨道路兩旁的高高的老木橋就像書寫歷史篇章中的一個無聲的標點，刻入進我們的心頭。

　　此地此景，頗得「鳥鳴山更幽」的那層禪意。

　　由於道路兩旁都是高大的樹木，在濃蔭中毫無炎熱之感，偶爾，陽光穿過樹葉，落在地面上宛如撒下幾片碎金，賞心悅目。讓人勃然心動的是，這條路的兩旁還真有可能挖出金子。當年的採金地不就是在這條火車鐵路穿過的區域嗎？而這裡的地貌就像金礦博物館裡的那些老照片上的圖景。

　　這一段火車鐵道線修建在森林之中，穿行在一些高低不等的山坡之間，於是，兩旁的坡壁都已被剖開，展現出泥土中層層疊疊的印痕，這些印痕和色彩中包含著諸多的大自然的密碼。恰爾斯‧張的講述，讓我們增長了不少見識。

　　為什麼這兒的區域會形成採金地段？他順手從坡壁的泥土中挖出各種石片進行說明。這兒由於古代的地殼運動，將地球深處的岩層翻上來，那些火山溶化的含有各種礦物質的的物體在上面層層疊疊的積壓在一起，就如同「三明治」一般，而那些「三明治」由於來自於大地深處，含有許多稀有的礦物質，包括金子等礦脈。

他指著某些泥土中點點閃閃的塊面告訴我們，假如從這些塊面上挖進去，就有可能挖到金脈。汪海波聽到此說，恨不得馬上找一把鐵鍬開挖，還說以後一定要帶著挖金子的家伙來這裡再走淘金路。恰爾斯‧張又說：「當然，這只是可能性，但不知道挖多深才能發現金子。如果看見這種地貌就能找到黃金，那些找金子的家伙恐怕不會等到今天」。溫方臣女士和我都拿著石片拍照，呵，這種石片經常和金色的礦脈聯繫在一起。

是不是這個時候，人的心理中都會產生出一股兒對金子蠢蠢欲動的暖流，那怕在這這荒無人煙的山林中。每個人都對金子有興趣，淘金時代雖然過去，但這片土地下仍然蘊藏著金子是肯定的，只是勘察和發掘成本太高，挖出稀少的金子，就會使得挖金者的投資虧本，當年淘金大潮退去，也正是這個原因。如今，此地交通不便，雖有產金地的某些地貌特徵，這麼多年來，肯定有地質學家來勘探過，也有不少人來窺探過。

不過，在這條林中小道中一邊行走，一邊神志恍惚地幻想著兩邊的泥土裡到處都有黃金，金子能換無數的金錢，金錢滾滾而來淹沒了你，讓你泡在驕奢淫逸的帝王生活的浴池裡⋯⋯。金子也能讓你腦子壞掉，現在又叫腦殘。

當金子在沒有產生貨幣價值的時候，人們對金字是什麼態度呢？金錢世界，是人類為自己量身打造出來的一個籠子，然後自己鑽進去，對於這個地球上的其它物體或動物，沒有任何意義。甚至居住在這塊土地上數萬年的土著，他們瞧見那些金塊，也只不過把它當作一種好看的在太陽底下閃閃發光的石頭，如此而已。

3

這條火車線路全程稱為巴拉瑞特（Ballarat）——斯卡帕特（Skipton）Rail Trail（巴拉瑞特至斯卡帕特的火車路線），在這條路途上，三五公里路就有一個小火車站，火車沒有了，但車站的標記還在，有的是一個小木屋，屋裡仍然掛著印有黑白老照片的說明和地圖，有的是幾塊石牌表記，表明此地的站名和去往什麼地方。還有的石牌上刻著此處到某地多少公里。

走出林中的道路，又步行了一段路程，轉過一道彎，一座漂亮的巨大的木橋——霓蒙斯大橋（Nimmons Bridge）映入步行者的眼簾。此橋離河床有五六層樓高，跨度有上百米，橫跨兩面的高坡，橋基由一排排木柱和金屬材料構建，高高挺立在河道中間，如同一排排鐵塔將橋面托起，此景壯觀。想當年建造這座橋梁肯定是一個大工程。如今，橋下的河流基本乾枯，只留下幾處細小的溪水，四周高高低低的河床上已鋪滿了荒草和花朵。也許，這不僅僅是百年滄桑，也顯現出自然氣候的困境。隊伍前進可以分兩條道行走，一條路走下面，穿越乾枯的河道，路途較長，但可以從下面欣賞高高的大橋和兩岸的美景。我因為膝蓋疼痛不願意上上下下的爬坡，所以選擇直接從木橋上面行走。

從大橋上眺望一望無垠的原野也同樣壯麗，寧靜致遠，各種景觀層層疊疊頗有風采。下面路途中的汪海波走在最後，只顧拍照賞景，掉隊了。我和恰爾斯‧張在橋頭和路口等了好一會兒，還沒有見到他的人影，前面的隊伍已經走遠，我在路口對著山下大聲喊叫，總算聽到了汪海波的回喊聲，如同遠山的呼喚。

徒步隊員路經霓蒙斯大木橋

4

　　傍晚來到斯密斯代爾（Smythesdale），這是一個大城鎮，當年不僅是采集金地，附近還發現了許多其它礦藏。1850年建鎮，警察局、救火會、教堂和郵局等老建築仍然保留著一百多年前的風貌。

不過，接待我們的社區建築是一座現代風格的新房子，在明亮的大廳裡，政府官員及社區工作人員和我們團隊共進晚餐。晚餐後，我們坐車去往另一個更大的採金城鎮——巴拉瑞特（Ballarat）。也就是當初我們從墨爾本坐火車去的昔日的淘金大城，從那兒又坐汽車去了南澳的海港城鎮羅布。如今十幾天過去，我們一步一步地走回來了。

二十六，黃金之城巴拉瑞特（Ballarat）

（一）夜探疏芬山金礦地

1

車到巴拉瑞特，有幾位步行者家居「巴村」，當晚他們就回家去休息。然後車送我們去著名的疏芬山金礦地。金礦遺址公園後面的斯丹費德旅館，是我們晚上的住宿地。

當晚，我們的那個大房間裡住了五個人，我和老宋，汪海波，安吉爾，還有一個來採訪拍照的SBS電台的華裔王記者。

巴拉瑞特的疏芬山金礦遺址公園，是全澳著名的旅遊景點，來墨爾本的旅遊者大都要涉足此地。這個金礦遺址是個占地25公頃的大型露天博物館，生動地再現了這個地區在1851後十年輝煌的淘金史。

巴拉瑞特地區又是澳大利亞最早發現的金礦區，在澳洲的歷史上，是先有巴拉瑞特，先有金礦區，然後再有附近的一個一個城鎮的誕生和發展。包括墨爾本的大規模發展，也和金礦區的發展密切相關。

在淘金時代以前，維多利亞地區的墨爾本逐步發展成為一個城市，在1836年時，只有177人，1840年，人口到達了一萬人。1842年8月12日，墨爾本正式被確立為一個城鎮。1847年6月25日，當時的英國的維多利亞女王發表制誥，宣告墨爾本市（City of Melbourne）成立。

由於1851年附近地區發現了金礦，迅速掀起的淘金熱潮，讓世界各地和澳洲各地的民眾紛至踏來，墨爾本人口爆增，1851年，人口達已到了29000人，並被設立為了維多利亞州的首府。短短的三年間，到1854年，墨爾本人口猛增到12萬3000人，並逐漸成長為一個富有的大城市。

事實上在1850年，全澳大利亞的白人統計數，才只有20萬人。隨著淘金地的一個個發現，全球各方人士湧入，到了1881年，31年間，人口猛升到77.7萬人。而到了二十世紀初葉，由於整個金礦業的作用力和對其它經濟的促進和帶動，使得澳洲人口達到了三百萬。

可見人們對金子的想望和祈求，對財富的渴望和追求，凝聚成一股巨大的推動澳大利亞歷史發展的動力，雖然澳大利亞的歷史還非常短暫，卻金光閃閃，和金子是分不開的。另外一種色彩是白色，白色的羊毛。

2

澳大利亞金礦的發現也有多種說法，比較正規的當然是官方的史書記載：

在19世紀的前半葉，澳大利亞人根本就不知道有黃金。盡管在1823年有一位政府測量員麥貝利恩（J。MCBRIEN）曾經報告說：在新南威爾士省（NEW SOUTH WALES）的巴瑟斯特（BATHURST）以東15裡的魚河，發現過金沙。1839年至1842年間，也分別有人在新南威爾士省發現了金礦。但當地政府怕走漏了風聲，一直沒有把消息外傳，也沒有組織人力去開採。

直到1851年一個住澳大利亞的英國人哈格裡夫斯（EDWARD

HARGRAVES）才正式開採金礦。哈氏原出生在英國，1832年抵澳，從事過多種職業，曾經過商，捕過魚。1848年美國加利福尼亞州發現金礦的消息傳到澳洲後，他曾到過美國淘金，幾年之間頗有收獲。在美期間，他留心觀察金礦的地形地貌。經過研究，他發現澳洲的新南威爾士州的地貌與美國加州的地貌很相似，因而他斷定新省一定會有金礦。

於是，他於1851年1月7日從美國回到澳洲悉尼，立即到巴瑟斯特附近的山地觀察和勘探。結果使他喜出望外，他於同年2月12日，正式在夏丘溪淘金。這就是澳洲發現並開採金礦之始，從此揭開了澳大利亞淘金歷史的新篇章。後來，澳洲政府為了表彰他發現和開採金礦之功績，曾賞給他一萬鎊獎金，以資鼓勵。而哈格裡夫斯，也就成了當時的知名人物。

黃金的發現並開採，的確成了澳大利亞歷史上劃時代的一件大事。從此，隨著淘金事業的發展，世界各地人們紛紛湧到澳洲，新南威爾士、維多利亞、昆士蘭等地區的人口急劇大量增加，促進了當地工商業的發展，把澳洲的社會推進到一個新的時代。與此同時，殖民主義者也從這裡掠奪了大量的黃金，源源運回本國。據記載，僅1852年11月中的某一天，有三艘開往倫敦的輪船，就裝載著黃金7噸。

以上的說法，澳洲的金礦首先在新南威爾士地區發現。但在維多利亞地區的巴拉瑞特也有另外一種說法：1851年，有兩位幸運者John Dunlop和James Regan（約翰‧鄧羅普和傑姆斯‧蘭格）在Poverty Point（貧窮角）發現了金子，當時他們正向Canadian Creek（卡納大拿河灣）平移，結果卻意外找到了幾盎司的金子。如今在巴拉瑞特的一座山坡上，也就是所謂的「貧窮角」上，仍然豎立著一座石碑，證明此地發現了第一塊金子。此

後3年，大約有2萬名淘金者紛紛前往巴拉瑞特架井開礦。

不過當年，維多利亞地區也屬於新南威爾士地區管轄，沒有兩個區域的分隔。也就是這一年，由於維多利亞地區發現大量黃金，殖民地政府將維多利亞地域從新南威爾士地區分割出來，正式成立維多利亞地區殖民當局。

此外也有不少民間傳說。那麼在澳洲大地上，到底是那一個人最早發現金子的呢？

土著人生活在澳洲大地上有四萬多年的歷史，這塊大地上有這麼多金子，而且不少金子就浮在泥土的表面上，那些對於色彩具有奇異眼光的土著人不可能不注意到這些金子，肯定已經發現了這些金色的石塊。但在歐洲人沒有大駕光臨之前，土著人是沒有金子概念的，即使撿到一塊金色的石頭，他們也認為是一塊普通的石頭，或者是一塊好看的石頭，這種石頭雖然不多，但也僅僅是石頭而已，撿起來不可以吃，也沒有什麼特殊用途，就把這種金塊當作普通石頭一樣，或者扔出去當作打擊飛禽走獸的武器。澳洲土著好像沒有留下什麼金子的傳說。

而在白人踏上這片土地的六十年以後，流傳出各種各樣的發現金子的故事。其中有這樣一個傳說：一八五一年的一天中午，陽光燦爛，一個放羊的孩子名叫奧列弗，他趕著羊群去找草密的地方。走著走著，突然，奧列佛被一塊石頭絆倒了，這孩子站起來，踢了一腳絆倒他的石頭，他不僅沒有踢動那塊石頭，反而把腳弄疼了。他很生氣，喝住了羊群，把那塊不大不小的石頭從土地裡挖了出來，這塊發黃的石頭，拿在手裡沉沉的，他有點好奇，就把石頭藏在路邊的草叢中。晚上放羊歸來，奧列弗把這塊沉甸甸的石頭帶回了家。孩子的父母也對這塊石頭產生了興趣，有點懷疑，這塊石頭會不會是黃金？

當時能對這塊石頭做鑑定的機構只有一家，就在英國倫敦，孩子的父母托人把這塊石頭送去了倫敦。一年後，一隊英國人帶著這塊石頭和鑑定書找到了這個放羊孩子的家。在全家人面前，一位英國紳士先把鑑定書宣讀了一遍：「這是一塊目前世界上最純的黃金……」隨後他們提了兩個問題，一是金子是在哪裡找到的，二是用什麼方法提純的？

　　奧列弗的父母有點懵，他們不懂什麼是提純。父親說，「孩子只是好奇，撿到後拿回家，我們並沒有對這塊石頭做過什麼。」

　　英國人要求帶他們去看看挖出這塊石頭的地方。孩子把這隊英國人帶到了他每天放羊的地方，英國人尋找了一遍，很快他們就找到了第二塊同樣的石頭──黃金。幾位懂科學的紳士經過討論並得出結論：這些黃金是經過幾千幾萬年地質自然的運動，天然提純的。比當時人工提純的黃金還要純。

含金的礦石

3

此時距美國三番市發現黃金正好三年。南半球發現黃金的消息不脛而走，很快傳遍了世界，做著黃金夢的人們又蜂擁而來，讓這個當時還不太為人所知的地球上最大的島嶼，一下子成了人們向往的地方。新金山也就成了澳大利亞維利亞地區的另一個美稱。這就是人類的第二次淘金熱潮。

澳洲新金山和美國舊金山區別的是，在澳洲挖金，只要彎一下腰就行了，也就是俯首可拾，那是在地上撿金子。撿到金子的人，命運在彎下腰那一瞬間就發生了變化。而當時舊金山淘金是需要掌握一定的淘金工藝，和大量的生產資料，也就是說，要先期投資一大筆錢，然後才能獲得黃金。相比之下，在澳洲淘金要容易得多了。無論是窮人還是富人，只要受到上帝的眷顧，睜開眼睛就可以看見，伸出手就能發財了。

那時候，在淘金者中間傳頌著一首英語歌謠：

「金子啊迷住了人們，進入了你們的血液，
把你們的肉體轉變成一片泥濘；
金子啊像骨髓一樣進入你們的骨頭，
把你們的心臟變成一塊塊堅硬的石頭，
扭轉你們的思想，驅使你們變成一群醉鬼，
讓欲望控制住你們的生活；
挖掘啊，永無止境地挖掘！
這就是一個人出賣靈魂的理由。
啊，這一個魔鬼的情婦──金子。」

我曾經兩次參觀過金礦公園，時光倒流，就如同步入十九世紀的一個歐洲風格的小鎮。裡面的工作人員全穿著舊時代的服裝，男人頭戴高筒禮帽，女人穿花邊長裙。道路兩旁有工匠點，工藝品店，服裝店，酒館旅館，等各式商店，有政府部門，有郵局，甚至有一個保齡球房。高頭大馬拉著驛車轟隆隆地駛過，穿著紅色軍服的士兵扛著滑膛槍，喊著口令朝前走來，頭頂上飄揚著一面大不列顛帝國的米字旗。地底下還可以參觀當年挖金子的礦道。

4

　　那都是白天豐富多彩的景觀。今天，我們來到這兒已是晚上，住在緊貼公園背後的斯丹費德旅館裡，那窗戶能瞧見裡面已是黑乎乎的一片，這時候，突然一道燈光射來，緊接著一陣轟隆隆的聲音傳來，一輛載人的礦車從旅館窗口下面的過道上駛過。老宋以前做導遊的時候，經常帶隊來此，他突然想起來說，晚上金礦公園裡還有一個熱鬧的焰火節目。

　　那扇窗戶離地面很高，攔著鐵條，當然不能跳進去。老宋說，晚上焰火節目的票價很貴，大概要六七十元一張，住宿在金礦旅社的遊客好像是免費的，後面應該有入口處。老宋，汪海波和我，三人一起出門去觀看金礦鎮的夜景。

　　旅社的辦公室已經關門，也不知道去哪兒搞門票。沿著裡面走進去，一路上都有一人多高的柵欄，沒有入口。再朝外走，瞧見有一個金礦學校，邊上那道門用繩索綁著，如果解開繩索，大概可以走入金礦公園，但背後建築上一個監視器正瞄准著這裡。

　　老宋說，自己的形像在監視器上一播放，裡面的工作人員肯定能認出這個以前經常來這兒的光頭導遊，所以翻牆進去肯定使

不得。他打手機和以前認識的金礦工作人員聯繫，電話也沒有打通。

由於時間太晚，裡面的焰火活動也已結束。其實那個焰火活動是一場簡短的表演劇，名稱為「血染南十字星」，其內容就是表現1854年在巴拉瑞特金礦場上發生的尤瑞卡起義。這是在澳大利亞歷史上最為著名的一個大事件。

三人的夜探活動到此結束，只能掃興而歸。回到旅館，安吉爾提著葡萄酒瓶請我們喝酒，不少西人晚上都有喝酒習慣。當夜，在這個大房間裡，五條漢子鼾聲大足。不過還比不上張力一個人的鼾聲，張力今晚不在，被恰爾斯・張領到他家裡去居住。

第二天，隔壁女生房間裡的李靜女士質問老宋，為什麼在半夜裡給他打電話。老宋說，不可能。但翻查一下手機，確實有半夜一點給李女士打電話的記錄。他說自己沒打，誰在半夜動了他的手機，或許是在他作夢時候打的？真是出「鬼」了。

（二）巴拉瑞特的淘金熱

1

其實，所謂巴拉瑞特淘金地，可以這樣來理解，就是圍繞在巴拉瑞特周圍的一系列城鎮，例如疏芬山（Sovereign Hill），尤瑞卡（Eureka），斯密斯河灣金產地（Smythes Creek Goldfields）等等地區。如果將淘金地的概念再朝外擴展，從地圖上察看一下，那三個主要的淘金重鎮，阿拉臘，本迪戈和巴拉瑞特恰好形成了一個巨大的不規則的三角形，在這個三角形裡的許多城鎮都是大大小小的淘金地，然後將三角形擴展到維多利亞更廣泛的地區，從某些線條和塊面上再四處延伸，仍然可以發現

一個個淘金地，如果從這些線條上向南澳延伸，就構成了我們一路走來的淘金路。

淘金地像星星閃爍般地埋伏在這一大片土地下面，為什麼會出現如此狀況呢？也許只能說是上帝的作用力，在某一個地質年代，南半球的這一個角落被上帝之手攪動了一下，如同翻江倒海一般，地球深處的許多寶貴的礦物質被翻騰到了上面。對於上帝說，它只是輕輕地隨意翻動了一下地球上一個小小的角落，而對人類來說，這個角落卻變成一片連綿不斷的埋有寶藏的土地。

這也就說明了人們在發現金子的時候，並不是固定在某一處狹小的範圍，而是從南澳進入維省，一路走來，隨時隨地都可能在某處發現金子。其實所謂南澳省維多利亞州和新南威爾士州等，都是人們自己對於這塊土地上的劃分，上帝之手在攪動這片土地的時候，並沒有這種地界的劃分，因此，不僅僅是在維州，在新南威爾士州和其它各州也先後發現了不少產金地，甚至遠在塔斯馬尼亞島上都發現了金礦。

當年在澳大利亞並沒有今天這樣先進的勘察設備，發現金子更多的是靠運氣和經驗。因為被上帝的手指攪動的地方有深有淺，因此造成金子的面目也時隱時現。人們在此處沒有瞧見金子，就走向那處，每一個人的腳步在山林河邊行走的時候，都存在著偶然遇見金子的機會，因為整塊地盤都是深淺不同的被攪動過的土地，就等待著金塊和金沙在哪兒冒頭露臉。自然對於寶藏的安排和人們尋找金子的邏輯意識是基本吻合的。

而被從地底深處翻上來的金子最多的地方，或者說金子最為集中之處就是大名鼎鼎的巴拉瑞特。

2

巴拉瑞特位於維州南部，墨爾本以北，距離墨爾本113公里，是維多利亞州境內的第二大城市，也是澳洲最著名的金礦產地。這個區域曾在19世紀中葉首次經歷淘金熱潮，現在仍然吸引著眾多的業餘探礦者。金礦的發掘使這裡從一個綿羊牧場變成了一個重鎮，現在已成為澳大利亞第三大的內陸城市。

巴拉瑞特悠久的歷史可以追溯到1838年。當時一位名叫威利姆·尤林（William Yuille）的牧羊人，在Black Swamp（即現在的Lake Wendouree）附近定居了下來。「Balla」「Arat」即由「休息地」或「宿營地」的意思演變而來。

1851年，有兩位幸運者，約翰·鄧羅普和傑姆斯·蘭格（John Dunlop和James Regan）在貧窮角（Poverty Point）發現了金子，當時他們正向卡納大拿河灣（Canadian Creek）平移，結果卻意外找到了幾盎司的金子。看來貧窮角並不貧窮，窮人走到此地也可以由此而發財。

此後3年，大約有2萬名淘金者紛紛前往巴拉瑞特架井開礦。隨著人口的不斷增長，巴拉瑞特於1852年發展為一座小鎮，1855年已初具城市規模。繼1858年發現澳大利亞第二大的金礦後，巴拉瑞特的巴克利（Bakery）山便開始湧現出一陣淘金熱。1863年開始發展為行政區域，到1870年則已經成為一座中心城市。

3

巴拉瑞特到底出產了多少金子？也許可以和美國加利福尼亞地區的金礦稍做比較。加州發現的那些金礦，其產質量都不及巴拉瑞特地區的金礦。巴拉瑞特曾經發現了歷史上產量最大的金

礦。其中有兩個金礦產量達180磅，價值總計為9萬美金。那些一貧如洗的窮人只要願意把它們扛回去，那些金子便屬於他們了。當時金礦產量如此豐富，使得當地的人掙到錢後，都變的十分慷慨。而且此地本來就是產羊地，礦工們掙到錢後，就大杯地喝酒，大塊地吃羊肉，輪盤地秤金銀。

巴拉瑞特表面土層富含金礦。礦工在土層中進行挖掘、開發，將它變成一個巨大的寶藏。然後他們架起豎井深入地層內部，希望找到古代河床。最後人們果真發現了古代河床。於是他們開始沿著河流方向進行挖掘，將那些沙石裝入桶裡，然後經過一番沖洗之後，那些金礦便從沙土中呈現出來了。除了前面提到的兩個大金礦以外，人們還在地下180英尺的舊河槽中發現了另一座大金礦。

一些有史以來發現的最大的金塊出自巴拉瑞特，當年一名叫羅恰特‧傑福利（Richard Jeffrey）的礦工，無意中發現了當時最大的金塊，名為「Welcome Nugget」（迎來的天然金塊），重達69公斤，到目前它仍然是世界上第二大的金塊

巴拉瑞特迅速變成了一座」建造在黃金之上」的富饒美麗的城市。隨著1862年鐵路的開通，它為人們帶來了更多的機遇，例如開設商鋪、市場及開展貿易等。在墨爾本出現鐵匠鋪之前，巴拉瑞特早在很多年前就已經有了鐵匠。這就是說，在淘金時代，這個地區的繁榮和富裕一度超過了墨爾本地區。

從19世紀60年代到20世紀初，幾十年間的淘金活動為這個城市創造了源源不斷的財富。直到1918年最後一家金礦關閉時，巴拉瑞特已經建成大量工業和服務基地，足以支撐它以後多年的發展。這個城鎮成功地完成了從金礦地到工業城市的轉型，當年散居在外的帆布帳篷和木結構的建築被石頭和鋼筋水泥所取代。整

個澳大利亞，當年由於發現了大金礦，世界各地的淘金者蜂擁而來，人口曾達300多萬。而巴拉瑞特像海綿一般曾吸收了大量人口。今天，在巴拉瑞特市內眾多的維多利亞式的華麗建築和繁茂的公園仍然能夠反映出十九世紀中葉及以後的淘金時代的富裕景像。

其實澳大利亞的金礦並沒有被挖盡，只是那個年代，一些容易被發現的淺層金礦基本暴露，大批量的淺層金礦已經被挖完淘盡，但仍然有不少埋藏在深處的金子還在等待著人們的發現。而且在維多利亞省的山林裡，埋藏在淺土中的一些漏網的金子還經常會被那些掏寶者發現。例如2013年澳大利亞一位業餘探礦者在附近發現一塊5.5公斤重的黃金，價值超過30萬美元。有些以往的淘金區域至今仍然吸引著眾多的業餘探礦者。

有如最近在一個名叫Betahunt的金礦區裡產出許多黃金，其中一塊需要三個人才能搬動的黃金礦石重達90公斤，約可以提取純金約65.2公斤。而另有一位澳洲的退休老漢在澳洲北部的野外尋找金子，使用的就是那種手提的金屬探測器，憑借著他多年的技術和經驗終於在地下大約80釐米處挖到了一塊大金塊。這是一塊6.46斤金塊，含有4.22斤黃金，價值約11萬澳幣。當他掘出這塊黃金時，他驚詫道：「當我把它挖出來時，我簡直不敢相信自己的眼睛，噢，上帝！」

上帝就是如此偏袒澳大利亞，雖然這片大地上到處都是沙礫和荒原，但在這片貌似蠻荒的土地下面還埋藏著無盡的寶藏。

（三）澳大利亞尤瑞卡民主博物館

1

我們來到了巴拉瑞特東部的城鎮尤瑞卡，踏進一座現代化的建築——尤瑞卡民主博物館，這是澳大利亞第一個民主博物館。一個小鎮上的博物館卻能代表全澳大利亞的民主精神，可見其在澳洲歷史進程中的作用和地位。如今這個小鎮人口不足千人。

如果說二百多年前庫克船長踏上這塊南方大陸，在南半球的土地上創作出澳大利亞這個國家概念，此為頭等大事；一百六十多年前，在這片土地上發現大面積的金礦可為第二件大事；那麼在金礦工人中間發生的尤瑞卡起義，就能夠說是影響澳洲歷史的第三件大事。第一件事表達了現代文明社會對原始土地的殖民和開拓。第二件事是人們在新大陸的開發中發現了巨大的物質財富，為這個國家誕生奠定了物質基礎。而第三件事則是在人民在追求財富中產生了對於壓迫和不平等的反抗，在新大陸土地上端生了民主立國的精神觀念。自由民主平等成為澳大利亞人民的建國理念。

2

其實，第三件事只是發生在那個年代的一起小規模的武裝暴動。不過當時這個淘金小鎮上的人口遠遠超過今天，帳篷連接著帳篷，到處行走著言語粗魯的各國淘金者，其中也有不少腦袋後面還留著長辮子的瘦弱的中國礦工。

淘金地的另一個特色是，在不多的幾條街上，一家家酒店先後開張。猶如世界上的許多暴動起義都是從酒館裡開始的一樣，因為酒館裡是人們聚會的場所，也是聚眾鬧事的滋生地，喝了

酒，人們頭腦發熱，膽量據增，無法無天，敢於和政府對抗。這場暴動也是從一家酒店裡發起的，這家酒店名叫尤瑞卡酒店。前文曾經提起過，在淑芬山淘金博物館的晚上，每天晚上有一檔煙火節目，就是表演從尤瑞卡酒店始發起義的火爆場面。

當時正值維多利亞淘金潮，礦工對於昂貴的採礦牌照費用很反感，認為採礦牌照是無理徵稅。卻看1851-1854年間的金礦抗議活動情況，就能讓人感到這場起義是如何從悲情中積累起來的。

1851年8月12日，當日季隆廣告報刊登希斯考克在巴寧揚以西3公里（後來的尤瑞卡以南10公里）發現黃金。8月16日，副總督拉籌伯在政府公報宣示官方於採礦收益的權利，宣佈在同年9月1日起收取每月30先令的採礦牌照費。30先令的費用大約佔那些礦工半個多月的工資。

8月26日，40至50名礦工舉行了首場集會，沿希斯考克河谷遊行反對採礦費，以及要求投票權和購買土地的權利。殖民地政府瞧見淘金地有利可圖，後來牌照費又從30先令增至一英鎊。殖民地各處採礦聚居地的異見者之集會隨之而起。

同年12月，政府宣布打算在翌年1月1日將牌照費加價三倍，從1英鎊增至3英鎊。這行動挑起全殖民地各地示威，在巴拉瑞特的挖礦工人激動得開始收集武器。政府因民眾反應，倉促地撤銷其計劃。

然而，警察的查牌行動持續不斷，而且變得更為頻密，沒有繳納牌照費的淘金者被逮捕和驅逐，造成淘金工人的普遍不滿。此外，巴拉瑞特的挖礦工強烈反對政府施加嚴格的酒牌法律。這就是說，政府對於淘金者，不管你是否挖到金子，挖到多少金子，都要定期徵收牌照費用。還要從喜歡喝酒的淘金者嘴裡再榨取一筆錢。

3

1854年下旬，隨著時間的推移，淘金者和殖民當局的矛盾越來越深。年底那一天，在尤瑞卡酒店，礦工們七嘴八舌的牢騷變成了對當局的咒罵，喝酒的人越來越多，由此，他們又談論起幾天前，一名礦工詹姆士·斯科比在尤瑞卡旅館門口的一次鬥毆中被打死，而真正的凶手卻被法庭釋放。他們怒火中燒。

鬧哄哄的語言又轉到廣場上（這個廣場以後也被命名為尤瑞卡廣場），群情激昂，他們紛紛揚言，拒絕繳納牌照費用。憤怒的淘金者們舉行了萬人集會，表示抗議，並把與凶手穿一條褲子的尤瑞卡旅館一把火燒了。

當局和礦工們的談判沒有成功，尤瑞卡旅館事件已變成一場風暴的導火索了。

11月，淘金工人在彼德·萊勒（Peter·Lalor）和沃恩（Warn）的領導下修建碉堡和柵欄圍牆。領袖們率領工人宣誓，他們收集了一些槍支彈藥，準備對政府進行武裝對抗。在柵欄中心，他們豎起來「南方十字」藍色旗，宣布「維多利亞共和國」成立，國旗就是藍色的「南十字星座」旗，上面有銀色的南十字星圖案。

當時，大約有500人宣誓捍衛「維多利亞共和國」，他們就是他們自己的政府，不認同皇家警察和稅務官員的權威，並把他們驅逐趕走，這場遊戲簡直是膽大包天，目無皇上。

當時的殖民地政府屬於英國女皇管轄，殖民當局哪裡咽得下這口氣。一個月後，274名士兵和警察就包圍了「維多利亞共和國」的營地，皇家軍隊對這些造反的家伙進行了血腥的鎮壓，整個戰鬥僅用了28分鐘，尤瑞卡地區重新落到皇家軍隊手中。在武

裝衝突中，兩名領袖倉皇出逃，30名淘金者和5名軍人喪生。事後，當局逮捕了160名淘金者，並以叛國罪起訴其中的13人。

維多利亞的各個淘金地民情沸騰，整個澳大利亞的民眾在報刊等輿論影響下，竟然同情暴動者，指責政府的執照制度和軍隊血腥鎮壓。據相關資料記載，事後當軍隊將被俘虜的起義者押往當時的殖民地首都墨爾本審訊的過程中，起義者得到了沿途大量民眾的同情與支持。

此後，獨立的司法系統顯示了作用，因廣大民眾的同情和報刊輿論的壓力，第二年墨爾本的一家法庭宣布13人全部無罪。殖民地政府貪婪的執照制度也被取消。由此，現代社會的一個政治原則被建立起來，政府必須按照民眾的要求制定法則，而不是政府可以隨意制定任何搜刮民眾財產的法律。

當局廢除了執照費，規定每年只要交1英鎊即可取得採金礦的權利，而金礦區被列入選民區；凡取得採金礦權的人就具備了選民的條件。這次起義對澳大利亞歷史沿著民主方向的發展具有重要的意義，殖民當局終於清楚依靠高壓統治並非萬能，只有給予人民民主權利才能保持社會穩定。

隨後直接迫使殖民地政府推行1856年選舉法案，法案規定維多利亞殖民地議會的下議院選舉需全面由白人男姓普選，這個殖民地區成為澳大利亞第二個民主政體，同時使維多利亞成為了澳洲首個有普選權的地區。（這一法案對於澳大利亞具有劃時代意義，但也反映出當時白人社會的重男輕女和對於其他非白裔人種的普遍的種族歧視）。

1854年12月3日的那場「尤瑞卡堡壘營起義」（Eureka Stockede／Eureka Rebellion）為新大陸留下了濃墨重彩的一筆，在灰蒙蒙的雲層下閃出一道金光。雖然整場起義歷時僅28分鐘且

最終以失敗收場，卻掀起了澳洲民眾反抗英國殖民統治的高潮，無形之中，造成了澳洲現代民主運動的開端。

「尤瑞卡堡壘營起義」為這個小鎮添上了一層傳奇的歷史色彩。而在若干年後，在起義原址興建的澳大利亞尤瑞卡民主博物館（The Museum of Australian Democracy at Eureka，M.A.D.E）也就自然而然地成為了澳洲民主體制的「Ground Zero」象徵，此地點被看成是澳大利亞民主的發源地。

4

走進尤瑞卡民主博物館，一副副歷史畫卷映入眼簾，牆面上展示著一一個澳大利亞早期移民的故事，他們當中的絕大多數都是普通年輕人，而恰恰正是這些年輕人對於來自殖民地當局不公正待遇的持續抗爭，並在「尤瑞卡堡壘營」揭竿而起。雖然起義最終並未成功，但其仍為廣大殖民地人民爭取到了一些民主權利，這也是當今澳大利亞自由民主政體的根基所在。

館內展有租借於巴拉瑞特美術館的「南十字星旗」，該面旗幟被認為是1854年爆發於此地原址的「尤瑞卡堡壘營起義」中使用的原品。

館內還採用了極具創意的沉浸式數字影像，讓當代技術與歷史物件完美融合，使來訪遊客能夠直觀地感受澳大利亞人民對於早期英國殖民地政權抗爭的背景，使人們得以領悟追求自由民主的意義究竟何在，告訴眾人現今掌握在澳大利亞絕大多數民眾手中的權利在過去曾是多麼得遙不可及。

中央大廳上端的牆上，圍繞著一整圈巨大的圖畫和照片，一面是世界各國的國旗，然後一幅幅圖片表達了世界各國從近代社會走向當代社會，所發生的有關民主和革命運動的大事件，從早

年英國的光榮革命到美國的獨立戰爭，從法國大革命到俄羅斯的十月革命，從埃及收回蘇伊士運河管轄權到印度聖雄甘地領導的獨立運動，從南非曼德拉反對種族歧視到緬甸昂山素季反抗獨裁制度，風起雲湧，各個畫面上都表現出世界歷史進步的腳印……

我們的步行隊友，高個子的奎斯是一位了解澳洲歷史的知識分子，他指著牆上的圖面，一幅幅地給我們解說。其中的澳大利亞的尤瑞卡起義在世界進步大潮流中，雖然其規模和影響上不能和那些國家的大事件相比，但是，對於當年人口稀少的南半球土地上，無疑是一場轟轟烈烈的反抗剝削壓迫的民眾起義。

記得數年前，我曾看過一場名為「尤瑞卡」的話劇，劇情就是反映這次礦工起義的全過程，這個話劇在墨爾本的劇院裡連續爆演了五十多場，可見澳洲民眾關心這段歷史的熱情，後來此劇又去悉尼等地演出。我的一位朋友李洋在這個話劇裡擔任了華人淘金者的角色。

5

華人是否參加了這場礦工起義？根據巴拉瑞特的澳洲歷史學家安娜·基所提出的理論，華人組織也參加了一系列的反抗政府暴政的運動，雖然他們在這場運動中並不耀眼，但他們是當時所有反抗運動中最持久的。

事實上，整個金礦礦工運動出現了許多複雜的情況，白人礦工仇恨殖民地當局，同時也遷怒於華人淘金者。當時之勢，白人礦工們在起義中拉起一幅名為「ROLL UPBANNER（高舉起來）的旗幟，橫額中央是一個」「EUREKA（尤瑞卡——希臘文）」式的十字，四周寫著「ROLLUP，ROLLUP，NO CHINESE（起來，起來，不要中國人）」。

他們不但不要中國人，許多白人礦工在這幅帆布大旗的口號鼓舞下，壯大膽子襲擊中國礦工，華人的棚屋被燒，財物被搶，身體被打傷，還有人甚至被歹徒殺害。

因為華人們在金礦地的工作效率高，吃苦耐勞，金礦地原來的礦工非常反感於他們的競爭，而有的家伙早已對華工咬牙切齒，趁暴亂之際，對華人礦工犯下了卑鄙的罪行。

那些白人起義者們，在反抗殖民地政府的暴政中，成為澳洲民主運動開端的參與者，在他們中間，也有不少人成為了用殘暴手段迫害異族礦工的歹徒，他們似乎集光榮和罪惡與一身，這就是歷史的複雜而又真實的面目，無法用單一的道德觀來進行衡量，但卻可以在人性深處尋找答案，在人和人的利益關係，在民族之間形成各種矛盾等原因裡，觀察研究其各項深刻的因果關係。

尤瑞卡起義之後，皇家殖民地政府在法院的判決中，不得不對白人礦工做出巨大的讓步。可是政府部門為了息事寧人，又以白人礦工和華人礦工經常發生糾紛為由，提出要對弱勢的華工加以保護，規定華人在淘金地居住，必須向當地政府繳納保護費用，又給華工增添了一項經濟負擔。而且在不久以後，維多利亞政府變本加厲，又出台了針對華人的新法規，這就是臭名昭著的「十英鎊人頭稅掃黑風暴」。

（四）排華浪潮和法規

1

對於早期赴澳的華人來說，這是一段充滿悲情的歷史。排華浪潮的序幕最早就是從淘金地拉開的，並影響到了澳大利亞其它地區。

淘金時代，華工的大量湧入，不可避風免地引起了當地歐籍白種人的反感。由於中國人刻苦耐勞，團結合作，在短期內積蓄起了一筆財富，這就遭到了歐洲移民的妒忌。

他們認為：中國人搶走了他們的飯碗，中國人到這裡不是想安家立業，而是想發財，撈一把就走，而且挖出的金子正源源不斷地運回中國。也許這和華人出國淘金時的觀念分不開，有些情況也確實如此，勞動所得應該有勞動者支配，這無可非議，何況，許多華人把剛掙到的錢寄回中國，並非購地置房，而是先去還清來澳洲時所借的高利貸欠款等，不少金錢仍然流回到歐洲白人西洋輪船公司的口袋裡。

但這些寄回中國的有限的金錢被無限擴大後，就形成了一股兒蠱惑人心的煽情，激起了白人礦工的憤怒。他們叫嚷：「要有效地防止澳大利亞腹地的金礦場變為中國皇帝和亞洲的蒙古韃怛部落的財產。」

煽情的口號終於演變成排華暴行風潮，暴徒們以種種理由反對華人，誣說華人不合作，不衛生，不守法。當時產金的巴拉瑞特地區約有華人9000人，僅有婦女2人，因而被白人誣指有不道德的行為。隨著反華叫聲的日囂塵上，排華的風暴隨之洶湧而來。1854年維多利亞省的歐洲移民舉行大會，決定於7月4日在本迪戈（BENDIGO）集體鬧事，妄圖把全部華工趕出金礦區。幸被當地政府及早發現，采取措施加以勸阻，才沒鬧出嚴重事件。

據此引起了當地政府的注意。1855年（清咸豐五年）維多利亞省政府成立了「金礦皇家委員會」，對開採金礦情況進行了調查，最後竟通過限制華人入境的法案，規定凡經登記的船隻能搭華人1名，並且規定入境華人每人每年須繳納人頭稅10鎊，由各船船長代為收理，然後交給政府當局。又規定對超過噸位限額入

排華浪潮圖片

境之華人搭客，每人罰20鎊，船主罰10鎊。這個法案，是澳洲第一次限制華人入境之正式法令，實際上揭開了澳大利亞排華歷史的序幕。

此外，法案中還規定每一名華人每年須交一鎊「保護費」。澳洲當局用此款雇派「保護官」，由專人負責調解華人和白人之間的紛爭。這算是對華人的「保護令」。

2

1857年7月，維多利亞省巴克蘭（BUCKLAND）礦區首先爆發了排華暴行。在當局的慫惥下，約有500名白人。成立了反中國人同盟，之後，白人礦工成群結隊到處圍攻中國人，他們肆意橫行，燒中國人的房子，搶中國人的財物，甚至殘暴地毆打中國人。結果造成三個華工被活活打死，數十名華工受傷，華工財產損失約值八、九千鎊。

事件發生後，維多利亞省政府才派兵維持秩序，平息暴亂。巴克蘭礦區排華事件之後。維多利亞省政府意識到單靠限制華人

入境已經難以奏效。因為華人可以從鄰近的南澳省或新南威爾士省登陸，然後長途跋涉到維省金礦區來（當年從南澳羅布到維省淘金地，就是華人人數走得最多的一條路線）。而且因輪船不停維省各口岸，使得該省各岸商業蕭條，貿易額下降。於是維省政府當局呼籲新南威爾士和南澳兩省政府采取共同行動。南澳政府當即表示同意，並於1857年通過了和維省相似的限制公地人入境法案。而新南威爾士省則被上院否決未獲，因此數年之後，華人到新南威爾士省的人數遂急劇增加。這同樣引起了當地白人的妒忌和反對。

　　1860年12月12日新南威爾士地區，終於釀成了藍濱灘（LAMBING FLAT）事件。白人鬧事持續到次年9月，二、三千華人在光天化日之下被白人搶劫一空，焚毀房屋無數，華工死傷多人，財產損失嚴重。該年11月，新南威爾士省通過了3年前沒有被批准的限制華人入境法案。從此以後，新南威爾士華人入境數量大幅度減少，1862年為1030人，1863年僅有63人。由於來澳華工的減少，澳國的採金業也日漸萎靡不振。

　　但是，維多利亞、南澳、新南威爾士等省的限制華人入境法案，遭到了英國政府的反對。當時澳大利亞仍然是大不列顛國的殖民地，其政府在名義上屬於英國女皇管轄下的殖民地政府。因為英國與中國清朝政府簽署了兩國人民可以自由來往的條約。英國為了維護自己在華的利益，不得不反對澳大利亞各省的排華法案，這也對殖民地當局形成一定的壓力。這種錯綜複雜的國際關係，同樣影響到了華人來澳的境況。此外，由於各地的採金業由盛而衰，這三省的排華法案便先後自動廢止了。此後由1867年至1877年的10年期間，澳洲各地白人排華情緒稍有緩和。這是排華的第一股浪潮。

1870年左右，北部的昆士蘭省（QUEENSLAND）陸續發現了黃金，華工又大批湧去，至1877年，在昆士蘭省華工達25,000人，平均每7個居民中就有1個華工。據估計，當時白人淘得黃金130萬盎司，華工也淘得100萬盎司。這情形又引起了當地白人居民的竭力反對，昆省當局再次采取了限制華人的種種措施，於是形成了第二次排華熱潮。由1877年至1888年的10年間，新到昆士蘭省的僅有550人。

1888年6月12日至14日，大洋洲際會議在悉尼舉行，會議通過了更為嚴格的限制華人入境的議案規定：任何船隻每500噸貨物，只准載華人一人入澳；華人入境必須簽寫書面文書並得到當局許可，華人跨省遷移，也必先獲得當局准許等。這些排華法規和決議，實際上幾乎把華人摒之澳大利亞門外。以後，澳大利亞不少華人回國，但有出無入，緊閉的澳洲國門，讓華人進來的越來越少。由此，澳洲華人人口逐年減少，1888年在澳華人還留下50,000人，而至1901年，更減少至30,000人。

1901年，澳大亞聯邦正式成立，決定采取「默書測驗法」進一步限制移民人數，規定每個進入澳大利亞的移民，都要在澳國官員面前默寫一段50字長的任何歐洲國家文字，這實際上等於對亞洲等國的移民關閉了入澳的大門，華人入澳更加困難。再以後，澳洲白人更提出了「雪白的澳洲」、「澳洲人的澳洲」等口號，推行「白澳政策」。從此，昔日在澳洲大地上披荊斬刺，為澳大利亞社會的繁榮和發展，灑下了無數血汗，作出了重大貢獻的中國人，竟然成了排斥的對像。

此後，各地的金礦也日漸枯竭，採礦業務實際上陷於停頓。

華工也紛紛回國,幸免留下來的都相繼向城市轉移,從事菜園、菜販、洗衣店、家私工匠、小商販或經營零售商店等。輝煌淘金時代宣告結束,華工的血淚史也在澳洲大地上漸漸淡化成一縷青煙。

(五)淘金地華工的勞動和生活

1

　　當年一批批的華人淘金隊伍來到巴拉瑞特,其中有過這樣的場景。因為前面的華人已經在一路上留下了標記,這支人數眾多的華人隊伍沒有請向導,他們有700多人,在狹窄的山道上一人接著一人地排成縱隊,用扁擔挑著竹筐前行。

　　這支隊伍從頭至尾有數公里長,可謂浩浩蕩蕩。他們一路行走還一路高喊「巴拉瑞特,巴拉瑞特!」保持步調一致,其勢可謂壯觀。

　　因為本迪戈和卡索曼的金礦太遠,而亞拉臘的黃金已幾乎開採殆盡。所以他們一心向往著早日抵達巴拉瑞特金礦地。如果天

畫片,華工來到淘金地的隊伍

氣好的話，這些勁頭十足的華人們一天能走35公里，羅布至巴拉瑞特的行程需要三周到五周半。

以前也曾經有過華工隊伍去往本迪戈金礦的時候，齊聲高喊「大金山，大金山！」他們叫喚的是廣東口音，西人們聽見的是「GUM SAN，GUM SAN!」的發音。後來也有西人就把「GUM SAN」作為華人淘金的代名詞。

而在到達金礦地區時，華人也有所耳聞，在某些礦區中，憤怒的白人礦工也會襲擊華人，特別是那裡的金砂已經被越挖越少的時候。

2

從各地奔波而來的華工，在金礦地落戶後，立即賣命勞動。他們頭戴尖頂的圓形大鬥笠，肩挑著簡單的行囊和採金淘金用的鋤頭、鐵鏟、畚箕，成群結隊翻山越嶺，行走在崎嶇荒涼的深山路上，四處尋找金礦。一旦發現異色泥土，確認有礦藏，他們就駐扎下來，搭蓋簡陋棚屋（大多用碎石壘牆，樹皮蓋頂或用竹木搭架，樹皮作牆和蓋頂）。屋子很矮，人在裡面無法伸直站立。華工們只好席地而臥，或用樹條編織成床鋪棲身，以避風霜雨雪。

當時，華工用的採礦工具極為簡單頂，多數用鋤頭鐵鏟掘井挖沙，一些人下井，把泥沙傳上地面；一些人在井口，用木盆盛著，不停搖動，以水沖洗。因為金沙比泥沙重，故泥沙被沖走後，粗金沙粒便留在盆底，這就叫「淘金」。

華工們起早摸黑，拼命挖掘淘洗，累得腰酸腿痛，頭昏眼花，也不願停下來休息。他們沒有技術，工具簡單，通常華工只能在白人開採過而棄置的礦坑裡挖掘殘渣，因而被白人輕蔑地稱為「挖掘渣滓的家伙」和「跟蹤者（TAILERS）」。

淘金的華工，通過艱苦勞動，偶爾也能淘得殘留下來的金沙，後來白人常用「中國人的彩」（CHINAMAN SLUCK）來形容一個人的好運氣，就是據此而來。時至今日，澳洲人購買獎券時，常請中國人指點號碼或代購，他們稱之為借助「唐人的運氣」。

華工們背負著沉重的債務和遠在故鄉的年邁雙親與孤苦妻兒的期望，經過長年累月的拼命勞動，終於得到了回報。他們將收獲到的黃金寄回或帶回中國者亦為數不少。據資料表明：從1856年7月1日至1857年6月30日的一年間，僅由墨爾本出口運往中國的黃金，即達111903兩（盎司）按當時價值約50萬英鎊。這就不得不引起了白人的妒忌和仇視，種下了後來排華暴行的禍根。

華工停留在荒山野嶺採金淘金，除遭受塌井事故，有人葬身井底外，還要抵禦風霜雨雪的侵擾和毒蛇猛獸的襲擊，而且要對付粗獷的白人和野蠻的土人的挑釁和進攻。當時深山土著居民極多，華工常慘遭殺害，令人目不忍睹。

巴拉瑞特（BALLARAT）是華工集中最多之地。據1853年統計，華工有2000人，3年後激增至25000人。該地的疏芬山（SOVEREIGN HILL）當年是最具規模的金礦，挖入地下多層。如今就是聞名的疏芬山金礦遺址公園。

3

在尤瑞卡民主博物館的一部分展廳裡，正在舉辦一個「華人財富展──探索澳洲殖民時期華人的故事」

對於早期華人移民在澳大利亞的歷史，許多澳洲人可能想到的只是十九世紀中葉前來淘金的華人礦工，或是在維州金礦之上

簇生出來的反華情緒及種族歧視政策，由此滋長出來的臭名昭著的「白澳政策」。

而且不少白人對早期澳洲的華人金礦工一直有種負面印象——一幅數以千計的單身中國男人的畫面，大量華人契約勞工在髒亂不堪的環境裡生活、工作，露天開採金礦和淘洗金礦尾砂。同時也伴隨著暴力，鴉片，賭博嫖妓等情節。這些都是當年受到反華移民宣傳影響，從而造成的人們長久以來對早期澳洲華人的印象和偏見，尤其是淘金時代的華人。

然而，有不少研究明確表明，上述這些固有的印象並沒有真實地反映出淘金時代澳洲華人團體的生活狀態，更沒有描繪出華人文化的多樣性和複雜性。華人在19世紀後半葉對澳洲國家建設所做的貢獻也沒有被真實地反映。

正如尤瑞卡柵欄起義的金礦工人，華人金礦工也曾因不公平的人頭稅和各種限制條件進行過反抗，組織了抗議和民事訴訟。他們上書政府，有組織的規避歧視立法。令人傷感的是，這些做法對他們所尋求的改善經濟和政治權益作用甚微。盡管如此，金礦區的華人仍然對當地社區做出了傑出的貢獻，他們建立了醫院，慈善收容所和學校。

人們一般可能不會想到，華人除了一部分幸運者通過淘金通過獲得財富以外，還有不少華人通過種植蔬菜、為醫院及避難所籌款等行為，為當時全體礦工的生存發揮了重要作用，無論那些礦工是來自歐洲還是中國。

這是那個時代，華人為這塊土地上付出的血汗，為他人服務的精神，為這個國家所做出的積極貢獻。同時華人們也在自己的勤奮勞動中獲得了他們應得的財富。

4

　　我們踏入一個個展覽室，展現在我們眼前的是一幅幅早年華人的豐富多彩的生活畫面。從華人先驅者的傳奇故事中，讓我們看到了當年他們的各種面目，有礦工、小商販、餐館老板，零售店店主、家具製造工、偵探、翻譯、園藝師、慈善家、演藝明星和商人等等——以及澳籍華人的豐富多樣性對澳洲聯邦的貢獻。

　　在1901年5月7日墨爾本成立澳洲第一個聯邦議會時，華人建造了8個牌坊，在唐人街上張燈結彩，並組織了盛大的遊行，300名華人穿著傳統服裝，遊行隊伍長達700米。可見當時華人對於澳洲主流社會的參與感。

　　一幅幅黑白老照片上表達出華人在澳洲社會中的變化，一張圖片上是一位老者，腦袋後面已經割掉了醜陋的長辮，頭戴黑桶禮帽，腳蹬閃亮的皮鞋，打扮得像一位英國紳士。另一張圖片上是幾位年輕男女坐在一輛大馬車上，他們穿著時髦歐式的服裝，女士們還頭戴高貴漂亮的禮帽，表現出她們來自於富裕身份的人家，從面容中卻分明能看出是華人子女。

　　尤瑞卡澳洲民主博物館館長凱敘・伯若溫（Cash Brown）曾經如此說：「過去的三十年裡，我們對澳洲華人史的理解被更新了。感謝研究者和歷史學家的不斷發展，讓我們得以對澳洲華人在政治、經濟和文化方面的經歷有一個全新的了解。現在，尤瑞卡澳洲民主博物館希望幫助人們了解這些被遺忘的故事，了解華人先驅者對當代澳洲發展做出的貢獻。」

　　例如今天還在巴拉瑞特營業的Billy's Bistro and Bar餐廳，它的名字就來自於一個華人故事裡的標誌性人物。Billy原名

William Lung，與巴拉瑞特有著非常緊密的聯繫。19世紀80年代，最初的淘金移民者開始建立自己的社區，Billy的父親是其中一位華人移民。他是華人消防隊隊長，因為善於製作漂亮的蝴蝶風箏而聞名當地。Billy也因此被巴拉瑞特人譽稱為Billy蝴蝶——Billy Butterfly。

Billy的早年生活鮮為人知，但到晚年，他成為巴拉瑞特地區的知名人物。對於Billy成名的原因，僅有的推測是他沒有遵循傳統的西式生活，而是選擇跟隨自己的信仰。Billy在當地的金礦工作，但並不僅僅熱衷於物質財富。他為人寬容，誠懇，對身邊人極富同情心。這位當地的知名人物於1969年聖誕節當天逝世，享年87歲。

這樣的華人故事在澳洲大地上何止千萬，但大部分已經沉澱於一百多年的歷史中，有的還保留在某些家庭的傳襲和記憶中，也有少數保留在社區資料中，需要有心人去發掘和傳播，這樣才能恢復華人在澳大利亞歷史中的真實面目

（六）巴拉瑞特地區的探尋

1

領隊恰爾斯・張的家就住在巴拉瑞特，有人就稱他為「巴村的村長」。今天上午，「村長」領著我們步行在巴拉瑞特的大街小巷，從這兒穿行到那兒，看來，村長對於村裡的情況了如指掌。

巴拉瑞特的一條寬闊的大道上，中間種栽著4005棵大樹，這條長街表達出在第二次世界大戰中，這座城市也貢獻出4005名軍人的生命，每一棵樹象徵著一名犧牲的軍人，為了抵抗法西斯軍隊，這些軍人遠赴海外的歐亞戰場，同樣是為了保衛自由。

我們走上一道小山坡，坡上有一塊石碑，石碑上銘刻著「Poverty Point 1851年8月21日」等字樣。這裡就是前面提起的那兩位幸運者約翰‧鄧羅普和傑姆斯‧蘭格最早發現金子的「貧窮角（Poverty Point）」。另外一塊石碑上是一幅根據當情景繪制的圖片和一段文字介紹。

　　不遠處，在草叢中間還豎立著一個石頭砌起的方尖塔，石刻文字告訴我們，在1851年，在石塔下面就是最早發現金塊的地方。

　　恰爾斯‧張告訴我們，在150年前，從這道山坡上俯視，可以看到附近密密麻麻的淘金者的帳篷和簡陋的小房子，當年在巴拉瑞特的街上有四百多家旅館，整個城市有六百多家酒館，那些喝得醉醺醺的礦工們在街上游逛，他們舉著酒杯號稱這個遍地黃金的地方可以和英國倫敦相匹敵。壯哉——巴拉瑞特。

　　發現某個大金礦的過程也頗有喜劇性，一個家伙偶然間發現了地層表面的金子，俯首撿來碎金塊和金粒，這當然是一個天大的秘密。他用金子換了錢在酒館裡開懷大喝，喝醉酒後吐露真言，頓時這個消息如同在酒館裡一聲爆響，一傳十，十傳百，沒有幾天，引來了數千人，後來引來了數萬人。淘金時代，巴拉瑞特的人口眾多，超過了澳州的各大城市，

　　因為前面已經有了一個美國舊金山淘金潮的先例，後來華人淘金者也紛紛趕來新金山。淘金者來自於世界各地，雖然大部分是歐美各國的白人，但亞非拉美其他膚色的人也不少，而白人也並非來自一個國家，他們講述各種各樣的語言，大家都是為了黃澄澄的金子而來，共同語言就是早日弄到更多的金子。當時來到此地的許多華人淘金者也散居在西人中間，大家關係還比較融洽，以後越來越多的華人淘金者來此，才形成了一些小型的華人淘金者的集聚區域。

雖然以後維州政府制定了具有種族歧視色彩的對付華人的人頭稅法律條文。但在巴拉瑞特地區，在尤瑞卡起義之後，還沒有發生過大規模的迫害華人淘金者的事件。

2

徒步隊伍下山後，又來到一座巴拉瑞特華人紀念碑前。這座紀念碑就如同一面石牆，牆上安排了幾十幅畫面，有老照片也有那個年代留下來的文字，有一幅圖片上寫著：「四邑開平台山新會……廣州香港上海……」等地，是指早年來到澳洲巴拉瑞特的的華人，都是從中國的這些地方走出來的。

另一幅圖片上左右兩邊寫著：「仁義禮智信，禮儀廉恥孝悌忠信，和自由平等兄弟情」等文字，用中英文兩種文字刻寫的，表現出當年華人保持的傳統信仰和接受了新的西洋精神理念。又有一塊畫面上只刻著四個字「克服困難」，表示出他們來海外開拓的堅強意志。還有許多畫面，反映的是最早來到巴拉瑞特的華人，以及他們後來組成的家庭，和成長起來的子女等。

這面石牆稱為「無極紀念碑」，是在2015年9月6日新建起的。在邊上還用石塊製成一條走道，每一塊石頭上都刻著一個年份，從1850年開始，其中還有許多介紹的文字，走過兩步就是1860年，十年為一個階段，1870年，1880年，依次類推，踩著石塊之路一直可以走下去……。徒步隊員一個個從這些石塊上踏過，猶如華人從150年前的淘金之途走到了今天。

3

我們又跟著恰爾斯・張走上一條山崗小道，他說這條小道在150年就存在著，至今保持完好。

在道路一側保留著一幢老房子，這幢房子建於1880年，屬於基督教長老會的教宅，以後裡面居住的人名叫約翰·宗維（他的中國姓名叫劉宗維）。他是當時巴拉瑞特及維省金礦區的最後一位負責照顧華人礦工福利的華人神職人員。

　　房屋左邊的教堂建於1885年，可是在1949年教堂已被遷移，但據文字記載，這幢教堂是一幢整潔精巧的建築，裡面可以容納120人的聽眾席位。而且教堂高踞坡頂，可以遠眺前面的華工營地。

　　牧師劉宗維，夫人瑪麗及他們的孩子從1903年起在此居住，1905年在巴拉瑞特市的聖安德魯教堂受職，直到1949年劉牧師八十八歲退休，他是一位年高望重的華人神職人員。他作為華人主教和華人信徒們的精神領袖，盡心為華人社團貢獻了六十余年。享年九十九歲，1960年去世。他的兒子當年參軍，去往歐洲，參加了第一次世界大戰。

　　當年的華人營地位於目前的跑道（蘭巴裡斯保護區——所在地），就在梅茵路旁邊。前面的道路越來越狹小，我們在側面看到了這個體育場跑道。而當年這裡曾經是一個華人集聚居住的營地，由於缺乏各種設施，談不上什麼衛生條件，裡面的泥土路徑曲曲彎彎，房屋破舊，看上去整個營地骯髒混亂。直至上個世紀六十年代，巴拉瑞特這個華人集聚區域被政府當局以衛生原因驅散，簡陋的房屋都被拆除。但在邊上仍然保留著一所小屋，小屋裡住著一位信菩薩的華人，但規定他每星期必須去當地警察局報到一次，不是對他關押，而是讓他在警察局裡洗澡，搞好個人衛生。

　　這條路走到了盡頭，前面的民居裡停著兩輛車，當然這都是後來蓋起來的房子。時代就是如此變化著，但是，對於我們重走

淘金路的人來說，總是想多發現一些前輩的秘密，掀開時代的幕簾，去窺探華人先輩開拓者的腳印。

（七）法庭舊址老監獄和絞刑架

1

在金礦遺址公園後面的斯丹費德旅館裡，吃到了行程中最好的早餐。早晨，睡眼惺忪，步入那個漂亮的餐廳裡，自助早餐很豐富，有許多種類的食品和牛奶咖啡果汁等飲料，頓時眼睛一亮，特別是煎雞蛋和煎鹹肉片，放在一個個像玩具一樣的小鐵鍋裡，配料是嫩綠的菠菜，誘人食欲。有早晨吃得好這一說，我們這些走了十幾天的徒步者，今天還沒有開走，已經食欲大開，吃了兩大碟，有人還用手機把滿滿一碟的食品照下來，說是回家以後，必須讓老婆按照這樣的標準做早餐。

有幾位回巴村居住的，早晨也來這裡集合，瞧見了旅館豐盛的早餐，垂涎欲滴，揚言明天要來趕早市。年輕人張力跟隨恰爾斯‧張回家過夜，恰爾斯張不吃早點，張力也跟著餓肚子，此刻他一邊啃餅乾，一邊聽著我們繪聲繪色地描繪美味的早餐。當初，在羅布那兒行走了一天半就離開隊伍的幾位巴村隊員，今天又回到隊伍當中，人馬多了，大家從金礦遺址公園出發，再去參觀幾個有關當地歷史的景點。

2

那是一個露天的集鎮市場，一大早，已經有人在這兒擺出了攤位。不同於其它露天市場的是，在這裡的四周，還有許多老舊的石頭建築，是一百多年以前建起的法院和監獄等等。這裡也曾

經是一個淘金之地，緊挨著巴拉瑞特，被稱為斯密斯河灣金產地（Smythes Creek Goldfields），在那個年代，也有許多華人淘金者在此淘挖金沙。

老法院建造於1867年，是一座正規的建築，走過回廊，我們踏入室內，仍然可以感受到那個時代的氣氛。後面的辦公室裡，一面的牆邊，下方是一個壁爐，壁爐上面有一大張從素描畫中翻拍過來的老照片，其內容是描繪當年此地的淘金者狀況：一個個居住淘金者的帳篷連接成片，在帳篷的上面，豎立著金礦的框架。在壁爐兩側，櫃子和書架裡擺放案卷。屋子中間，辦公桌上有一本打開的文書和一個黃銅按鈴，還有一個玻璃罩子，罩著的當年法律文件的原件，現在已經是珍貴的文物。

前面的法庭場景更為生動，除了高高在上的法官席位，下面有原告被告席位，後面是一排排觀眾席位。真人大小的紙板偶像，法官，文書，獄警，律師，罪犯等都占據在他們的位置上，屋內還配有音響，發出了開庭的敘述語言。如果你坐在法官的席位照一張像，你就成了大法官，當然你也可以站在罪犯的位置上照相，你就成為了一名罪犯。人生之路看你走向哪兒？也往往看著你選擇或扮演什麼角色，當然，某些時候，你也會不得不扮演某個角色，那是生活的逼迫。其實，如今的法庭和這個一百多年前的法庭也沒有多大區別，完全可以在這個老法庭上審判今天的案件，從這裡可以感受到西方法律制度一脈相承的關係。

3

那所監獄是用大塊青石構築成的，沉重壓抑而又無比結實，如同一頭野獸蹲伏在法庭的不遠處。這個監獄不大，沒有幾間牢房，經過翻修，如同以前大牢房的縮印版。這個監獄又有點像拘

留所，關押和拘留各種罪犯，以及酒鬼和沒有證件的流浪者等。

在牢房前的一塊石牌記錄上，我們看到了一個有關中國人的案例。那是在1859年10月14日（說明在建造老法院之前，已經有正式的法庭存在），一個名叫阿姆斯特朗的官員發令逮捕了一個40歲中國礦工阿洪（一路上好像遇到了好幾位名叫阿洪的華工，說明西人對華人姓名，只能根據英語發音構成印象），原因是他沒有居住證書。但在他邊上有一個窮困的白人妻子，在他倆身後還有一個骯髒的幼兒。這名中國礦工雖然娶到了一位歐洲女人，但他拿不出二十先令來購買居住證書，以後需要拿出超出二十先令的錢，才能獲得自由。說白了，他就是一個黑民，在這兒挖礦，卻窮得沒有錢辦理居住證；也可能是他每天所掙的工錢太少，要養活妻兒，所以拿不出辦理居住證的錢。我不由想到，阿洪關進監獄後，就更沒有法子弄到錢了，他的妻兒怎麼生活下去？

踏入陰暗的牢房，我們感受著阿洪的無奈和絕望，他來到澳洲後雖然勉強能娶妻生子，但也是一個家徒四壁的窮家，又不幸地從窮家踏進了這個四面石壁的陰暗牢房，頓時腦海裡從大清國帶來的淘金夢在此化成一個黑色的噩夢。當我和步行的隊友KM・溫一起走到石牢門口，照了一張像，在此黑暗的背景下，相片上那兩個人的模樣分明就像牢裡的囚犯。

那塊石牌上的文字還告訴我們，中國人在斯密斯河灣金產地是重要的礦工，這個區域內需要大量的勞動力從沖積土層裡淘出金子，挖出石英和水晶等，可以挖至深處獲得鉛等礦產物（看來這裡除了金子，還能從泥土下挖掘出大量的其它礦產物）。

中國礦工重新清理了其它人已經挖出來的礦物廢渣，從中又能發現不少金沙。由此可以看出中國人的吃苦耐勞和精明能幹。

他們居住的營地在巴拉瑞特附近的荷頓恩，斯密斯坦爾，博羅恩周圍，他們並不是僅僅挖礦，在種植蔬菜和買賣方面也取得了成功。

有些中國男人娶了歐洲女人為妻，從此以後，在這些家庭裡，他們的子女的身上既有歐洲人的遺傳也有了亞洲人的血脈。看來在這塊土地上，華人有悲劇，也有成功，有付出，也有收穫。每一個事物的發生過程，都會包含和顯露出事物的各個方面。當年的華人淘金事業亦是如此。

4

我瞧見一個棚頂下面圍著一圈人，走近一看，大部分徒步隊員都在這兒，煞是熱鬧，原來中間是一個當年的絞刑架。一位社區歷史協會的老人有聲有色地講解有關絞刑架的舊事。

絞刑架的建造是從巴拉瑞特的HM監獄開始的，絞刑架和監獄是配套工程，建造於1856年，完工於1862年。絞刑架的作用是在那個時代裡能讓罪犯迅速致死，也能使他們少受痛苦。第一次在絞刑架上施行絞刑是1864年2月29日用於一位凶殺犯，最後一次施行絞刑是在1908年6月29日，也是用於一名凶殺犯人。據記載，半個世紀中，在維多利亞地區的墨爾本.彼區沃斯·班迪戈·巴拉瑞特·吉朗和亞拉臘等地共有195名男女罪犯被施行絞刑。

巴拉瑞特地區的絞刑架一直保留到1965年，最後被拆除。這裡的一個絞刑架是當作歷史文物，被修理改裝過，安放在此地供遊客參觀。

這座絞刑架一共絞死過13名罪犯，9名凶殺犯，2名強奸犯，一名性混亂的罪犯和一名謀殺犯人。最著名的一個案例發生在

1867年，當年這個凶殺案子在維多利亞地區轟動一時。

　　一天夜晚，兩位罪犯在斯密斯河坦爾地區凶殺了一個銀行經理。警察破案後，法院判決絞死兩名罪犯，也就是說在這個絞刑架上，首次發生一天內絞死兩名罪犯的大事件。在絞死罪犯的過程中，發生了意外，也許是繩索沒有搞好，一個罪犯掛在絞架上腿腳亂蹬，就是不肯死去，反而更受折磨。更驚人的一幕出現了，他在掙扎中腦袋從繩套裡脫落出來，撲通一下整個人掉進下面的陷阱，當然這家伙已是半死不活，暈頭轉向。執法人員只能再來一次，幫助這個可惡而又可憐的家伙迅速投入地獄。

　　如今這座絞刑架雖然是一件陳列品，也是在已經毀壞的原件上修理而成的，基本功能全部修復，恢復原樣，從它的背後可以觀察到裡面的機械部分，只是那根操作杆不是以前的那根，絞刑台的木板下面有一個陷阱。步行隊員奎斯按照那位社區人員的指示，扳動操作杆，只聽乒乓一聲，木板門打開，當然絞刑架上沒有人掉下陷阱。因為屋棚不高，上面的絞架也很低，無法吊人，只是讓人們觀看。

　　社區人員說，如今澳大利亞早已取消了死刑，絞刑架只是表述那個時代的野蠻刑拘。歷史就是歷史，不用遮掩，瞧見歷史，能讓我們知道，我們是如何從過去走到今天。今天我們已經完全生活在文明社會之中。以上參觀的一切，讓我們體會到，自從歐洲人登陸這塊新大陸，在澳大利亞短暫的歷史中，這個社會基本上都處於一種法制制度下面，盡管這種法制制度也有欠缺，有時候甚至含有嚴重的偏見，特別是在對待那些和他們先後踏上這片土地的華裔民眾，制定和採用了欠缺公正的法律條文。但是法制社會依然會隨著社會進步的燦爛陽光，一點一點的日益完善，一步步地走向文明。

5

走出老法院舊監獄和絞刑架的陰影，天空也已放晴，陽光下我們步行去往巴拉瑞特市區的市政大廈。

路途不遠，大概只有十幾公里，但半道上出了點狀況，我們的一輛麵包車陷在路旁的泥土中，走在前面的幾位一起返回去幫助推車，大家使了九牛二虎之力，仍然無法把車弄出來。

來了一位熱心的白人青年，幫忙搞了一會，還是無法把車推出來，他就打手機給附近的一位朋友，又過了一會兒，那位朋友來了，開來一輛高大的野外吉普車，拿出整套專業工具，拉車的鋼纜，墊在車輪下的塑料墊板，然後那輛吉普用鋼纜牽著麵包車一發力，大家又在車後助力推動一把，那輛麵包車就從泥坑裡爬出來了。

大家齊聲感謝那兩位熱心腸的白人青年。在澳洲的公路上，車輛出現狀況是常有的事，熱心幫助別人的人也不少。這不僅反映出人和人之間的熱情友善，也體現出澳洲各民族之間的和平共處。相比於當年的淘金時代，白人對於其他民族間的歧視和各種難以調和的尖銳矛盾，今天的澳大利亞社會所呈現出的，是整體上的健康進步的光明色彩。

前面的隊伍已經走出了不少時間，我們坐麵包車趕到那兒，在一個教堂的院落裡兩路人馬彙合，沒有想到的是又迎來了第三路人馬，CCCAV的負責人陳東軍女士也帶著幾位熱心人士來到這裡，而且帶來不少好吃的，有烤鴨等熟食，其中一位名叫Sandy·張的女士帶來了一大鍋紅燒肉煮雞蛋。

對於一路走來，嘴巴裡都是西餐味道的華人來說，嘗到自己家鄉的美味，嘴巴砸吧砸吧就停不下來，大家吃得熱火朝天，有

大家喜歡的紅燒肉煮雞蛋

的人站在那口紅燒肉鍋邊上不肯離開。領隊的恰爾斯・張平時不吃早餐，這會兒，一塊又一塊的紅燒肉塞進嘴裡，據他自己說，至少吃了七八塊。幾位步行的西人對於美味的中國紅燒肉，也吃得不亦樂乎。後來開車的老宋不知道Sandy・張的英文名字，就管她叫小紅，這意思就是紅燒肉的「紅」。根據這個典故，我們完成淘金途後組織了一個吃肉喝酒的微信群，這是後話。

　　大家吃飽喝足，壯大了的步行團隊浩浩蕩蕩地朝巴拉瑞特的市政廳前進。十幾天來這支徒步隊伍老是在原野和小鄉鎮間轉悠，走到市中心，又感受到了大城市的氣息。

來到巴拉瑞特徒步隊伍又壯大了

6

　　市政廳大廈是一幢古典式的花崗石建築，大門口已經來了很多人，步行隊伍中好幾位都是巴市居民，他們的家屬全來了，親人相聚，分外高興。那位超級老太太安吉爾女士給我介紹了她妹妹，也是一位寫書的女作家，我倆高興地談了幾句。澳大利亞民間有不少愛好寫作的人，他們不事張揚，著書立說純粹是個人的一種興趣愛好，由此養成了個人儒雅的風度和知識修養，同時也在澳洲的民眾中間培養起讀書的好風氣。

　　大家在門口照完相後，踏上台階，步入這棟古老的石頭大廈。映入眼簾的是牆上白色的石膏浮雕，一個個小型的青銅雕像

坐立在欄杆上，頭頂上高掛著枝型吊燈，整個屋內形成了西洋式的華麗氛圍。

我們走入兩樓的大廳，散立四周。巴拉瑞特市政府對重走淘金路活動的隊伍表示了熱烈歡迎，市長發表了熱情洋溢地講話。南澳羅布市長，亞拉臘市長也趕來這裡，周邊城鎮的市長議員等紛紛前來向重走淘金路的隊伍致敬。中國駐墨爾本總領事趙建先生也光臨此會，致辭演講，CCCAV（澳華社區議會）的陳東軍女士也再次發表演講。

歡迎儀式結束，大家在大廳內享用各種美味的點心。我們從早晨的自助餐開始，半路上的紅燒肉烤鴨，現在的西式小點心，一個上午已經吃了好幾次，但徒步隊員的胃口還是這樣好，我瞧見一張張嘴都不肯停歇，又吃又喝。

一路走來，大家每天就是走路吃飯睡覺，其它什麼也不想，生活變得如此單純，皮膚曬黑了，四肢強壯了，腦袋也簡單了，胃口卻越來越大。假如我們一路走下去，也許會變得越來越像先輩們的身影，只是他們除了一路行走，吃喝睡覺，整天腦子裡還有一個閃閃發光的東西——金子。我們腦袋裡沒有金子，但吃得比他們好。

當晚，我們又踏入巴拉瑞特的一家頗有規模的華人餐館，六菜一湯，哇，總算吃到了正規的中國餐。今天吃的全是美味佳肴。

明天，我們將從巴拉瑞特去往本迪戈（Bendigo）

（八）黃金博物館

從巴拉瑞特去往本迪戈有兩個起點，為什麼這樣說呢？因為一次是坐車前往，另一次是步行。在這裡就分開敘述。

1

下午，我們從巴拉瑞特前往大金山本迪戈。這段路程不包括在這次步行計劃之內，所以是坐車過去的，其距離有120公里左右，如果步行，大概還需要三四天時間。據領隊的恰爾斯‧張說，幾個月以後再組織一次從巴拉瑞特到本迪戈的徒步活動。

車行半途，駕駛員安吉爾停車，招呼大家下車，他是我們隊伍中年紀最大的徒步者兼駕駛員，原來他在此地還有一檔節目。車停高處，可以一覽四處的景觀。而安吉爾爺爺的爺爺，也就是他的華裔高祖父溫培天娶英國姑娘瑪麗‧雷爾頓為妻的故事就在這兒附近發生，故事詳情已經在前面敘述。這個故事不但表現出華人的聰明勤勞，反映了當年某些白人家庭打破種族偏見和華人的聯姻的勇氣，也體現出在這塊新大陸的土地上，來自全世界的移民如何在不太長的歷史中互動融合和良性發展那一方面，對於今天各個國家和民族間的友好相待，仍然具有積極健康的進步意義。

遠處有幾個高大的土堆，這些土堆都是當年挖礦或淘金的礦渣堆起的。安吉爾告訴我們，那時候，有些華人動腦筋想辦法，不怕吃苦，在已被挖過的礦渣中再淘洗一遍，他們的方法很巧妙，因為不是在河邊淘金，就用管道把水從河裡引到這些礦渣邊，然後再進行淘洗，既省力又方便。儘管有些白人鄙視華人，稱他們為「淘廢渣的人」，但也不得不承認華人的吃苦耐勞的精神，眼巴巴地瞧著華人們從廢渣裡又淘洗出不少金子。

那些高大的礦渣堆如同小山般地靜悄悄地盤踞在曠野之中，疾風從它們身邊掠過，仿佛帶來了淘金時代的回聲。

2

從巴拉瑞特行走去本迪戈為期四天，路途大約是120公里左右。第二天在巴拉瑞特疏芬山金礦遺址公園門口的黃金博物館為起點。

疏芬山是一座建於19世紀的金礦遺址，占地25公頃，它生動地再現了始於1851年巴拉瑞特地區幾十年的輝煌淘金史。而在金礦遺址對面是一座頗有現代風格的建築──黃金博物館。

因為時間還早，大家步入博物館參觀。這時候外面的一輛長青旅行社的大巴士已經帶來了不少華人遊客。

老宋曾經擔任過墨爾本地區的旅遊車司機和導遊，他對疏芬山金礦景點非常熟悉，博物館內正好發揮專長，口若懸河，給我們團隊和遊客們做起義務導遊。他的講解生動有趣，指著牆上的圖畫和一些照片說，「瞧，相片裡的那些地貌，都是容易發現金子的地形，大家看清楚，記住了。」於是就有人用手機和相機紛紛把這些照片翻拍下來，好像真的要去尋找那些黃金地段，將來準備大動干戈。

說起干戈，博物館裡也擺設著一種尋找金子的探察器，和電影裡日本鬼子找地雷的玩意差不多，一根長柄下面是一個環形的金屬圈。

有人就問「探察器有沒有買，要花多少錢？」

老宋說：「你到巴拉瑞特市出售礦產工具的專賣店裡可以買到探察器，不貴，才七十多元錢，還必須向政府申請一個採金子的執照，一年二十幾元錢，兩項相加一百元錢，你就可以在維多利亞省的任何公共場所找金子，找到金子就是你的。前些年發現那塊狗頭金的時候，那種金屬探察器銷售一空，我想搞一把也沒

有搞到。」

有人再問：「前幾年，這裡還有金子嗎？」

老宋答：「據新聞報道，2005年，一位淘金愛好者用簡易的金屬探測器，在巴拉瑞地區非常意外的找到了一塊重達4.4公斤大的大金塊，就是玻璃罩裡面的這塊金塊。這個消息又一次引起了不少人的熱情。早幾年，有些科學家根據地形地貌的研究，預言那裡仍然應該還有黃金。如今真的發現了，政府派地質隊對那個地區重新仔細地勘探。三年後，在疏芬山金礦不遠的山嶺背後，找到了一座儲藏量非常大的金礦。這些金子埋藏在幾百公尺的地下，不怎麼好挖。據報道，如果按目前的開採黃金的技術和速度，要七十年才能全部采完。而那位幸運者就是用這種探察器從地面找到這塊金子的。根據金價和分量，那塊天然金塊賣了三十四萬澳幣。而他提供的這條線索，維多利亞州政府又獎勵了他一筆比那塊黃金還高的獎金。」

「發財了，發財了。」更有人摩拳擦掌，眼睛發亮。肯定已經有人在心裡盤算著什麼。

3

這個步行團隊可以說和黃金博物館有緣，女步行隊員張雨虹當年在中國是一位青少年跑步冠軍，如今人到中年，居住在澳大利亞的巴拉瑞特市，現在她就在這個博物館的金貨櫃台上擔任一名售貨員，也就是說，是賣金子的。

金子當然不是她的，是老板的。老板給她發工資，沒有給她發金子。不過她白天在這裡瞧著金子金器金磚金砂，眼花繚亂，深夜也能在夢裡過把金癮，這個職業挺不錯的。從青少年運動員到中年步行者，這一年齡段，也可以說是人生旅途中的黃金生

涯。如今她在黃金商店站櫃台，名副其實。

迎面櫃台的玻璃罩裡面，一大塊黃澄澄的不規則的金塊，牆上的許多玻璃罩裡也擺放著大大小小的各種金塊。這無論如何都能刺激起凡夫俗子心底裡的貪婪的「一閃念」，這種念頭大概會被心理醫生叫做「潛意識」。於是就有心懷叵測者有意無意地向克裡斯蒂娜·張打聽金子展覽和擺放的細節，還有人問：「這麼多的金塊，是真的還是假的？這麼大的金塊能值多少錢？」

張女士告訴大家說，那些玻璃櫃子展覽的天然金塊，金粒金砂，有真的，也有假的。就看那一位的眼力了。

那些遊客目不轉睛，死死盯著金塊。也有人嚷道，不要大白天做黃金夢了，癡心妄想，現在是二十一世紀，數一數牆角屋頂有幾個探頭，想學美國大片裡勾當，沒門。

如果說，今天眼前的金子有真有假，那麼在一百六十年前的這片土地上，突然間，在人們眼前閃現出的金色卻不是幻覺。其中的幾張圖片告訴了人們這種現實，一張圖片是金子掛在樹上。這是因為樹木成長的時候，從小到大，把地下的金子頂上來了，樹長高後，金子就掛在樹上了。另外一張圖片是，早期來的白種女人沒有地方洗澡，就躲藏在隱蔽的小河裡洗澡，沒有想到一拉褲腿，就把河裡的金子拉起來了。那時候，真是黃金滿地。

一位華人遊客咬牙切齒地說：「媽勒個逼，這裡的黃金太多了，我要挖一把。」

博物館裡還出售一種小瓶子，瓶子裡的水中能瞧見一丁點金亮的東西，水和瓶子都有放大作用，這就是今天人們能夠碰到金子的概率。

4

在金礦博物館廣場前有一尊塑像，雕塑人物為礦石般的顏色，這也許反映出這位人士的性格特征，他坐在紀念碑的石頭台基上。他的尊姓大名叫亨利·博勞特（Sir Henry Bolte GCMG 1908-1990）。

亨利·博勞特先生可能是出生於巴拉瑞特地區最為著名的人物。然而又是一位非常生動有趣的舊時代的人物。他畢業於當地學校。打過雜工，也是一個聰明手巧的獵兔人，還擔任過傳教士的後備隊員。在1934年的時候他和一位叫伊蒂斯的女士結婚，然後在靠近Meredith地區買下了地產和農場。

在二戰的時候，他參軍進入皇家海軍兵的政治部門，這讓他走上了從政的道路，1947年他成功地在漢普登地區獲得議員的席位，1953年他成為維多利亞地區的自由黨領袖，1955年被選為總理。在澳大利亞社會的工業發展和繁榮時期，在那些國家領導者中間，亨利·博勞特先生以直率的風格而著名。他的名言是：「我不可能總是成功，但我總是保持著堅定。」

在他逝世後，一位著名人士Peter Blazey在紀念碑上如此寫道：「亨利·博勞特先生可能是澳大利亞最後一位好人和流氓，運動員，畢生的賭徒，舊式的掌控舵把的吸煙者。在電視機還沒有出現的年代，誰又能告訴你，他看見的那些人們是誰呢？堅韌不屈，如同泥土那樣的質樸，幽默而又有價值觀。——在寧靜的春天，寫下了我的這些見解。」

在這段文字中，讓我看到了從這塊土地上成長起來的一個歷史人物，他有血有肉，頗具澳大利亞的鄉土風格，也許這也是淘金地區形成的一種奇異的傳統，而他卻當選為總理。

從巴拉瑞特去本迪戈，第二次出征

　　巴拉瑞特社區和金礦公園地區的幾位官員來到，我們步行團隊集合在博物館門前的廣場上，聆聽他們的講演，然後大家合照留念，這就是我們今天的出發儀式。

　　四天只能算是短途步行，參加步行的人員多了一些，巴村又來了幾位男女隊員。本迪戈來的張力一路開車過來，沒有想到一大早在半道上就撞到了袋鼠，袋鼠生死不明，幸好人沒事，車有一點損壞，已送去車行修理。這也成了今天出發前的一件新聞。

　　哦，在這片出產袋鼠和黃金的土地上，總是會給人們帶來各種各樣的戲劇因素，從總理到袋鼠。

二十七，金礦重鎮卡士域（CRESWICK）

　　從二十七「金礦重鎮卡士域（CRESWICK）」至二十八「斯麥屯（SMEATON）和紐斯坦特鎮（NEWSTEAD）」為插敘部分，是第二次從巴拉瑞特徒步走往本迪戈的紀實。然後在二十九「大金山本迪戈」再續回第一次的重走淘金路的篇章中。

（一）卡士域博物館和老廠房

1

　　隊伍走出巴拉瑞特市區，進入郊野，廣闊天地的布景又展現在大家的眼前。其實，人們肉眼所能看到的只是視覺印象，地面上的植物動物，和天地間構成的賞心悅目的自然景觀，而在我們腳步踩過的土地底下面，蘊藏著的是肉眼所不能看透的內容和色彩。

　　走過一座橋，前面的橫嶺被道路貫穿，在修建這條公路的時候，一段山嶺被鑿開了，而在鑿開的高坡的橫斷面，展現在人們眼前的，就猶如讓我們腳下土石層中間的內容。黃色的泥土中嵌刻著一層層的物體，有斑斑發白，猶如大理石片，有青白相間的長條石塊，也有的形成規則的條紋，還有點點滴滴的晶體般的石頭。恰爾斯・張告訴大家，當年，挖金者就是根據這些地貌特征，去尋找附近地區的金脈。我又想到金礦博物館的圖片中的解說，兩者相映成趣。

2

　第一站，我們到達了卡士域（CRESWICK），根據英譯的含義是「手抄繪畫紙」，名副其實，它是淘金路途中的一個漂亮城鎮，城鎮的街道猶如一幅展開的素描。

　卡士域博物館坐落在鎮中心的主要街道上，也能算是一幢宏偉的建築，但只不過是一幢二層的古典樓房，右端還有一個高起的鐘樓。整個建築具有維多利亞時代的風格，造型古樸端莊，其本身就像在敘述一段歷史。大約在1876年的時候，它是當地的圖書館，也是這裡最早的市政廳。卡士域在當時是一個具有獨立自治權的市鎮，從淘金時代起一直到1934年前，它管轄著附近的許多城鎮。再以前，這個建築裡還有一個紳士俱樂部，牆上保留著一個煙鬥的標記，表明只容許男士進入。

　此事此刻，我們團隊的女士們雄赳赳氣昂昂地踏入博物館裡，迂迴的的樓梯也是建築內的一大特色，她們又抬頭挺胸上樓，腳下的樓梯吱吱作響。在漫長的歷史長河中，重男輕女具有國際氛圍的，當年澳大利亞的婦女也是沒有選舉權和被選舉權的。如今，她們揚眉吐氣，男士們被她們扔在身後。

　主要展廳在二樓，一個寬闊的房間裡展示出當年的會議廳，長桌兩旁是豪華的皮椅，可能是議員們的專座，牆上掛滿了幾位已故紳士的老照片，其中兩座雕像是這個博物館的創始人。

　另外幾間屋內展現出各種實物和模型，有水桶和井架，一個木箱內放著整套的銅制量器，有那個年代礦工穿的服裝和使用的工具，有爐灶和發鏽的金屬水鍋，有鞋匠用的木楔，那個木刨讓我眼前一亮，和中國木工用木刨一模一樣，難道以前外國木匠和中國木匠使用的是同一種木工器具，不會這麼巧合吧？

朝前再走幾步，更加證實了我心裡的猜想，地下擺放著一個石磨，百分之一百是中國古老的產品，下面的圓形底盤上有一道出口，上面是一塊厚重的圓形磨石，磨石上是一根已被手掌磨光滑的棕色木柄，底盤和磨石都是用整塊的石頭鑿刻出來的，這種石磨在中國也許有幾千年歷史。記得我年少的時候還推用過這種石磨，磨制米粉豆類等食品。邊上的圖片和文字，也說明是當年中國淘金者製作出來的古老式樣的東方磨制石器，用來碾磨糧食等物。

　　博物館的牆上還掛著幾幅華人黑白相片，也有華裔血統人士的老照片，從文字介紹中看到，這個地區也有幾位華人成為當地的成功人士。例如一張黑白大照片上，是一位身穿維多利亞時代時髦服飾的華裔女士，早年她嫁給一個有地位的英國紳士，跟隨丈夫去了英國。但她並不是靠在丈夫的金錢和社會地位上打發無聊的日子。她天生就有東方人的生意頭腦，結婚後經營起各種商業買賣，精明能幹，不久就掙到了許多錢。後來她的丈夫不幸過世，她又獲得了不少遺產。回到澳洲後，她成為當地的女富翁。

　　淘金時代，卡士域周圍由於金礦礦源豐富多產，成為淘金重鎮，迎來了世界各地成千上萬名淘金者，當然也湧來不少中國淘金者。在樓下展館裡，牆上掛著一幅用水粉畫描繪的卡士域唐人居住的街道，這幅畫是百年前一位華裔畫家留下的作品。這兒的展覽室裡保存著許多描繪淘金時代的素描，水粉畫和油畫等藝術品。

3

　　在淘金時代，卡士域出產了許多黃金，最高峰時期，每兩周就能向外運出兩千公斤，可見這裡的淘金規模和黃金儲量。

給我們團隊做介紹的是卡士域市鎮的前市長唐・哈德森先生（Don Henderson），他又帶領我們來到不遠處的一個老舊廠房，這裡曾經是澳洲政府第一個開辦的礦石粉碎機工廠，起因是當地出產巨量的含金礦石需要加工。荒廢的廠房裡，那台百年前從大不列顛運來的高大的五頭粉碎機依然坐落在那兒，就像端坐著一位不願退出歷史舞台的衰落的巨人。我的耳朵裡仿佛聽到了粉碎機震耳欲聾的嘯叫，又轉換成歷史老人輕聲地嘆息。

因為採金之地並不總是在靠近低窪或河水灘上，有的地方離開水源有數百米，甚至在上千米的山坡上，因此處理含金的礦石和金砂就必須花費許多人力物力。如果說當年白人礦工對待金礦石是採用機械加工的硬方法，而中國的採金工人則是使用巧妙的軟處理。

華人淘金者大部分來於中國南方的農村，南方河流眾多，水系發達。農民發明了腳踏水車，通過竹管和木槽，將河水引入遠處的農田。沒有想到，這種引水灌田的方法在澳大利亞的淘金地也用上了，將水管一段段地接到挖金處，用於淘洗金砂和礦石。以後他們又把引上來的水，賣給了白人淘金者，掙到了不少錢。再以後白人礦工也學會這種方法，製作出更好的引水管道。前市長對此評價道：「這是華人淘金者對於當地淘金業的一個重大貢獻，也可以這樣說，在當年這是一項中國人帶來的聰明方法和先進技術。」

聽說還有從山上引水的方法。華人農民在山上發現了一個大水塘，接著砌成水渠，從山上一圈圈地盤旋而下，然後把引下山的山水賣給白人。中國人的勤勞聰明也獲得了不少白人的讚賞。

（二）公共墓區和礦工紀念碑

1

我們來到卡士域墓場。墓場是死亡的象徵，但並非黑暗一片，在千萬塊墓碑下面似乎有一股兒潛流，那是從人間流入到泥土下面的暗河，舊日的人文景觀依然流淌在那條歷史歲月河流裡。今天這個墓場裡陽光明媚，在墓碑的每一個鏡頭裡，都濃縮和隱藏著一段故事。

這個墓場非常大，也頗有特色，成千上萬名安息者根據他們的宗教信仰和民族等情況，分別埋葬在不同區域內，例如基督教中的天主教徒和新教徒就分別安眠在各自的墓區，甚至各個教派都占據著一定區域。他們的墓碑上有的豎著十字架，高大華麗，有的墓碑上雕刻著花紋，精美如畫，墓碑四周圍著鐵欄，頗具貴族氣派，每一個傳統型的墳墓都占據著一大塊土地。另一面還有整排整排的現代化墳墓，墓碑都是採用標準化的式樣，平等如一。也許他們死前各有千秋，社會地位和經濟狀況也有所差異，然而在故世後，在上帝面前，他們就像普通人一樣住入一排平房裡。

而我們的目標是另一個更為簡陋平淡的墓區，成片的綠草地，一些墓碑稀稀落落排在草地周圍。首先映入眼簾的是一塊刻寫著中文字體的大石碑：「開華埠，先僑前赴後繼創基業；育棟梁，晚生後繼建家園。維省卡士域華族先僑紀念碑」落款是——新金山學校全體師生，樂善坊全體同仁，維省華族先僑陵園基金會。「卡士域」是本地老僑人們留下的「CRESWICK」的音譯。以前華人埋葬的墳墓都是散居在各處，後來政府把這些墳墓

歸集到了一個墓區，2010年的時候正式成為一個華人墓區。

另有一塊成色較新的黑色的大理石墓碑，上面刻寫著「卡士域墳場華人先僑芳名，從一八五五年至一九二三年」。上面收集的華人逝者的姓名有二百多個，可見建碑者也花費了許多功夫。當地過世的華人遠不止這些，淘金年代這兒有數千華人，以後流散四方。在那些年頭，許多淘金者因為辛勞和疾病，過早地被死神抓去了性命，據統計，華人淘金者的平均年齡只活到三四十歲，大部分華人死後都被草草掩埋，然後立一塊粗糙簡陋的石碑。

邊上就有數塊簡陋的石碑，舉一為例，「開邑，陳遠鄧公墳墓，塘邊村人氏，光緒十八年八月初六日」……，這還算是一個保存完好的墓碑，許多華人的墓碑上早已看不清字跡，更多的華人墓碑消散在荒山野嶺裡已找不見蹤影。

從華人墳頭上墓碑和西人墓區相比較，也大致上反映出那些年代中大部分華人在這塊土地上的低端貧困的生活，和他們低下的社會經濟地位。

2

在墓區的主干道上有一座紀念碑，這座紀念碑並不高大，上面是一個方尖塔，下面是端莊的底座，於1909年10月3日建成，為了紀念淘金時代卡士域地區發生的一起重大的礦難事故。

前市長唐・哈德森先生曾經擔任過工會領導人，他從這座紀念碑又講到了澳洲工人運動。早年，此地一個剪洋毛的青年工人為了維護自己權益開始，在剪羊毛工人中間組織和發展起澳大利亞的第一個工會組織——剪羊毛工會，以後在這裡的淘金工人中間，也組織起金礦工人工會。

一盤散沙的工人們組織起來，成為有力量的團體，從此對澳

大利亞工人運動產生了巨大影響。大家知道今天澳洲工會在各行各業各領風騷，勢力強大，其發端就可以找到維多利亞州的卡士域地區。

哈德森先生又告訴我們，這兒的淘金地區當年也出了一位名人，他就是彼特・勞拉。彼特・勞拉以前也是一名普通人，後來因為領導尤瑞卡暴動，名噪一時。起義被官府鎮壓後，他的左手傷殘，出逃在外，後來又鼓起勇氣投案，他的大無畏的精神在民眾間紛紛傳誦。

最終，維州法庭宣判他無罪，更使得他名聲大振。由此他投入政界，成為維多利亞州的地區議員，同時他也開始投資金礦業，經商頗為成功，在附近的克拉內斯（CLUNES）地區的握有大量金礦股份。

不久以後，當地金礦工人發生了罷工。他似乎和尤瑞卡起義中的角色進行了轉換，作為股東之一的勞拉當然站在了資方的立場上。他和他們那些雇主把以前的礦工兄弟現在的搗亂分子統統開除出礦。

沒有工人，誰來挖礦呢，難道身穿西裝領帶的老板自己下礦，難道他們不想掙大錢了？非也。勞拉是一位在工人運動中闖蕩出來的政治家，又是一個有心機有預謀的商人，他騎馬來到巴拉瑞特，找到一位中國的華工代理商。據說這個華人是當時最大的包工頭，手下有三百多名中國礦工和少量其它族裔的礦工。

交易談成後，中國礦工坐著馬車出發，去往克拉內斯礦區。中國礦工吃苦耐勞名聲在外，工錢低，好管理，又聽話，其實很多華工根本就聽不懂英語，只知道埋頭幹活。有時候他們在某些白人眼裡，只是一群骯髒的，只會幹活，不會享受生活的亞洲動物。

大批華工從巴拉瑞特坐著馬拉驛車過來。這個消息傳到了正在鬧罷工的白人礦工的耳朵裡，他們可不像華人那樣是逆來順受的羔羊，怒火中燒。

　　白人礦工在半道上堵住華人乘坐的馬車，掀翻了那些車輛，用石塊襲擊華工。華人礦工也進行了自衛反擊，互有受傷。最後華工被迫繞遠道去了那兒的金礦區。這一事件被當時的報刊渲染為發生在澳大利亞最大規模的華人礦工暴動事件，這就是著名的「卡士域華工暴動」。

　　其實把這起事件歸結為華工暴動，完全是牛頭不對馬嘴。這次事件的真相是白人礦工為了自己利益，反對礦主的伎倆，然後襲擊阻攔華人礦工，雙方發生了激烈的衝突。也許說白人礦工暴動還能算對上號，但這和以前發生的著名的「尤瑞卡暴動」，情況也大有不同。

　　用現在的話說，就是「話語權」，一批腦袋後面掛著長辮，嘴上說不了幾句英語的華工，怎麼可能在當時的社會層面和西人報刊上有話語權呢？由此只能以訛傳訛，於是乎，成為「最大的華工暴動事件」。

　　由此我們可以看到，在不算太長的淘金時代，各種各樣的矛盾和利益是糾結在一起的，有皇家政府和民眾之間矛盾，有窮人和礦主的階級之間矛盾，也有各個民族之間利益不均的矛盾，多種矛盾交叉在一起，因果關係錯綜複雜，就像一段難以理清的亂麻。更有人類本能的動機，人性的弱點和缺陷，還有各種利益的交換，等等不可言明的晦暗之處。

　　如同這起「卡士域華工暴動事件」和大名鼎鼎的「尤瑞卡暴動」都有種種因素，雖然白人礦工們為了捍衛自己的利益，反對皇家政府，反對盤剝他們利益的資方老板，進行了反抗，但在反

抗過程中，同樣是為了自己利益，去迫害非我族類的勞動者，去襲擊社會地位更低的中國礦工，以後又以集體的力量逼迫政府制訂了歧視華人的法規。

在地理位置上可以看到，卡士域離巴拉瑞特很近，幾乎挨著巴市，甚至可以說是巴拉瑞特地區的一個部分，所以這兒有大批礦工也趕去參加了轟動一時的尤瑞卡大暴動。同時，從這一系列事件中也表明，卡士域金礦的礦工們反抗精神很強，具有反抗暴政和反對剝削壓迫的歷史傳統。

（三）綠湖公園和土著人的權利

1

我們徒步來到一個漂亮的公園，這個公園是由三塊交接的湖水拼起的，湖水倒映著藍天白雲和周圍綠色的叢林。

一眼望去，好像是上帝拼起的天然湖泊。其實不然，但又不能說是人工造湖。當初這裡也是一片林木地帶，但和別處不同的是在這片林木和荒草下面的地表層裡發現了大量黃金，由淺至深，發掘容易，於是這裡就成為大批礦工來臨的發掘場地。數年後，這裡終於被挖出三個寬闊的大坑。其中當然也有許多華人礦工的業績。

當金砂基本挖完後，豐富的地下水和附件的溪流，還有長年累月天上掉下來的雨水，就把三個大洞勾畫成美麗的翡翠般的湖泊，後來政府在周圍添加了一些設施，金礦的遺址自然而然地轉換成為一個秀麗的公園，這應該說是礦工和上帝共同創造的綠湖公園。

在兩塊湖水相接之處，點綴著一座華人風格的小橋。從1850

年到1890年間，湖那邊的地域是一千多名中國採金工人的營地，當年搭建著許多帳篷和簡陋的房舍。如今物是人非，那些房舍和人跡早已隨風消逝，綠草茵茵，林木叢叢，這裡又恢復成大自然的本來面目。

淘金時代結束，華工有的回國，也有奔赴澳洲各地，但也有不少華人仍然生活在附近地區，有人還回國接來了家眷，他們以種菜等業為生。

湖這邊的山上還有不少散落的華人墳地，大都是1851年至1856年間淘金高峰期下葬的，由此可以推測，有不少華工來到金礦地不久，就因為沉重的勞動，營養不良和疾病等等原因，被奪取了年輕寶貴的生命，這是淘金時代華工苦難歲月的見證。以後又因為在這邊山林裡發現了金脈，後來的淘金者們就把大部分華人墳地整理掉了。據記載，在1923年，這裡埋葬了最後一名淘金的華工。

2

據地質學家考察，卡士域地區的黃金一半埋在地表層面上，容易發掘，而另一半，則深埋在700多英尺下面，難以發掘。為什麼會發生這樣的情況呢？

這是因為在遙遠的地質年代裡，地殼運動，把地下深處的溶液翻到表層，於是就把含有黃金物質的沙礫和岩石送到上面。誰知道在某一天，這裡迎來了天外來客，一塊隕石從天而降，轟隆一聲砸到地面上，恰好砸在那塊黃金地段，不是全砸了，而是砸到了一半，由此造成了如此的金礦布局。

如今表層的金礦基本已經挖盡淘完，但另一半被砸入底下深處的黃金，雖然已被挖出了許多，仍有不少金子睡躺在地下深

處，但是喚醒和發掘那些金子，需要大量的成本投入。

天時地理造就了如此境況，除了地殼運動和天外來客，四周圍繞的山嶺，不少山脈都是當年的火山。這個地區最後的一座火山還沒有完全進入睡眠期，山頂不時冒出煙霧。人們經過考查，發現不是森林火災，而是山洞和岩石縫隙間飄出來的灰煙，而且有時候山內還會發出冬冬作響的聲音。當地的土著人說那是天神在山肚子裡敲鼓，這座山是他們崇拜的聖山。

因為山頂上風很大，可以用於風力發電。當地有關部門對於能否在山上開發風電資源進行了多次商討，但是土著人提出了反對意見。作為市長的哈德森先生也和土著人站在一起，他不是為了反對風力發電，而是為了尊重「聖山」，尊重土著人的權益，因為他們是這裡最早的居民。

這位儒雅的前政府官員，看上去年齡並不老，一頭白髮好像是天生的，鷹鉤形的鼻子上架著眼鏡，在他的敘述中讓人感到了一種現代文明的胸懷。

3

此外在金礦周圍的還發現了世界上最早的石英岩層，石英岩也是一種具有經濟價值的礦產。附近的一條大河邊上，還能見到許多巨大的石英岩石。以前這兒的石英岩的主要用途是製作活石粉，後來人們發現吸入這些石頭，粉塵會造成多種疾病，就停止了大量生產。

但這裡優質的石英岩仍然是製造照相機鏡頭需要的材料，現在仍然出口到德國日本意大利和中國等國家。

最重要的是，這裡挖金礦者的人們根據以往的經驗，發現某些石英的結晶體老是伴隨在金礦礦脈周圍，一旦發現那些石英晶

體，人們就會跟隨著石英晶體的蹤跡朝前尋找，也許此地離發財致富的金色礦脈已經不遠了。

（四）夜宿卡士域火車站

1

今夜我們就住宿在卡士域火車站裡。

在鐵道兩邊是新舊對峙的兩個火車站。如今鄉際列車使用的是對面的新火車站，而今晚我們入住的是這個老車站。

剛踏進車站的站台，先聞到一股烤肉的香味。走過一個庫房的門口，瞧見裡面的工作人員已經在給我們準備晚餐。除了一般的烤肉腸等，還用新鮮的五花肉進行燒烤。

在我們華人看來製作五花肉的最好方法應該是紅燒肉（在巴拉瑞特的行走途中，小紅送來的就是一大鍋色香味全的紅燒肉）。大概西人們也知道華人喜歡吃五花肉，但不知道華人如何製作，想當然也就是燒烤。沒有想到的是，晚餐上吃到這種烤制的五花肉，焦香可口，別有一番風味。

2

車站大廳成為一個展覽室，今晚又兼做餐廳，四周牆上還掛著不少老舊的圖片和畫畫，原來這裡還是一個展示當地社區藝術文化的沙龍。

晚餐後，在一個大電視的屏幕上播放了當地以往歷史文化的許多老相片，有當年華人坐馬車來到此地的畫面，也有一百多年前這裡城鎮街道的場景。哈德森先生和社區工作人員給我們做了精彩的講解，又敘述了如今城鎮的經濟發展狀況，並期望有志者

來此地投資開發。

這個展覽室還是步行團隊今晚就寢的地方，桌椅收集到一邊，木頭地板上騰出一片地方。波羅斯的拖車拉來了許多床墊，這次徒步說好要自帶睡袋，今晚就開始用上了。

女士們大概沒有想到條件如此簡陋，不過有些心理準備，也就嘻嘻哈哈地打起地鋪。但是這裡沒有盥洗房間，出門在外也不用太講究了。

男士們的住處要繞一大圈到對面的新火車站後面，因為此地離巴拉瑞特不遠，幾位巴村的步行者都坐車趕回家去睡覺。在老火車站的工場間的樓上，我們幾個男士找到一個小房間。這樣就不用繞道去對面就寢了。

樓下放著各種老式的木器鐵製品和工具等等，有點像好萊塢電影裡的布景房。原來這裡還是以前的一個作坊，踏進屋子就像走進上個世紀，我似乎感覺到在那些陳舊的工具物品的後面躲藏著一些堅硬的鬼怪和幽靈。

踏著嘰嘰作響的木梯上樓，空曠的二樓老屋裡有著一股兒說不清道不明的氣氛。當我鑽入睡袋時，腦海裡跳過一個個念頭，「今夜這裡會不會發生一些匪夷所思的事情？」老車站老是讓人期待著什麼。

當我似睡非睡的時候，只聽見一聲轟鳴，房屋搖動，應該有大事發生了吧，我從地鋪上驀然坐起，然後聽清有車輪滾動的聲音，這是最後一班列車經過此地。其實這個地方，一天也沒有幾班列車路過。

樓上沒有廁所，半夜解手要下樓走過那個鬼怪作坊，還要在燈光昏暗的站台上繞道到後面的廁所裡去。男女廁所雖然隔著一層牆，但還是聽到隔壁傳來各種奇怪的聲音。

一夜平安。早晨陽光燦爛，聽到第一班火車來臨。出發前，
我們用手機照下了老車站的印象。

二十八，斯麥屯鎮（SMEATON）、 紐斯坦特鎮（NEWSTEA）、 瑪丹內鎮（MAIDON）

1

第二天，步行團隊行走了二十多公里，在這次從巴拉瑞特到本迪戈的行程中，一路走一路看，參觀了不少鄉村古跡。

路途中又看見了不少死袋鼠，幾百公尺的路段瞧見了好幾頭被車撞死的袋鼠，還有其它動物的屍體，大概又是一個袋鼠出沒的地區。

在路邊拐彎處，大家圍著一個磚頭砌起的地堡似的物體，搞不清楚這是什麼設施。有人說是這是供給牛羊飲水的蓄水池子，但和華人挖的水井不一樣，上面是封閉型的，留有一個小小的洞口，這樣能夠很好地蓄水，但不知道如何取水？牛羊肯定無法把腦袋鑽進去，也許可以用水管伸進裡面汲水。在路途中，確實還有不少看不懂的東西，或者說是未解的謎團。

例如在一大片森林邊上能看見一條筆直的林中道路，看不明白的是在道路口上，都用圍欄鎖住路口，上面還加了兩把大鎖。後來聽了恰爾斯‧張的解釋，才搞明白。圍欄上的那兩把鎖，要有消防隊和警察一起來到的時候才能打開，裡面那條寬闊的路是森林中的防火道，為了森林安全，不容許其它車輛進入。真是長知識了。

2

　　突然前面的大道上出現了一片建築，猶如平地而起的一個個巨大的圓筒，還有其它房屋建築，原來這裡是一個規模很大的穀物的加工廠。為什麼這裡的原野中會出現這麼一個加工廠呢？農人們知道，所謂穀物加工，就是碾谷磨粉等。那麼這兒應該是糧食和飼料的產地。

　　也許這也可以從這兒的地質狀況說起。後來在聽取社區人員講解時，他風趣地說：有人認為斯麥屯（SMEATON）曾經是地球的中心，這裡到處是熱帶雨林，一片蔥蔥郁郁的綠色，景色美麗而又壯觀。

　　數百萬年前的地殼運動，把地球深處的物質翻到地面，因此造成了這兒的土石層下面含有許多金礦礦脈，這是上帝贈予人類的財富。但後來周圍一場火山爆發，岩漿從高處流下來掩蓋大批地區，而這些岩漿卻像一層厚厚的毛毯，把含金的地面掩蓋了。上帝在有意和無意之間又給人們增加了尋找金礦和挖取金子的難度。

　　最後，那些洶湧奔騰的火山岩漿越流越慢，終於在流到卡士域那兒的地面停住了，所以我們昨天徒步經過的卡士域地區仍然可以從地層表面輕易挖到金砂，而今天到達的斯麥屯地區，需要深挖地表，只有穿過那層火山岩漿形成的厚毯，才能找到下面的金脈。

　　但是斯麥屯地區的地貌也有著另一個優點，同樣是上帝的給予的財富，其寶貴的價值可以說是不亞於黃金。那些岩漿冷卻後固化成青色的岩石，而那些鋪天蓋地的火山粉末掉下大地卻成

為巧克力色的土壤，這些土壤裡含有天然的具有大量礦物質的肥料，而且在那些火山岩層下面又保留著豐富的地下水源。

所以這裡的土地和山脈中植被茂盛。以前的土著只是采集現成的野果子食用。而當現代文明的人類足跡踏上這兒，這裡肥沃的土地就被改造成為一片麥糧種植地區，和天然的畜牧場所。

3

那片綠色的草坪上有一座涼亭，涼亭裡有一座高大雕像，雕像上滴落著不少白色的鳥糞，因為涼亭裡的樑上築有鳥窩，平時這兒人煙稀少，可見這位著名人士每天都和飛鳥作陪。

今天我們重走淘金路的步行者來到這裡，看著被風吹雨打的涼亭和雕像，也可以感受到歷史的滄桑，雖然淘金時代距今一百五六十年，而澳大利亞的開發建設，加起來才只有二百多年。

走出涼亭，徒步隊伍又來到一片雜草叢生的荒野之處，前面的那條彎曲河道裡，河水狹窄的幾乎成為一條溪流。當年，我們所站之處應該是寬闊的水面，只要抬起頭來，就能仰望那座十幾米高的拱形大石橋。據說這座橋是澳大利亞最大的石拱橋，在橋基的石頭上，仍然能夠看到多年以前水漫高處的黑色痕跡。

這座拱形的石橋有點像中國的石橋，此地有人傳說，當時建橋，也有中國的能工巧匠參加，但已無法考證。橋下有兩塊刻字的石碑，牌上字跡被風雨吹打的看不清楚一個字母。四面展望，只見河床和岩壁斜坡上到處長滿了樹木和荒草。由此可以推測，多年以前這條河裡綠水蕩漾，流量豐富。

4

從這裡繞了一圈，我們瞧見了一百多年前所建的穀物加工廠的舊址，舊址雖然不如新廠。但也頗具規模，是一長排四層樓高的綜色磚塊建起的樓房，在那個年代也許是百萬富翁的投資氣派。廠房裡面是加工穀物的大磨坊和機器設備等，因為舊址不對外開放，所以我們也不能進去觀看。但站在這個高大的廠房之外，也可以遙想當年加工糧食時機器轟隆隆的聲音。

廠房側面有一條從高坡處引來的水道，十幾米高，騰空被高抬在鐵木架上，從廠房可以一直延伸到我們剛才所見的河道上。這不由讓我產生了一個聯想，這個巨大的引水管道肯定由機器操作的，但其引水原理，和更早時期中國礦工所建的引水渠道，異曲同工，兩者之間又有著什麼關係呢？

在穀物加工廠的圍牆前面有著一大片廣場，1862年起，這裡就形成了當地最具規模的集市貿易場所，各路商販紛紛來此，周圍地區的顧客來到此地，是購物也是玩耍。這兒的集市開張時，經常有數千人之多，各種各樣的商品應有盡有，生意人叫賣吆喝，農人和礦工們粗大的嗓門，此起彼伏，可見當年這裡欣欣向榮的場景。

而最大的生意還是穀物，四處遠近收獲的麥子都運到這裡進行加工，牛馬車隊在工廠門口排起長隊。在1865年到1874年，磨粉成為這個地區最主要的業務。這個集市貿易繁榮了一百多年，隨著澳大利亞社會經濟狀況的變化，這兒最終也成為了昨日黃花，市場於1959年關閉。

不遠處有豎立著一塊石頭紀念碑，從1838年──1938年，

紀念這個地區開發一百周年。1838年早於淘金時代，這兒的土地就獲得了開發。有一位從蘇格蘭來的赫伯恩先生，在1838年起就在這裡經營農業，他曾經承租了三萬三千英畝土地，是這裡最大的農場主。不少蘇格蘭移民都在這裡開辦農場，他們種植小麥燕麥土豆，小麥製作麵粉，燕麥是啤酒的原料，麥草能夠養馬和養殖奶牛，牛奶製作奶酪等。這裡還有大片坡地和草場可以放牛牧羊。這片土地上興起的規模化的農業活動如同金子一樣，為當地社會帶來了巨大的財富。

5

早在1851年，這裡也發現了金礦，麥糧種植和採金業成為這兒的兩大經濟支柱。而這兩個行業都需要許多人力資源。

這裡的金礦大多深埋在岩層下面，要一直深挖到幾百英尺下面的古河床上，才能發現大量黃金。這樣的開採需要投入大量的人力物力，礦工們的工作非常艱苦。由於深入地下，豐富的地下水源也會對礦井造成危險。

據資料記載，當地開掘出許多礦洞，每個小礦都有三四百名挖金的礦工，斯麥屯附件的金礦區域大約有兩萬多名礦工，而華工就有數千人，可見華工的比例之高。歐洲來的礦工雖然人高馬大，一般工資較高，有時候還會酗酒鬧事，而華工工資低，吃苦耐勞，老實本分，因此礦主四處招收華工。

華工們工作勤奮，經常是一群人擠在帳篷和低矮的木屋裡，他們自己煮飯，有的爐灶就是地下挖一個火坑，上面放上鐵鍋，下面燃燒樹枝，因陋就簡，但他們喜歡吃煮熟的食品，也有很多製作和醃製食品的方法，這表現出他們悠久的文明，有的華人礦

工還會在住處附近開闢菜地種菜。也有一些華工在晚上去附近農莊偷雞蛋，大概是為了彌補營養的不足，因為牛羊肉都比較昂貴。

淘金高潮過後，部分華工掙到錢後，也在周圍買下土地，開闢菜園，讓附近地區的居民都吃到了新鮮的蔬菜。也有華人利用這裡肥沃的水草，搞起了養牛業等。同樣，華工們也受到了這裡的農場主的歡迎，因為那些華工以前就是莊稼人，種田都是一把好手。他們知道在莊稼生長中如何避免病蟲害，還發明了採用肥皂水殺蟲的方法。因此在這裡，許多淘金的華工在金礦式微後，都轉變成農場工人，直到以後機械化時代的到來，農場主大量的使用農業機械，華工們才逐漸離開了斯麥屯地區。

早在淘金者紛紛湧來之時，一位有眼光又有經濟能力的華人就在荒蕪的半道上造起簡易的房屋，建起第一個華人驛站，為奔波來往的車馬和旅人解決吃喝住宿。特別是剛到此地的華工，他們成群結隊的奔走在這條途中，在荒郊野嶺中飢渴難熬，突然眼前出現了這個房舍，而且是華人開辦的旅店，可以想像他們聽到鄉音時激動的心情。

6

當我們徒步團隊來到宿營地，也和當年的旅人一樣，停歇腳步，放鬆心情，暢快地吐一口氣，喝上幾口水。和他們不同的是，我們心裡沒有對於金子的渴望和夢想，身上沒有背負沉重的行李，路途中更沒有他們所遭遇的苦難。

今天的宿營地太寬敞了，大得有點離譜，是在斯麥屯保齡球俱樂部的一個室內籃球場裡。這個大房間裡也許可以排放幾百個地鋪，睡上一支軍隊。現在的狀況是，用大塊的塑料布作為屏

風，那邊上百平方米的空間住女士，這邊幾百平方的空間住男士，這也太擴張了吧。

兩邊可以聽見說話聲音，但相隔數十公尺也聽不清楚在嘀咕什麼。由於房間實在太空曠，還沒有入夜，就能感到寒氣嗖嗖。牆邊有兩台暖氣機，一台已壞，另一台可以吹出一些暖氣，對於這個巨大的房間，只能是杯水車薪。由此引發了當夜男女授受不清的事件。

晚餐後，跟隨我們一路的哈德森先生從這個社區裡請來幾位專家給我們講述斯麥屯地區的人文歷史和地理狀況，講得生動有趣。講完後，領隊的恰爾斯・張代表步行團隊給他們每一位贈送了一瓶紅酒。

這些葡萄酒都是由汪海波捐獻給這次步行活動的。汪海波上次和我們一起走完淘金路的全程，回去後就展開商務活動，他說幹就幹，和羅布地區最大的酒莊──木浸酒莊（Woodsoak wine）共同推出了「羅布之路」的葡萄酒品牌系列，而那個地區被認為是石灰岩海岸，庫納瓦拉和羅布是澳大利亞最好的葡萄酒種類──赤霞珠・色拉子・梅洛的產區。

他推出「羅布之路」的品牌，也就是為了紀念160年前先輩華人走過的淘金之路，命名為華人淘金路系列，商標和文字都表現出這個特色，其中的一款紅酒是這樣介紹的：2015年灰岩海岸設拉子散發著黑色漿果的果香伴隨著一絲黑胡椒和香辛料的香氣，巧克力橡木的輪廓與柔軟順滑的丹寧完美平衡。非常適合搭配多種菜肴。即可享用或繼續窖藏5-10年。他還購買了一輛可供六個人睡覺的房車，作為來往葡萄酒莊的車輛，這次出借給步行團隊，作為支援用車。因為他的英文名字叫麥克・汪，大家現在叫他「麥總」，就是老闆和總經理的意思。這次巴拉瑞特去本迪

戈的四天行走，他參加頭尾兩天活動，還帶著孩子和父母，讓家人也來感受重走淘金路的氣氛。

7

步行了兩天，離開巴拉瑞特五六十公里，車輛也就是一個小時的路程，「巴村」的幾位仍然跟隨「村長」恰爾斯・張回去過夜。

年輕人張力問恰爾斯・張，是否能夠來餐廳裡睡覺，因為餐廳屋子不高，房間也沒有室內籃球場那樣誇張，地上還鋪有地毯，夜裡睡覺肯定能比那兒暖和許多。恰爾斯・張一口答應。於是我們幾位男人就把把地鋪和睡袋挪到餐廳裡。

沒有想到一會兒，一群女士嘻嘻哈哈地也拖著床墊和睡袋來到餐廳，大大咧咧地把床墊朝男士們的床墊邊上一扔，是要霸占還是共享這塊地盤也不講清楚，有時候女士們就是比男人們勇敢。如果夜裡電燈一滅，男女共居一屋，或者半夜發生一點什麼事情，誰對誰錯就更講不清楚了。

古語說，男不和女鬥，為了保持名節，我們幾位男士只能撤離這個溫暖的餐廳。後來此事被查清楚了，在恰爾斯・張要回巴村前一刻，有一位女士也如此問他，是否可以去餐廳睡覺？他也一口答應。

歷史的經驗充分證明，領導的一句話往往會造成了混亂不堪的場面。後來領導還說是給你們創造機會。居心不良，這算什麼機會？也有人說，在中國北方的大炕上，家裡人口多，男人睡這邊，女人睡那邊，也不算違規。我們這個步行團隊，算不算一家子呢？

當晚，張力就睡在球場內那個暖氣片前面，睡前把球場的各扇門窗關得嚴嚴實實。我和老宋睡在俱樂部進門的過道屋內，從落地玻璃窗可以看到外面昏暗的景色。

睡前，老宋興致大發，說今天是他的生日，又要喝酒。其實他在吃晚飯時，已經在桌子底下倒過兩杯，拿到桌面上，裝著喝飲料。當夜，我們幾位喝掉了麥總捐獻的兩瓶淘金路品牌的紅酒。然後鑽入睡袋，進入夢鄉，夢中還在一路向前。

8

今天是步行第三天，徒步團隊裡的老隊員在行走中，根據習慣，無形之間腳步會越走越快，對於他們來說，三天才剛剛開始。新隊員明顯地跟不上了，臉膛發紅，腳步放慢，露出疲勞的神態，隊伍拖得太長，不少人不得不坐上路邊的支援車輛，坐一段再下車走一段。也有的新隊員堅持不上車，咬咬牙，趕上隊伍。其實那些老隊員們在上次二十天步行的時間裡，也是咬咬牙挺過來的。

路邊一棵一棵樹木的距離，也就是你的腳步丈量的距離，當你走過了成千上萬棵樹，你就完成了步行的距離。

不遠處有一棵造型奇特的大樹，盤根錯節，樹下端似乎受過創傷，一半的樹皮已經脫離，露出斑斑傷痕，需要幾個人才能合抱住這棵大樹；上端的樹桿和虯枝糾纏著在一起，許多些樹枝已經枯萎，但有的枯枝上卻發出了新芽綠葉，讓人讚嘆生命是如此的頑強。一路上看到不少奇特的樹木，荒草野嶺中的許多樹木都是自生自長自滅，有的會長成奇怪的形狀，有的死而不僵，如同大自然的木雕。有時候一棵高大的樹木倒下，恰好架在一條小河

上，就變成了一座木橋。我不禁在心裡問道，在自然的背後，是否有著一只大手操縱描繪著？

這裡的區域到處都被稱為Golden Way（黃金地段），當年可是名副其實的「黃金地段」，和今天大城市裡所說的房價奇貴的黃金地段沒有任何關係，也許恰恰相反，真正含有黃金的地段都是荒郊野嶺。

然後人們像蝗蟲一樣蜂擁而至，慢慢造成了人們居住的城鎮。這裡的一個城鎮名叫「NEWSTEAD」（意譯為──新的替代和用處），就好像有人們改變這裡的自然形態的那層意思。從老圖片中看到了所謂的「黃金時代和黃金地段」，當年這裡水草豐美，一條大河──路德河圍繞著礦脈，如今河道難見蹤影。

1853年的時候，已經有人在這裡建造了NEWSTEAD旅館。當然這裡也是以淘挖金子為起點，迎接四方來客。另一張老照片上反映出1909年的時候，這裡已經是一個頗具規模的大城鎮，一場大水淹沒了整條大街，但兩旁的樹木和建築還井然有序，鎮上建起了另一家更具規模的「皇冠旅館」，這家旅館至今還在營業。

我們步行來到鎮上，瞧見了不少老建築，其中有一幢1868年的房子被整修一新，紅牆綠門和拱形的窗戶，上面刻著機器協會的字樣。邊上的社區中心也同樣是一排老屋。

傳奇老人馬略也一路跟隨我們來到這兒，他坐在老屋前面的長椅上唱起以往年代的歌謠，那條大黃狗維索也跟著汪汪地吠叫，大概這是它的歌聲，然後撲在主人的身上。

今天的午餐別有風味，是附近地區的一家中餐館製作好，開車送來的，不但有米粉盒飯，還有一種夾肉的烙餅，出奇的好吃，有人說，從來沒有吃過這樣美味的烙餅，我也吃了兩個，外加一盒咖喱米面。

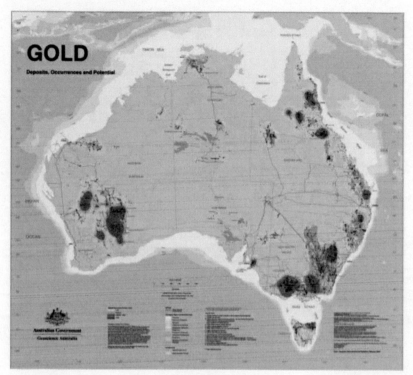

澳洲大地的黃金地域分佈

9

　　下午到達另一個城鎮瑪丹內（MAIDON），傍晚時參觀了這裡一個最大的私人收藏的機器博物館。

　　博物館設在一個舊廠房裡，裡面保存著19世紀到20世紀的上百台老機器，各種各樣機械裝置，從簡單到複雜的動力系統可以反映出時代的進步和發展。牛車馬車到古董汽車到現代車輛，從手推車到拖拉機，大大小小，琳琅滿目。

有些機械今天看來非常誇張，但確實是當年澳洲工業發展的真面目。這些收藏雖然都是笨重的「破銅爛鐵」，但意義非凡，收藏者肯定不會發財，而且可以說是一件花了大錢而自找麻煩的苦事。老板說，他還收藏著數萬份機器圖紙。

　　我想這些收藏是一筆不可估量的財富，同時表現出收藏者尊重歷史濃重情懷。雖然澳洲歷史不算漫長，但澳大利亞人執著的懷舊意識，可能來自於他們歐洲祖先。當歷史的步伐越走越快的現代，人們必須靜下心來，看看自己走過的足跡。這和我們重走淘金路，也許有著異曲同工的心路歷程。

　　機器博物館的主人非常好客，在他們的餐廳裡招待了我們的晚餐。

　　今夜入住的是一個培訓交通人員的招待所，房屋大門口還有交通燈。終於在第三天晚上踏進了有床鋪有浴室的正規住房。我和老宋，還有巴村的兩位男士住一屋。當晚，睡了一個好覺。

二十九，大金山──本迪戈（Bendigo）

（一）市景素描

1

我們雄赳赳氣昂昂地踏進本迪戈市區。前面是一個別有風格的藝術高架，上面掛著許多表現本迪戈特色的圖案標誌，下面的一塊白色長牌上寫著「本迪戈歡迎所有的來客」。

大家向市中心走去，一路上那些歐洲古典式樣的建築紛紛映入我們眼簾，原來本迪戈是一座如此美麗安逸的城市。

作為淘金時代的遺產，本迪戈有許多裝飾華麗的、維多利亞式殖民時期晚期的建築，也被人們俗稱為「哥特式」建築。它們為本迪戈提供了建築特色，其中比較重要的有本迪戈市政大廈、郵局、法院等。這些建築均是法蘭西第二帝國的風格，一直受到市政府妥善的保護。

本迪戈的聖心大教堂是澳大利亞第三大的大教堂，是一座砂岩建築，其主樓於1896年至1908年建成，鐘樓分別於1954年和1977年完工。其它重要的經典建築物也是澳大利亞最好的經典商業建築，其中包括殖民銀行大廈和前石匠大廳，以及本迪戈法庭大廈等。

市區到處可見「淘金熱」興盛時期建造起來的普通民居，這些房屋裝飾華麗，牆上門楣有各式花紋，走廊過道鑲有精致的鐵

花邊等等。

　　在這些漂亮的建築周圍，圍繞著綠色的草坪和寬闊的街道，街道上一家家風格別致的露天咖啡館，人們享受著美味的咖啡和溫暖的陽光。馬路邊那些燈柱也是古式古香的風情，想必在夜晚曖昧的燈光下，能帶來更多的懷舊浪漫之幽趣。

　　開闊的馬路中間是一個高聳的噴水園塔，塔身圍繞著一圈大理石人物雕像，水珠在雕像們的面前散落，下面是水池和花壇，再放眼望過去，那兒還屹立著一座石頭紀念碑。

　　讓人感到疑惑的是，那條馬路的路面上還鋪設著路軌，不一會兒，「叮當」一聲，暗紅色的有軌電車幽靈般地出現了，車內的司機均穿古代服裝，車廂內貼滿褪色的淘金時代廣告，讓人們以為它是從上個世紀以至於上上個世紀的時光隧道緩緩行駛而來的，老舊的詩意依然飄逸在本迪戈的街道上。

　　過去的本迪戈有軌電車車庫和發電廠今天是本迪戈有軌電車博物館。以前總是以為這種老電車，大概只有墨爾本的市中心才能見到。沒有想到這個淘金城裡也執著地保留著這份歷史情愫。

　　本迪戈著名的羅沙林公園位於市中心旁，它是一個維多利亞式的公園，內有雕塑和一座花崗岩的高架水橋。公園的主入口就是那兩條有軌電車路線的交叉口。這裡有一座巨大的維多利亞女王塑像和一座亞歷山大噴水池。它位於高架水橋的寬廣的橋上。公園最後沿山坡不斷升高，在山上有一座過去的學校和一座過去礦井的入口。

（二）本迪戈（Bendigo）的由來和黃金

1

本迪戈是位於澳大利亞維多利亞州中部的一座城鎮，距墨爾本市西北128公里。目前約為8.6萬人左右，為維多利亞州繼墨爾本、基隆和巴拉瑞特後的第四大城市。本迪戈市轄境達3000平方公里，其中還包括許多小鎮，其總人口近10萬左右。

這個地區原名為桑德赫斯特（Sandhurst意為沙丘），本迪戈克裡克（Bendigo's Creek）這個名字來源於一名暱稱為本迪戈的當地的一名職員，而他的暱稱則來自於一名著名英國拳擊手威廉·本迪戈·湯普森。此地從1851年始有人居住，1855年被提升為村，1863年升為鎮，1871年成為城市。當時城市的正式名稱是桑德赫斯特，這個名稱是以英國的一座同名城市命名的。1891年改名為本迪戈。

2

1851年，淘金者在此也發現了金礦，國內外淘金者蜂擁而來，使該地成為維多利亞大金礦的中心城鎮。

19世紀中期和晚期，由於淘金熱使本迪戈人口成長迅速，尤其是許多華人來到這裡，他們稱本迪戈為「大金山」，卻沒有將這個美名贈給巴拉瑞特和亞拉臘。可能是這裡的金礦都蘊藏在一座座較大的山裡，而且本迪戈出產的黃金的總量還大於其它兩地。

相對來說，本迪戈的金礦數量並不多，但礦洞很深，金脈在山中一路延伸至地下，開採的歷史也較長，而且較多的是組織化規模化的淘金挖礦。

在淘金潮的頭十年，本迪戈河谷裡開採了120多噸黃金。占當時世界採金產量的五分之一，可見那個年代本迪戈地區的淘金規模。直到1954年，它結束了長達103年的金礦城的歷史。據說，本迪戈金礦一年最多開採過12萬兩黃金。

時光流逝，現在雖然金盡礦廢，但昔日遺跡猶在，淘金餘風尚存。城鎮四周遍地可見長方形和圓形的淘金坑，當年居民多把房屋建在坡上，以期流水沖刷帶下的金砂流淌到屋邊，就如同在家門口撿取天上掉下來的餡餅。

3

此地也曾經發生過淘金工人反抗殖民地政府的舉動。1853年政府發布金礦法令修訂條例，容許警察對於牌照搜查可以在任何時間進行。這進一步激怒了礦工。反採礦權牌照聯盟於1853年在本迪戈鎮成立，礦工們已經走到了與政府武裝衝突的邊緣。然後在1854年，本迪戈鎮的礦工組織威脅武裝起義，以回應政府每星期兩次加密查牌的行動。最後在政府的妥協中，這裡沒有爆發起像巴拉瑞特尤瑞卡的起義事件。但礦工們仍然是尤瑞卡暴動的熱情聲援者。

做為淘金城的本迪戈已經走入歷史，但在現代社會中，本迪戈的淘金業並沒有停止，在1980年代以前，本迪戈地區是澳大利亞產金量最高的地區，總共出產了2000多萬盎司（622噸）黃金。1980年代後，西澳大利亞州的金礦產量超越了本迪戈。本迪戈的金礦中依然有大量黃金，估計至少還有與已發掘出來同樣的數量。但是由於當地的礦井非常深，到達了地下水的深度，因此採礦量開始降低。但是通過使用先進的技術，礦坑開採又重新開始。本迪戈也可以說是開採黃金年數最長的城市。

4

中央德伯勒金礦（Central Deborah Gold Mine）是20世紀淘金熱時期留下的一個礦洞。由於時間太緊，我們沒有去參觀，這兒只能根據有關資料介紹一下。

德伯勒金礦中心是本迪戈眾多金礦中開採到最後的幾個礦山中的一個，這個金礦一直堅持開採到1954年。市政府於1970年收購了金礦廢墟，將其恢復到淘金熱時代的模樣，成為德伯勒金礦中心遺址展覽館，也由此成了一個熱門的旅遊景點。

遊客可參觀地面的金礦和地下礦井。礦井深70多米，共分22層，每一礦層有2-3米高，陳列著1851年開採時的實物，礦井附近為黑暗的鐵匠間和工場間。在礦井下面甚至可以步入深達228米的地下礦場，探索一個真正的地下隧道，切身感受當年採礦工人的生活。這是一個參與性強，充滿知識性和探索性的體驗型景點。

金礦附近保留著淘金時代中國人採金的圓口井和他們居住的幾間土房，屋內有中國北方農村的土炕和鍋灶。當時淘金者中有數千名華工，他們中許多人作為殖民者的「契約工」被販賣到此，大多在白人摒棄的廢礦裡淘金，備受折磨，死亡甚多。在本迪戈公墓裡，埋葬著許多這類華工的遺骨。1854年，忍無可忍的華工在這裡進行了反抗，成為澳大利亞歷史上最大規模的華人反抗運動。

5

淘金熱過去後，本迪戈逐漸發展出了一些生產製造工業。如今，大部分廠礦工業已經不存在了，但是市內依然有一個生產火

車車廂和汽車部件的工廠以及一座橡膠廠等。

　　在本迪戈開荒過的土地上有牛羊等畜牧業。此外還有一些大的養豬場。沿河流和溪流有一些比較肥沃的地方，這裡種植小麥和其它作物（比如油菜）。當地也出產上好的葡萄酒，品種包括色拉子等，由此促進了葡萄酒工業在當地的發展。

　　本迪戈周邊地區是非常粗糙的岩石地區，當地只有灌木生長。這些叢林被用來采木和養蜂。有人建議使用這些叢林開發生態旅遊，但是一般認為可行性不大，因為這兒氣候乾燥，缺乏雨水，周圍地區經常出現龍捲風，冬季寒冷。

　　由於當地的水儲存量已經降低到了歷史最低紀錄，本迪戈政府提出了澳大利亞最嚴厲的水使用限制，在戶外不許用水。因此維多利亞州決定建造一條連接本迪戈和巴拉瑞特的輸水管。看來當年的兩個淘金重鎮，如今又要用一條水脈聯繫在一起。

（三）金龍博物館

1

　　更為古老的場景隨著鑼鼓齊鳴出現在我們眼前，那就是中國式的舞獅場面，除了那個大鼓是紅色的，其它都是黑色的動態，敲鑼打鼓的隊員們身穿黑色的服裝，還有那兩只黑中嵌綠的獅子，那獅子隨著鑼鼓聲聲跳躍出各種各樣的動作，高難度的是一只獅子站立在另一只獅子的身上，他們是一批高鼻梁金頭發的青年男女，表演水准似乎一點也不亞於華人的舞獅隊。在羅布我們也看到過這樣的西人舞獅隊伍，看來這個古老的中國式的娛樂傳統，已被白人傳承。後來才知道，在支舞獅隊伍中間，好幾位年輕人的祖輩也是華裔人士，因此在他們的身上也流淌著幾多華

本迪戈的舞獅團隊

裔的血液，我們跟隨著舞獅隊伍，從市政大廈一路走向金龍博物館。博物館坐落在本迪戈市布雷澤街（Bridge Street，又稱為橋街）5號。為澳洲歷史上著名的華人淘金舊址之一。

　　該館由華人捐資55萬澳元，維多利亞州政府撥款270萬澳元於1985年建成。館長是本迪戈華人社團中華會會長雷揚名（英文名Russell Jack），他是最早來到澳洲的廣東台山人的後裔，也是建造這做博物館的發起者和組織者。

　　在博物館門口，徒步隊伍靜默數分鐘，表達對華人祖先的敬意。金龍博物館最著名的當然還是那條龍，中華民族把自己稱為「龍的傳人」。這條龍據說來自廣東佛山、已有近五十年的歷史，色彩斑斕，用綢布製成，長達超過100米，可謂一條巨龍，被安放在正廳高台上，環繞半個大廳，配以「大金山」、「中華會」的黃色燈籠，顯得金碧輝煌。為此，博物館將自身的一部分建成圓筒型，就是為了能收藏這條巨龍。

在本迪戈節假日或重大場合，這條長龍就會被人們抬到街上，1000人的舞龍隊伍（500上場，500替換），在遊行隊伍裡龍飛鳳舞，猶如在大地上游動，氣勢蔚為壯觀。

2

1866年本迪戈地區的居民首次發起節日慶祝活動，在活動中為養老院和醫院等籌募基金。

而在1871年的復活節，華人社區也開始參加此項慶祝活動，許多華人身穿中國五顏六色的彩衣，手舉大小不同的旗幟，他們從當時最大的華人居住區鐵樹皮營（IRONBARK CAMP）出發，走向復活節舉行的地點CAMP RERVE（今天的ROSALIND PARK）。

在1879的時候，華人的遊行隊伍有一英裡長，有一千多名成人和孩子參加，他們身穿精致的傳統的古裝，烘托出華人的別具一格的風采。一路上，他們還將家庭製作的美味食品贈送給路人，同時在簡易的舞台上表演三天華人的地方戲劇。

復活節星期一大遊行對華人來說也是重要的，他們把三英鎊錢捐給了醫院，於是獲得了在遊行活動中首先出發的榮譽位置，而在以前形成的傳統中，華人遊行隊伍雖然色彩靚麗，他們通常被排在最後一位。看來捐款是很重要的，那個時候三英鎊不是一筆小錢。

華人們為了繼續給慈善機構籌款，也為了擴大影響，他們認為應該展示出華夏文化宏大的一面。於是在周圍地區的華人中間派捐，獲得了750英鎊，那可是一筆巨款。他們用這筆錢從中國訂購了100箱東方華麗的盛裝，那條巨大的金龍也跨海來到澳大利亞。金龍和五彩繽紛的華人傳統服裝在以後的遊行中引起了轟

動效應，吸引了大眾的眼球，擴大了華人在當地的影響，也得到了更多的捐款，捐獻給地方的慈善業，同樣也贏得得了眾多居民的贊賞。

1892年舞龍第一次出現，三十公尺的長龍被認為皇家巨龍，以禮物形式，由中國的廣東FAT SHUM（可能是廣東番順地區）贈送給澳洲大金山地區的華人。由此遊行和舞龍成為當地復活節活動的主要節目。這些活動也等於幫助了本迪戈地區各個族裔的居民，他們相互間結成更為密切的社區，因為所有的居民都可以參與舞龍的行列，而不僅僅是華人。

一個中國元素的文化標籤，也就這樣自然而然地走進本迪戈的主流文化圈裡。在今天的舞龍活動中，人們經常可以看到，大部分舞龍者都是高鼻子藍眼睛的西人。

關於龍他們是這樣解釋的，龍是一種神秘的動物，也是中國帝皇權力的象徵，又是國運昌盛的的標誌，龍的形像通常用在皇室威權的旗幟上。普通的龍有四爪，有時候皇帝之龍會有五爪，根據傳說，龍是水裡和河邊的兩棲動物，身上圍繞著的鱗片，是從月亮上掉下來的珍珠寶貝。

在大金山地區的傳說中，龍是食草性動物，性情溫和，喜歡雨和水。龍是由九種其它動物的特征組成，駱駝的頭，鹿角，兔眼，牛耳，蛇頸，蛙腹，鯉魚鱗，鷹爪，虎掌。柚樹是龍的生命之樹，在大金山每年復活節慶祝活動之前，華人先以柚葉浸泡過的水灑澆龍身，再把柚樹枝放在龍的口裡，一直到舞龍的開始。

華夏祖先從幻覺中創作出來的龍和澳洲大地上實實在在的柚樹結合在一起，不僅僅是表現出前輩華人的豐富想像力，更為重要的表達出他們在這塊土地上的生存和適應。

大金山華人社區保存這條巨龍多年，1969年，從中國又送來一條更長的一百多米的新龍，為此還新建了金龍博物館。除了這兩條龍之外，當地還有其它不少小龍，但現在已經不在復活節遊行中出現。

3

　　金龍博物館展示著從「淘金熱」時代至以後的華人的生活實況及歷史，全館陳列共分4部分，包括早期華人採金史；華人珍藏的古董文物和手工藝品；早期華人社團「中會公所」專室及中華民國時期的展品，其中「洪門二十一例」和民國初年的「獎捐執照」均為罕見的文物珍品。以澳洲華人歷史為陳列主題的金龍博物館在澳洲頗具影響，曾榮獲澳大利亞1992年和1993年州際展覽和重要旅遊項目獎。

　　這裡收集有許多珍貴的中國家具、裝飾品以及一些刺繡的錦旗和衣服等，還有不少當地華人後裔捐贈的中國物品，收藏家擺放在那裡的藏品，中國的傳統色彩濃重。

　　徒步隊員在會議室內聆聽了職員的講解，然後我們漫步在展覽廳裡抬頭仰視環繞整個房舍的金龍，參觀一個個單元的展品，讓大家仿佛走進了華人在澳大利亞濃縮的歷史中。

　　中華公所內的一張張老照片及文字敘述的是幾戶華人家族的歷史，有的家族可以追溯到清皇朝的頂戴花翎的官宦身份，而他們的子孫在澳大利亞卻變成了穿西裝的一代，那些老舊的用品似乎在展示著他們每天過日子的生活細節。

　　那些展品中有不少珍貴文物，有老華人從中國帶來的金元寶銀錠和一串串銅錢，還有滿清時期和民國時期的老紙幣和當票等，也有早年澳洲使用的大不列顛的銀幣和銅幣。有象徵地位高

貴的青銅色的中國式的古獸，有鎏金雕刻的馬車，那道紅木中間
嵌有金色圖案的屏風和前面擺放的太師椅，一看就知道價值不
菲，是富貴人家的身份表達。幾個風格不同的轎子表現出華人特
有的生活方式，還有各種漂亮的瓷器，高大的花瓶等等。另有錦
緞綢衣，色彩斑斕的龍頭和戲劇中的道具和人物造型。太多的展
品讓人目不暇接。

（四）奔迪戈的華人淘金歷史

1

　　本迪戈的金礦開發較早，早在1853年之前，已有華人在這兒
的金礦區工作，但人數很少。白人和華人相安無事。

　　三年以後，澳洲發現大面積的金礦，華人也蜂擁而至，在維
多利亞地區，據統計在1858年時，華人已高達三萬三千六百人之
多。而在本迪戈的大金山地區華人也達三千七百五十人。

　　大部分華人抵達維州後，相互團結，自給自足，他們攜帶有
身份文件，通常以家鄉地區人員作為交際對像，聚集在鄉黨團體
周圍，再又各團體的管工以這兒的方式，指定給你挖礦的地區，
並根據同宗和鄉音等條件，各自分配扎營地區。例如四邑與三邑
的方言不同，來人就分別住在不同的營區，此類營區有七處。華
人在他們的團體中間產生了嚴格的管理方式，其中也有致公堂這
樣的秘密幫會團體在其中運作，管工能以這種方式有效地控制著
華人礦工的活動。

　　大批華人來到本迪戈地區時，大金山地面開採的衝擊式金礦
已經趨於沒落，而正式的深挖洞中的石英礦業尚未大規模開始，
白人僅同意華工以淘洗的方法在已經挖掘的區域尋找黃金。雖然

如此，華人依然在挖出的砂石中細細地淘出不少金沙，有人因此而致富。

　　但這種淘金方法也有副作用，大量地採用河水進行洗淘，會產生許多淤泥，污染乾淨的溪流，破壞附件城鎮的水源。因此當地政府對每部淘金機器課以十二磅的重稅，用以建築渠道，消除淤泥和維護原有的設備。這對華人淘金工來說，又等於加重了經濟負擔。因為華人已交了四磅居留稅，十磅的入境稅，尚有其它負擔，如礦工稅等等。

　　1856年12月，華人多次集會達成協議，共有五千一百六十八人簽名請願，要求廢除居留稅。政府在這一壓力下，於1862年廢止居留稅。但在新的一波華人湧現時，1880年代起又恢復徵收居留稅。

2

　　由於大批的華工湧入本迪戈地區，引起當地居民日益不安，引發了歐洲裔人士的反感和仇視，並開始和華人發生衝突。當大約四千名華人抵達此地後，造成了尋金方面的尖銳矛盾。

　　此外，華人的外貌文化習俗與宗教信仰的不同，也引起了不少白人的仇視，更成為他們在語言中辱罵和輕視的對像。還有，當時華人婦女來澳洲的很少，就在白人中間產生了對於華工道德問題的質疑，污蔑他們是性錯亂者。

　　華人頭上留有長辮，衣食習慣，和有些工作方式，都成為當地報紙劇院譏諷侮辱的題材，華人走在街頭，有時候也會遭到白人酒鬼的辱罵和毆打。那個年代，對於華人的歧視，是整個社會性的現象。

　　事實上，大多數華人自律，勤快，勤儉節約，保持著家鄉的

傳統生活方式，活動區域也限於幾個華人營區之內，不願意惹是生非。若有違反社會習俗的行為，大多按營規處分，如果發生了刑事案件，才去警方報案。

1860年後，淘金業日益趨向沒落，華人收入銳減。不少華人離開了金礦區，前往他處謀生。也有不少人回中國，有一些在澳洲掙到錢的華人回國後，又在國內攜帶妻子再次來到到澳洲，顯然，這些人已經習慣了澳洲生活，認為澳洲比國內更容易生活下去。也有少數華人娶白人女子為妻，在澳洲生兒育女，這樣的家庭裡，他們保留了一部分中國的傳統文化，也大量接受了新的西方宗教文化，成就了這裡的家業。但也有不少華人人因為沒有掙到什麼錢，歸國無望，以後獨身潦倒，無家可歸，在澳洲大地上到處飄零，像無處棲居的鳥，終其一生。

（五）早年，華人在本迪戈地區的生活場景

1

金龍博物館裡有一個單元特別傳神，全是一間間小屋，將當年的場景用實物和人物塑像展現出來，香港碼頭，平安堂藥房，天龍雜貨，楊明洗衣店等等。這都說明了當年在大金山地區華人開辦的店鋪。為什麼本迪戈地區能有這麼多的華人經營的小生意呢？

有一個說法是，當初巴拉瑞特和亞拉勒地區表層的衝擊式金礦越挖越少，那兩處地方的大批華人礦工又趕來本迪戈挖金，而本迪戈的地面砂金本來就不多，而在岩層和山肚子裡的金礦雖然挖掘了很長時期，以至於今天還在開採。但開採這樣的金礦需要很大的投入。

從它處來的部分華人礦工以前已經挖到了一些金子，掙了錢，他們到了本迪戈，發現挖金的機會越來越少，但瞧見這裡的城鎮已頗具規模，人口眾多。這些華工就用以前掙來的錢開創了許多小生意。有一些掙錢多的華人，買下了一些小金礦的開採權，自己既當老板又做工人，也雇傭了部分華工，繼續開挖。

這一切都和經濟基礎有關，華人有了錢，也會精打細算地做起生意。正因為如此，本迪戈的華人在這個城市一代代的經營發展，不但改善了自己的生活條件，也在社會層面產生了較大的影響，獲得當地居民的尊重。

3

在參觀中，我注意到兩個地點名詞：一個是鐵樹皮營區（IRONBARK CAMP），前面我們已經提到，這是華人最大一個居住營區。華人的居住營區，也是有當地白人政府強制劃定的，為了便於管理，還專門派有警察管治。另一個是橋街（BRIDGE STREET）。現在兩個地方都已舊貌換新顏，鐵樹皮營區早就不存在了，橋街還是原來的地名，但街道兩旁做了重大改建，不過華人新建的金龍博物館仍然和以前橋街的地段接壤。

當年橋街分為東西兩側，也就是是最早的唐人街，是華人的生活中心和購物場所。街上人流往來，熙熙攘攘，這裡有雜貨鋪，食品店，肉店，也有賭場和鴉片館，還有執業醫生的診所和草藥店。

在此列舉幾家橋街的商鋪。

詹姆士·蘭姆錫診所。蘭姆錫（Lame See）先生是一位著名的中醫師和藥劑師，也是一位受過華文教育的律師，他從1878年起就居住於本迪戈。他的診所位於保爾步行街到橋街的入口處，

他配製草藥，醫治病人，為大家服務，他的仁慈廣受人們的尊敬。

他還是一位具有影響力的華人富商，在復活節期間，他巧妙地製作出煙火，受到人們青睞。他在1912年過世，他的事業有另一位華人醫師阿興繼承。

歐何商店。何雷（Louey Hoy）先生早年來澳，他在大金山地區經營有方，將在橋街上租來的房屋和隔壁買來的另一間房屋，又在後面修建了儲藏室，三個房子合為一個頗具規模的大商店，出售日用雜貨，還經營進出口業務。他又幫助華人匯款回國，在那個年代，華人很少把掙來的金錢存於白人的銀行裡，而是通過何雷這樣的進出口商人，把錢帶回家鄉，當然這樣的華商，需要有極大的信譽保障。在1915年的時候，何雷又把兩個在中國長大的孩子，也辦理來到澳大利亞，幫助自己越做越大的生意。

鴉片屋（OPIUM SHOPS），在1900年以前，進口種植使用和銷售鴉片在維多利亞州是合法的，政府也可以在進口的鴉片中收取可觀的關稅。不少西人基督徒和華人都頻頻請願抗議，抵制鴉片買賣，但政府遲遲不願簽發禁令。在1882的商家名錄上，短短的橋街兩側，就有三位華人鴉片商，他們都有自己的華人客戶和英歐客戶。

範天賭屋（FAN YAN GAMBLING ROOMS）在橋街距離警察所僅有幾分鐘路程。有兩家白人開辦的合法賭場。而在本迪戈的每個華人營區內也有幾個秘密的賭博場所。

6

在博物館的幾幅老照片和數段文字中，介紹了一位名叫黃鴻彥的華人以及他在大金山地區成家立業的情況。

他出身於1846年，在結婚證上他寫著自己出生地為廣州，但他的家鄉似乎在廣州的鄰縣。大約在1862年的時候，他來到維多利亞州，其實那個時候，華人淘金的高峰期已過，他就在維州的敦夏利（Dunolly）地區，他舅舅的「新金源（店鋪兼旅館）」裡工作，顯然他舅舅是早期來的淘金者，掙到錢後就開起那家店鋪。

1875年的時候，黃鴻彥返回中國四年，據說在這段時期，他曾經和家鄉的一位女人結婚，但在他回到澳大利亞後，沒有攜帶那位妻子，也隱瞞了這段婚姻。

回來後，他投入了金礦開採，又和一位歐裔婦女伊麗莎白・彥Ah Young在塔納果勒（Tarnagulla）附近結婚，並且生了兩個兒子：威廉・亨利（生於1884年），艾薇・弗洛倫薩（生於1887年）。

黃鴻彥人很聰明，又有著廣泛的興趣，除了金礦開採，他還將自己的生意擴展到其它行業，成為了一家名叫「盡頭旅館」的老闆。黃鴻彥受到了當地社區民眾的愛戴，由於他的慷慨助人而聞名，在華人的節日中，他敞開大門招待別人，常常幫助老人和失業的人士。

黃鴻彥1919年心臟病突發而過世，當他在彌留之際還在籌劃回中國之旅。享年74歲。

他的妻子伊麗莎白・彥保持著「盡頭旅館」的生意，以後有他的女兒艾薇・伊麗莎白經營。艾薇・伊麗莎白是一位有天賦的業餘畫家，並且接管了家族的產業，1920年她嫁給了愛德華・克拉倫塞・斯卡福。

黃鴻彥的兒子威廉・亨利長大後去礦業學校深造，修習化學，日後成為了一名黃金化驗師。以後當地礦業不興，他又改換了機械工作。有一張照片中還反映出他是一位攝影愛好者。攝影在那個年代還是一個昂貴的愛好。

從老照片中看到，黃鴻彥的「盡頭旅館」原初為木頭結構，後來又改造為結實的磚石建築。有一幅黃鴻彥的肖像照，他身穿西裝領帶，頭戴禮帽，手握雨傘，腳踏皮鞋，一副實足的愛德華七世時代富商的派頭，20世紀早期之前，他已經是一位家業有成，受人尊重的成功人士。當然他的採礦業究竟挖到多少金子還是一個謎。

還有一張老照片是他的妻子伊麗莎白·彥和兒媳及孫輩，表現出黃家的三代女人。另有一張黃鴻彥和女兒艾薇·伊麗莎白的合照。

對於過去的老華人來說，黃鴻彥一家是非常幸運的，不僅僅是他當年的成功，而且至今保留著這些完整的家族史料。

（六）早年的華人社區

1

中國移民家鄉的社會制度，有家族血緣的族人和村莊裡的鄰居等形成了密切關係。他們來到澳大利亞維多利亞等地，在大金山及其它礦區，依然保持著家鄉地區這種組織形式，以便相互幫助。以家族團體和地方方言為準，聚集和居住在相同的營區。

例如來自台山的雷氏家族在鐵樹皮營區就是主要的居住者，在這個營區裡，雷氏家族的族人也是四邑（粵西的台山，開平，恩平，新會）同鄉公所的領導。這個家族一直延續到今天，在澳大利亞的華人社區裡頗有影響，例如本迪戈華人社團中華會會長雷揚名（英文名Russell Jack），他就是最早來到澳洲的廣東台山人的後裔，還有墨爾本的洪門民治黨的領導人雷謙光先生，在我

們這個步行團隊裡的支援者皮特‧雷，他的妻子歐陽女士，她的祖輩早年來澳時，也是雷姓。

2

當年，大金山地區的華人公所定期舉行會議，選舉社團領導人，並分配福利款項。這類公所是華人們在異國他鄉相互認同的權威機構，也是他們與中國老家聯繫的渠道。會員們都是自願入會，只需繳納數量微小的入會費用，大多數人入會是基於家鄉觀念和情結，可以在團體內獲得到幫助，也能得到一些實際利益。

當華工與白人發生糾紛時，能說會道的公所領袖也會擔任調解人。公所制訂了會員衣著和行為規範，會員受到囑咐應該遵守這些規定，不要去冒犯那些有敵意的歐裔人士。違規者會受到口頭警告和處分。

在1860年到1870年後的一些年代裡，華人營區已經顯得擁擠和繁忙。華人在傳統農曆新年及元宵節的時候，以美食燒香送禮演戲和放爆竹來慶祝節日。他們會設起帷幕，敬放神壇，供拜神仙和祭祀祖宗。在節日的文化娛樂活動中，他們組織起戲班和雜技表演活動。他們把中國人的過年過節的形式，整套地搬來這塊新大陸。

華人社區自給自足，營區內也整理有序，內部備有男人生活的必需品，只是缺乏女人，因為當時只有極少數幾位華人女士來澳。因此被歐裔人士指責為華人營區內不道德行為，他們還認為華人不清潔，不梳頭（因為大部分華人還留著長辮）。華人營區的四周有許多白人營區，他們就像一片孤島被包圍其中，因此也常常受到白人的欺負。

3

1880年是橋街已成為華人商業貿易中心，食品雜貨應有盡有，小商人提供一切生活用品。盡管這裡的華人商店及居所受到政府官員的評判，不整潔，過於擁擠。但華人營區主要是為了適應華人的生活習俗，滿足華人的生活需要，和歐裔人士沒有多大關係，因此那個年代始終保持著如此狀況。

1880年至1890年的年代，鴕鳥角營區（THE EMU POINT CAMP）發生了一場大火，使得營區的情況每況愈下，許多華人遷出營區。不少華人搬遷到鐵樹皮營區。這時候的鐵樹皮營區也已經破殘不堪，但還存在了多年，也庇護和居住著不少無家可歸的年老華人。

大金山華人中華公所創始於一百多年前，華人公所的精神傳統代代相傳，至今仍然是一個照顧華人社區利益的一個團體。Jan O'Hoy（1914-1980）先生為早期會長，曾榮獲大英帝國勳章B.E.M，他是雷氏家族的一員，一生大部分時間居住在橋街。James Pang是著名的中醫師，是第一任儲公堂會長。

澳裔華人由於不具備歐裔血統，以前被排斥在軍隊之外，但在第二次世界大戰時，本迪戈地區也有華人入伍參戰。

大部分華人在大金山地區的建築物等古跡都已消失，1964年政府拆除了橋街地區破舊的建築，儲公堂大樓在1975年被拆，唯有建於上個世紀的中華公所建築依然保留，被合並於新建的金龍博物館的建築範圍內。

4

博物館的一角有一張辦公桌，桌前是一尊孫中山先生的塑

像，孫中山雖然沒有來過澳大利亞，但和澳洲的墨爾本也有過一段特殊的關係。當年孫中山先生就任臨時大總統前後，澳大利亞僑胞在中國政治的大氣候籠罩下，儼然形成兩派。悉尼是保守舊派僑胞的中心，而宣傳孫中山先生共和思想的中心則在墨爾本。

1921年，中華民國誕生後，消息傳到澳大利亞，華僑載歌載舞，紛紛慶賀。他們體恤臨時大總統的困難，紛紛向孫中山先生伸出了援助之手。當時的「少年中國會」曾募集了1500多英磅彙往中國政府，孫中山先生收到這筆巨款非常感動，特頒「旌義狀」以資鼓勵。狀上寫道：

美利彬（墨爾本）少年中國會於中華民國開國之始，踊躍輸將。軍儲賴濟。特給予優等旌義狀。奕代後民永多厥義。此旌。

臨時大總統孫文

中華民國元年三月初一日

這段歷史見證了澳大利亞的華人祖先為中國社會進步所做出的一份貢獻。

5

一路走來，瞧見了不少博物館，就我所參觀的華人博物館來說，本人認為，金龍博物館的藏品是最豐富多彩的，超過了亞拉勒的金山博物館和墨爾本的澳華博物館。這個博物館是幾十年前當地華人集資籌建的，為的是凝聚華人的力量，同時也壯大華人在當地的聲勢，後來又獲得了當地政府的大力資助。本迪戈的人對華人還是非常友好的，因為有很多人是華人的後裔，雖然也有一些人抱著某些偏見，不喜歡這個博物館。

走出博物館，在邊上還有一個美麗的中國式花園，雕梁畫棟的房門建築，門口擺放著石獅，高掛著燈籠，踏入公園，能見

一道雙龍戲日的藍色照壁，然後是曲橋回廊，一汪綠湖映現在眼前，後方又是一個高大寬闊的青瓦彩檐紅柱的亭舍。當你坐停在石凳上，面對著前面蕩漾的綠波，靜下心來，讓人在觀看澳洲華人的歷史軌跡之後，回味一番祖先和我們這些後來者綿綿不斷的關係。

（七）大金山寺廟（本迪戈致公堂舊址）

1

走出金龍博物館，徒步隊伍又去往另一個和華人有密切關係的地方——大金山寺廟。

從對於這個寺廟的的名字考證中，發現它頗有一番趣味，大金山寺，本迪戈致公堂舊址，中國寺（CHINESEJOSS HOUSE），本迪戈神像寺廟（BENDIGO JOSS HOUSE TEMPLE）。

「大金山寺」很自然地讓華人祖先把本迪戈稱為「大金山」聯繫在一起。淘金時代的華人礦工通常都居住在一起，於是華人祭拜的神仙也就在這些群落中出現，有的在帳篷裡放一尊神像，有的在簡陋的房屋裡搞一個祭拜祖宗的牌位。隨著華人礦工越來越多，於是有人提出要建造一個屬於華人信仰的廟宇，在1856年人們開始建造，當然開始的時候建築是粗糙和簡陋的，可能只是一個小小的祭壇。以後由廣東籍華僑自行設計、自備建築材料於1860年正式建成了廟宇的正殿，偏殿於70至80年代陸續建成。

在1893年改建後，寺廟頗具規模，形態和功能都達到了正規廟宇的規格。寺廟門口的門楣上的三個大字「致公堂」，所以此

廟宇現在又被稱為本迪戈致公堂舊址。當年的英文報紙是如此報道的（Bendigo Advertiser報1893年3月20日）：「在全套華人禮儀的簇擁下，位於Ironbark Camp嶄新的寺廟正式啟用，成為本地華人社團的一件盛事。」澳洲最早的華人社團就是致公堂，而這個新建的寺廟就在那一年正式歸於致公堂管理和所有。

致公堂被西人認為性質類似與西方「共濟會」這樣的民間社團組織，帶有某種秘密幫會的色彩。事實也確實如此，洪門是舊中國的秘密幫會之一。一種說法為洪門是天地會（又稱三點會、三和會、紅幫、添弟會）。致公堂是洪門的一個海外分支機構，他們一致的對外稱曰「天地會」或「紅幫」，對內則稱洪門。「洪」是明太祖朱元璋洪武年號的「洪」。其目的是反清復明，特別強調會員對組織的效忠，尤以義氣為重。洪門主要在福建、廣東及長江流域一帶活動，隨著淘金熱，這些秘密會社組織逐漸蔓延至南洋及美國各地。可見早期澳大利亞華人社團致公堂也傳承了這層歷史淵源。

2

華人初到新大陸，立足未穩，澳洲的致公堂組織的主要任務就是團結和幫助那些新來的廣大華人兄弟。當年，本迪戈致公堂隸屬於悉尼致公堂分支。這座寺廟主要被用作華人聚會的場所，其功能初為華僑祭祀祖宗、懷念廣東天地會起義先賢和第一代淘金者同胞亡靈的祠堂，成為華人文化思想和宗教崇拜等精神支柱，並且在當年種族歧視激化期間，為維多利亞州的華人提供支持。

此外，這個寺廟也可以說是一個政治據點。在19世紀末年，孫中山在反清的國民革命中，對不少中國的民間社團進行了改革

和重組，同時也影響到了海外，而這座寺廟一直保持為孫中山的華人支持者在本迪戈的總部。由此我們可以聯想到大金山博物館內的孫中山塑像。

後來，隨著世事的來臨，這個寺廟也發生了幾多變化。早年華人寺廟是和華人居住的房舍和街道聯繫在一起的，旁邊還有許多商店等。而在1914年的舊照片中，周圍已經看不到其它建築。

1937年，寺廟被澳洲聯邦政府列為「不得繼續居住」的建築，從此停止使用。1942年聯邦政府收購了寺廟所在的地區，使其成為本迪戈軍火工廠和機場的一個部分。看來是和當時的第二次世界大戰發生了關係。

到了1949年，廟宇建築遭到了不斷地破壞，門口雜草叢生，一幢孤零零的破敗不堪的紅房子如同一個行將就木的老朽。

3

中國寺（Chinese Joss House），在英語名稱中間那個「Joss」既表達上帝神像之義，也是廟宇之意思，在西人的想法中，此座廟宇供奉的就是華人的上帝或神像。

澳洲國家歷史文化保護協會從1965年後，開始獲得本迪戈致公堂舊址的使用權，由於其重要的社會和歷史地位，這裡被列為保護建築，以後獲得了一次次整修，在1968年到1972年的整修期間，這裡的許多擺設恢復了原樣，並在之後通過了接受捐贈和補充得到了不斷的完善。

本迪戈神像寺廟（Bendigo Joss House Temple），這是如今廟宇的英語全稱，明確地表述了地點。今日已成為當地華人社團集會和文化娛樂活動的場所。由此，在這座歷史建築中，人們用

心觀察，可以追蹤到宗教廟宇——秘密社團總部——博物館等華人在海外社會的各種蹤跡。這裡也是維多利亞州唯一一座淘金時代保存至今依然作為廟宇使用的建築。

4

徒步隊伍到達了這座廟宇的門外，眼前頓顯一片紅色，該堂紅牆紅屋脊，屋脊用空雕遊龍磚砌成。大門為兩扇中式對開木門，朱紅色的大門格外引人注目，金色的門楣上刻印著「致公堂」三個大字，門邊牆上左右的描金對聯為「興來豪傑大報良國，義炳乾坤宏圖景像」，究其詞義，可以看出致公堂的政治意圖和雄心。廊前有一對小石麒麟，麒麟前為一座人工開鑿的圓形池塘，具有明顯的粵式建築風格。

正門左右還有兩道小門，右面門上有「義祠」兩字，左面門上的兩字被磨損的看不清楚，大家紛紛猜測，沒有人猜出。這時候寺廟管理人員來了，帶領大家從這扇沒有搞懂意思的門下，踏入寺內。

入門後的內堂為祭壇，有嵌石製的石馬，兩旁插有一些代表廣東天地會起義軍的彩旗。1900年梁啟超曾訪問該堂，在其《新大陸游記》一書中有較為詳細的記載。

在廳內的一段文字介紹中了解到，當年因為廟宇破敗，門楣和門上的對聯等文字都已損壞，後經悉尼大學考古系一位名叫郭武錦博士的研究，才恢復其文字面目，左側入口門上的兩字應為「孝弟」。

5

廳內有不少舊物擺設圖片和文字介紹早年華人在此生活的業

續。在此舉上幾個事例：

1859年9月，據本迪戈廣告報報道，華人阿福，福星和寇在鐵樹皮華人營地附近租了一塊地皮，用來製造磚塊，10月，磚窯接近完工……

1870年，華人社區被邀請參加本迪戈大型慶祝活動，華人把錢寄回中國，購買了參與遊行的旗幟唐裝和舞龍（綢布製作的長龍），華人遊行隊伍從鵪鶉角營地出發一直走到本迪戈市中心……。這條舞龍就是那條大名鼎鼎的金龍，最後被收藏於1985年建起的金龍博物館。

1880年，華人阿澤買下了胡椒綠農場，並在農場耕作了70年。在淘金時代逐漸逝去的日子裡，華人有的歸國，有的分散到其它行業。

1900年，據統計在維多利亞州大概有三分之一的華人從事菜園種植業。華人菜園一般有十多位人員，他們都來自同一條船，或中國的同一個村莊。因為菜農使用人工製造的工具作業，所以勞動強度大，許多蔬菜品種從中國進口，如椰菜花白菜還有洋蔥等。與中國菜農有緊密聯繫的華人店主都給他們提供信用和財政上的支持與幫助……

6

紅色是中國人使用的傳統大色。不僅僅是大門外一片紅色，整個廟宇的色彩都是一片紅色，外面紅門紅牆，裡面上見紅色的屋樑，四周布景也是以紅色為主。

踏入一個個展廳，公義堂內是祭拜武聖關公的香壇，但在後面也出現了祭拜文聖孔夫子的塑像，這裡既有祭拜先祖的的廳堂，也有供奉道教太上老君和佛教觀世音菩薩的神壇，還有崇拜

其它各路神仙的牌位，最後又出乎意料地看到了供奉基督教聖母瑪利亞的香壇。

看來我們祖先來到海外，也已受到了洋教的影響，更有特點的是他們總是采取一種實用態度，在對先人祭拜和宗教崇拜中，包容大度，各路神仙都來者不拒。

這些中外仙人全都擁擠在幾間幽暗的廟堂裡，室內擺放著過多的神像和物件，更顯逼仄和狹小，在暗紅色的燈光中，襯托出屋內老舊的氣氛，讓人不得不感受到神鬼的氣氛。一百多年前，煙香縹緲，眾多華人擁擠在這個廟堂裡，燒香拜佛，呼喚神靈，祈求避開各種災禍，保佑他們在海外能夠過上安居樂業的生活。

那位寺廟管理者是一位胖胖的白人，他用英語給我們一大群中國人和幾位西人講中國的古典文化和宗教禮俗，顯得有點滑稽。後來知道在他身上也有華人祖先的血脈，只是經過幾代西人血液的稀釋，從他臉上很難看出亞裔人的面貌，就像我們徒步隊伍中幾位具有華裔血統的西人步行者，今天他們只會講英語，也學會幾句華語「你好！再見！」。

（八）金山中國歷史墳場

1

告別了大金山寺廟，我們又來到了不遠處的華人墳場，一塊大牌上寫著「金山中國歷史墳場」：

一八五四年中國人來到本迪戈（仙調寺）淘金。淘金時期中國人在此有三千至五千人，有接近一千人安葬在這個墳場。一八五六年安葬在這個墳場的第一個中國人叫詹姆斯‧阿福，終年三十五歲。當時大部分逝世的中國人都不滿四十歲。

大金山中國歷史墳場

　　在這個金山的多數華人都是來自於中國廣東台山地區。本迪戈附件有條街叫雷家街，這條街是當時名揚本迪戈的——雷家所命名的。

　　中國人的清明節是在復活節前夕。這一天。將有許多後代來到祖先的墓前拜墳，清掃和修補墳墓，以對祖先的祭奠。

　　大金山中華公會在1988年8月8日豎立的。

　　此牌雖然文字簡明，但也傳遞給我們不少歷史信息。例如當時大部分逝世的中國人都不滿四十歲。這些人正當壯年，可是淘金地物質條件匱乏，環境惡劣，契約工人沉重的勞動，或者是病魔的折磨，使得他們過早地離開了人世。使得我們這些重走淘金路的後來者，只能發出一聲悲嘆。

2

　　這是一個公共墳場，各民族的墳地也占據著大片區域。一條石子路穿越在華人墳場的各個區域，華人墳場的墓碑大都只是一塊簡陋的石碑，肯定和他們當年貧窮的生活狀態有關。我們靜悄悄地漫步在亡靈中間，模模糊糊地看到了他們以往的生活場景，當然這要歸功於我們重走淘金路的親生體驗，然後嫁接上歷史。

　　從1854年第一個華人來到此地淘金，後來通過各種形式來了許多華人。有人發了大財，成了企業家；也有人一事無成，窮困潦倒；還有人把血汗錢都丟進了妓院賭場和鴉片館。然而，他們最終要去的地方，殊途同歸，都是那個名叫墳場的地方。

　　華人墳場的前面豎立著一塊石碑，書寫著：「中國洪門民治黨，大金山忘兄故弟紀念碑，一九六一年二月吉日立」，這就是說，埋葬在這裡的人，無論富貴和貧賤，他們都是華人兄弟，活著的人都希望他們故去後，在地下也能過上吉利的日子。

　　走到華人墳場的盡頭，有一個壘起的磚塔，牆上有一個圓洞，塔上蓋著鐵皮尖頂，後來聽人解說才知道，這是燒紙的地方，也就是說無論在那個墓碑前祭拜，都要到這個磚塔裡來燒紙，可能是為了安全，因為墓區周圍都是易燃的樹林，還有就是管理。西人做什麼事都喜歡規範化，秩序化，哪怕是對於死者的管理。

　　這個金山墳場是我們一路走來所見到的一個較大的華人墓地。

3

　　夕陽西下，面對著整個墳場，讓我回憶起一路走來的一幕幕鏡頭，從而聯想到澳大利亞的歷史和我們華人來澳的歷史。1770

年庫克船長首次登陸這塊新大陸，1788年英國首批囚犯流放此地，至今不到二百五十年，華人大批來到澳大利亞，是在1850年此地發現金礦以後，至今也有一百六七十年，和英國人來此，大約相差六七十年。和其它歐洲各國來澳洲淘金的民眾相比，歲月都差不多。

然而從西人和華人這塊土地上刻下的痕跡和創作出澳大利亞這個國家形式方面來推究，讓後人不得不看到巨大的差異，這些差異可以成為一個深刻而又廣泛的研究課題，但在此文中無法肆意展開。

我不由聯想到上幾天的參觀巴拉瑞特尤瑞卡民主博物館，和今天參觀本迪戈金龍博物館和致公堂舊址等。雖然尤瑞卡起義只是一場小小的礦工暴動，西人卻把這個事件放入到世界範圍內的歷史進步的宏大敘述之中。再看事件本身的結果，當時在報刊的廣泛報道下，民眾知道了真相，法院判決起義礦工無罪，最終甚至判決了殖民地政府取消了貪婪的執照制度。這裡至少讓我們看到了兩個現代文明的亮點：

一，報刊的新聞自由和言論自由，二，司法獨立。由於這兩個亮點的作用力，使得淘金工人的反抗運動沒有被英國殖民統治的黑暗勢力所壓服，反而造成了澳洲現代民主運動的開端，使得這個國家逐步走入健康陽光的歷史進程中，也由此醞釀造成了今天澳大利亞這個開放性的自由民主社會。

無疑地，這還可以追溯到歐洲近代革命運動中思想界的偉大貢獻。例如英國光榮革命後，哲學家約翰·洛克在契約論中主張政府只有在取得被統治者的同意，並且保障人民擁有生命、自由、和財產的自然權利時，其統治才有正當性。如果缺乏了這種同意，那麼人民便有推翻政府的權利。從尤瑞卡起義的前後過程

中，我們可以清晰的看到這種思想理論和實踐運動的對照。

此後還有美國獨立戰爭對於殖民地人民的鼓舞，法國大革命中產生的人文主義思潮和德國深邃的哲學思想等等，都讓古老的基督教思想和國度中煥發出現代人開放式的民主權利。

而中國社會在傳統的因襲中，雖然也受到了近代西方思想的猛烈衝擊，但在一系列的革命浪潮中，各個政黨還是喜歡那種封閉式的密室效應，來進行社會運動的運作（從中國大陸的洪門到海外的致公黨的廟堂內，都可以看到這種幫會組織的傳統痕跡，而近代中國產生的不少政黨，似乎都因襲了這種暗箱操作的傳統），而保持著權力機構高高在上，組織成員必須宣誓效忠政黨和領袖，民眾必須無條件的效忠國家。甚至到了今天，也沒有多少改觀。事實上，開放式的民主權利，仍然是當代中國人民的最大的議題。

反觀華人的傳統意識和儒學佛教道教等，雖也建起了宗教廟宇等，走入近代，由於缺乏進步思想血液的融化，所以也無法形成一種新時代的中華思想文化。即使在海外，仍然保留著一種封閉的色彩。致公堂那種秘密幫會雖然幫助了許多華人，但也無法將華人的傳統的思想文化推廣出去。

追蹤歷史，我們可以看到華人雖然在物質財富的創造中對澳大利亞做出了不可磨滅的貢獻，但在精神思想領域，幾乎沒有任何建樹，也沒有對澳洲主流社會產生什麼影響。這也是多少年來，華人社會被擠壓在邊緣的一個重要原因。

如今在西人社會中，只是將唐人街和華人廟宇等做為多元文化中的一種點綴，他們品嘗中餐，人人喜歡中華美食，他們也學會了舞獅舞龍技巧等，而且水准一點也不亞於華人舞龍隊。

我們引以為榮的舞獅舞龍等，至今還保留著一百多年前的色

彩，這種色彩並不能成為今天海外華人驕傲。而那些廟宇，曾經成為海外華人的精神寄托和自我安慰的場地，但無形之中也形成了一個狹隘落後，封閉保守的文化圈。

　　也許華人更應該在當今的時代大潮中，不僅僅是創造出許多物質財富，而且需要創造出新的思想觀念，創造出進步的人文觀念，創造出有益於人類的精神財富，來貢獻於澳大利亞社會和這個日新月異世界。

三十，淘金路上的酒肉蛋等

1

我們的徒步已接近尾聲，大家的腳步也越發輕鬆。最後兩站的駐地已屬於墨爾本周圍地區，市鎮熱鬧，到處可以望見商店等建築，一路上很少花錢的隊友們，這幾天就有了花錢的機會。踏進超市，購買家庭物品，沒有必要，也就買一些另食，最多買的是葡萄酒，當晚就開喝。

在做葡萄酒生意的汪海波的灌輸下，老宋等人對喝葡萄酒的認識有了不少提高。例如在喝葡萄酒的過程中，首先喝「梅樂」，其次喝「設拉子」，最後才喝「赤霞柱」，這才是澳洲酒客喝葡萄酒的最佳順序。西人喝酒還有飯前酒，佐餐酒，飯後酒等等，過程太鬧心，華人難以學會。

當晚放假，大家可以自由活動，管理伙食的珂德和呂貝卡兩位金髮女郎也出去自由散漫了，這就是說當晚組織上不管飯。不過，那天小紅送的紅燒肉，肉被狼吞虎嚥地吃完，還留下幾個雞蛋和半鍋肉湯。恰爾斯‧張開車去買來幾大盒中式飯菜，和一棵大白菜，還有中午在本迪戈博物館裡餘下的春卷等點心。幾位華人隊員就在我們屋裡聚餐。

紅燒肉湯煮白菜可是一道佳肴，關於白菜的切法，老宋和我產生了分歧，他要採用精工細作的方法，我的方法粗糙，把白菜

切碎扔進鍋裡煮熟即可。

　　也許是肉湯煮白菜的鮮美，或許是大伙在行走的過程中，牙口和胃口都已經不懼小節，連菜帶湯一大鍋吃喝得點滴不剩。其中還發生一個生動的插曲，李靜女士在鍋裡找雞蛋，找不到雞蛋，用筷子在一大鍋菜湯裡盲目地鼓搗。老宋對她說：「我紅燒肉一塊也沒有吃，也就吃了一個雞蛋。你這樣在湯裡戳雞蛋不厚道，對於一個參加競選議員的女士來說，也不太雅觀。」李靜女士馬上回敬道：「又不吃你的蛋，你著什麼急？」一句話就將老宋咽住了。大家哈哈大笑。這個玩笑有點色彩。

2

　　晚飯後，大家繼續喝葡萄酒，海闊天空，無所不談，其樂融融，就像一個大家庭。談的最多好像不是走路，而是吃喝，還有一些葷素搭配的玩笑。

　　也許只有中國人才能發明出「民以食為天」這樣的佳句。例如那次在鄉村飯店裡一盤盤的各種肉類，大塊吃肉，不管男女老少，個個嘴唇抹油，下巴淌油；例如在亞拉臘飯店裡吃披薩，只見兩個服務員一疊疊地端上披薩，有人能吞下一整個，最雅致的女士也吃下四五塊，還揚言要節食；再如上幾天的那頓自助餐，每個人都是馬不停蹄地一盤又一盤，連晚上吃素的老宋也猛添了幾盤葷腥；再有就是今天的這一大鍋紅燒肉，現在連鍋底也已抹得一乾二淨。

　　這淘金路上的酒肉蛋等，讓我不得不想到，當年的華人走在這條淘金路上的艱難困苦，他們在物質條件上是無法和我們今天相比，吃的是那點兒可憐的面食乾糧，經常受凍挨餓，或是炎熱

的煎熬，有時還需要用野果來填飽空蕩蕩的肚子，有時需要從河裡取水，甚至挖出井來才能喝上一口涼水，大部分人肩上還要挑著百十來斤的工具和生活用品，路途坎坷遠遠超過了今天的道路。

我們這一路走來，除了兩條腿有點勞累，肩上的背包可有可無，沒有任何物質和精神上的壓力，差不多在所有方面都受到了很好的照顧，徒步活動猶如一場遊戲。當然，他們的淘金活動，最後會獲得了金銀，但他們以生命為代價；我們雖然不會獲得任何金銀，但我們付出的也僅僅是一點兒體力，收獲的是一種體驗，在體驗中產生出對華人前輩的尊敬。

除此以外，也許還有這種實地考察中，能夠遐想出各種人物活動的場景。例如在最近的一份資料中記載，當年共有32艘船運載了14615個中國人抵達南澳羅布，只有一位中國女人，然後他們從羅布走向維多利亞金礦。但不可想像的是這名年輕的女子如何混雜在一大群男子中，而且這些男子大多是年輕力壯，血氣旺盛，性飢渴是難免的。那麼這名女子是否把自己打扮的灰頭土臉才能混跡在這些男人中間，或者說那些男人也被長途跋涉的疲勞折磨得精疲力竭，已經沒有了這方面的生理欲望。總之一個女人在一大群男子中間，也許是危險的，也許並不危險，數百名男人形成了互相制約，此外還有中國人古老的道德禮儀的約束。

如今澳大利亞正在討論同性戀的婚姻趨向，這不由讓我產生了這樣一個奇異的想法。當年，在一萬五千多名中國男子中間，他們大概可以分成數百批的人群，每個團體約有數十或數百人，在這些男人中間，每天一起徒步跋涉，相互幫助，同受苦難，在他們中間是否也會形成相互愛慕安慰的同性戀傾向？這是華人傳統中是一個禁忌的話題，但在中國歷史上，也有不少同性相戀的

故事。那麼在淘金途中的單調的男人一性化的世界裡,也許會有這樣的故事發生。

而且當時被白人污蔑攻擊的所謂華工道德問題,這完全是空穴來風,還是在眾多男性華工中,確實有極少一部分人發生了同性戀等現象呢?如果在人性深處去尋求解釋,確實也會產生許多疑點。

食色性也,是人類永恆的話題,哪怕是當年在華人的淘金途中,當他們在一天疲勞的旅途之後,圍躺在篝火旁,面對著星空,能夠說叨些什麼呢?

今天,重走淘金路的這些男女喝得興高采烈,七嘴八舌,喋喋不休。這時候,我的眼皮熬不住了,提早退場躲進臥室睡覺,最後想到的是,一百六十年前,他們肯定沒有什麼臥室。

後來知道當晚還發生一件事,另一輛支援車上的老夫婦皮特・雷和歐陽當夜未歸,以為他們出去自由活動迷失了路途。第二天早晨,他倆歸來,讓大家放下心來,如今大家都是一個團隊。

3

第二天早晨,老宋早起,把沒有吃完的白米飯熬成一鍋稀飯,然後一批批華人吃客來臨,稀飯就著榨菜和乳腐,「呼嚕呼嚕」大家也吃得興高采烈,唉,一路西餐,也沒有把中國人的嘴改造過來。所以說,要想改造人類,真是難以上青天的事情。

今天去往巴區斯瑪敘(Bacchus Marsh──意譯為巴克斯沼澤地)而「巴克斯」這個名字如果轉入到希臘文中就是狄俄尼索斯,也就是希臘神話中的酒神,哎,怎麼又和酒沾上邊了。

不過去往巴克斯沼澤地,全程才只有22公里。對於今天的我

們，真是太輕鬆了，一抬腿，四五個小時就能走到。連開車的駕駛員都紛紛下來走路。老宋也下車走了一段。

中午時，安吉爾讓老宋駕駛他的車輛，因為安吉爾要在途中在手機上聽取SBS廣播電台的採訪。

採訪的時候，安吉爾鄭重其事地在電話裡回答那邊記者提出的問題。在邊上的老宋以後老是嘀咕這個問題，耿耿於懷，為什麼安吉爾的身上的華裔血統就是八分之一，照理說隨著一代代人的變遷，這血脈應該從二分之一成四分之一，四分之一以後應該是十六分子一。這八分之一的華裔血統是如何計算出來的？

路途中經過產礦泉水的地區沃倫黑鋪山脈（Mountain Warrenheip），這座山下面是由火山岩和玄武岩構成的死火山，而那些清涼甘甜的礦泉水真是來自於那些岩石中間，含有豐富的礦物質。這個礦泉水名叫「Cottonwood Springs」，是澳洲最好的礦泉水品牌。

晚上到達巴區斯瑪敘，當年這裡的大片沼澤地早已不復存在，今天眼前是一個漂亮的城鎮。社區中心的大廳裡燈光明亮，當地官員等人前來歡迎這支已經徒步了五百公里的隊伍。

走進大廳，首先撞進眼簾的是兩張大桌上擺放著中西式兩種食品，還有熱咖啡和各種飲料。原來今晚CCCAV的負責人陳東軍女士和另外一名Penny Sun女士當晚也趕到這裡，那張桌上的一盒盒的烤鴨油雞燒肉春卷等中式餐點，是她們從墨爾本帶來的美食。

晚餐前，當地的社區官員和陳東軍女士先後發言，還有一位從昆士蘭趕來的年輕的亞裔議員做了長篇演說，談論了歷史上的華人事跡和今天華人在澳大利亞的各種情況。

發言完畢，大家動刀動叉動勺動筷，然後動嘴，嘴裡塞滿烤

鴨烤雞燒肉。那個烤鴨味道特別鮮美，是萊去門一家華人熟食店的作品，聽說那家做的烤鴨，是墨爾本的第一名。真的應該感謝兩位女士的熱心周到和盛情款待。

我還發現，經過一路行走，不但飯量越來越大，吞吐越來越快，還有嘴巴裡的咬嚼功能也越來越了不得，男男女女那種斯文的吃法已經難以瞧見。

晚餐後，我們坐車回巴拉瑞特。開車的安吉爾倒車時不小心碰到了後面的車輛。老宋說他開車大大咧咧，有時停了車也不拉手剎，有時車窗開著就走人，大概消防隊的駕駛員開慣了紅色的救火車，大街上的車輛全都要讓著它。大家又哈哈地說笑了一通。

4

最後兩天的路程都很輕鬆，一天走25公里，去海爾斯特（Hillside——山坡）。後一天，從盛夏西（Sunshine West——意譯為陽光燦爛之地的西面，此地已是墨爾本的城郊地區，火車去市中心才幾站地）出發，出門後大家跟在前鋒波羅斯的後面，一路上瞧見的大都是城市景色，幾個小時後，瞧見一家超市有點面熟，原來是繞了一圈，僅走18公里，又走了回旅館。整個氣氛，好像是開了一個步行玩笑，讓大家都感到旅程即將結束，身心都放鬆下來。

最後的那個晚上，南澳羅布市市長彼得趕來我們旅館，明天，他要參加我們的最後一程徒步行走，去往墨爾本的議會大廈。還來了另一位嘉賓，著名的華裔女歌唱家俞淑琴女士，她也要參加明天我們的行走，然後在議會大廈的石頭台階上高歌一曲。

最後的晚餐就在旅館營地內的餐廳裡舉行，先不忙著吃喝，這也是大家的最後一次聚會。二十多人圍在長桌旁，包括徒步隊員，支援隊員和他們的家屬，差不多每個人都發了言，盡管有的人講中文，有的人講英文，但每一個人都不會感到誰誰的聲音陌生。溫方臣女士擔任兩種語言間的翻譯。

由於當時沒有進行錄音，所以只能根據一些記憶來敘述。領隊的恰爾斯‧張提供了不少內容。

第一位發言的羅布市長彼特，他的一段言語頗有深意且富有哲理：一個人走路並不重要，許多人一起走路而且堅持下去，就成為了歷史。許多人當時並沒有認識到這種走路的意義，但是在很多年後，後人們會認識到。

第二位發言的汪海波，他也使用了英語，大意是，自己來澳洲多年，逐漸了解了一些華人在澳大利亞的歷史。幾年前就去過羅布，住在當地人家裡，結果就是開展起自己的葡萄酒生意。通過這次徒步活動，更多地了解了羅布和這一路上的城鎮。自己還有一個願望，將來帶著孩子繼續行走這一條路途。

年輕的張力為這次活動準備了一個多月，在家每天行走鍛煉，但在這次長途跋涉中，腳板上還是打起了水泡。他感同身受，希望華人們和他們的後代都能來這條淘金途上走一走，體驗華人先輩在澳洲開創之路的艱辛。

張雨虹女士說，一路上學到了不少東西，影響特別深刻的是第四天早上，吃完早飯，準備出發之時，瞧見旅館外面的椅子上坐著一排大男人，每個人都在處理腳上的水泡。「乖乖弄地冬，韭菜燒大蔥。」她很受感動，心想這群家伙意志真的很堅強，這次徒步活動肯定能獲得成功。

張雨虹的母親楊女士，她說話前很激動，情不自禁地敲起桌

子，她說：這一路走來大家互相幫助，互相支持，雖然她年紀大了，走起來有點累，但能參加這次徒步活動，心裡還是很高興的。

我的敘述主要是談了重走淘金路途中產生的種種聯想，人類的歷史其實就是一部「行走」的歷史，一部向外部世界拓展的歷史。雖然一百多年來華人在澳洲大地上創造了許多物質財富，但是和西人文化的巨大影響相比較，華人傳統文化在澳洲土地上的固步自封，缺乏發展，沒有對澳洲社會的文明進步產生過多少影響。

老是雄赳赳氣昂昂地走在前鋒的波羅斯，說了一段拿破崙的名言，還說了以前參加了許多次步行團隊，這次參加的是華人組織的步行團隊，而且還和他們的祖先的淘金活動有關。

有華裔血統（第五代）的麥克斯說，這次步行是走了前輩走過的路，特別有感受的是，起初自己是每天走十幾公里，後來每天走了二十多公里，反而越走越有勁。

安吉爾（左一）傑蒂（左二）波羅斯（右一）和來看望徒步隊伍的華人女士（右二）合影

有華裔血統（第四代）的安吉爾說，參加這次步行活動，是要對祖先有一個交代，對他來說，也是一份責任。特別是在本迪戈的華人墓地裡，他找到了叔爺的墳地。原來聽家裡人說起過這個叔爺，但從來沒有見過他，這次能在墓地裡找到他，也算是一個告慰，自己心裡很激動。最後安吉爾還為了表示能參加這次華人徒步活動，感謝大家，送了一份禮物給領隊的恰爾斯・張。

　　傑蒂老太太話語不多，表示和華人一起走路也很高興，特別提起了她和溫方臣女士的事情。溫女士也說起了她和傑蒂在一起的趣話，聽了大家哈哈大笑。

　　高個子奎斯可以說是西人中間的中國通，他表示以後還要來參加華人的徒步活動。

後勤援工老華僑皮特雷和他太太歐陽女士

幾位後勤支援者也都發言講了他們參加這次活動的體會。老華僑皮特雷和他太太歐陽女士也講述了他倆在一路上看到的許多華人祖先的遺跡，他倆的故鄉廣東，就是早年許多華人赴海外的僑鄉，他們家族和那些赴澳的祖先有著千絲萬縷的關係，所以他們在那些華人墳場內，也看到了不少熟悉的名字。

　　李靜女士報名是參加後勤人員，因為不知道自己能否走很多路，但以後和別人換著開車，也參加了不少走路活動，特別是有一天走了三十多公里，自我感覺良好。

　　關英虹女士說自己雖然沒有參加走路，但能以後勤人員參加這次活動也很榮幸，這一路上學到了許多東西，也結識了這麼多朋友。

後勤員工李靜女士（右）和安吉爾女友瑪琳（左）

老宋說，自己本來是想參加走路活動的，但由於身體的關係，家庭醫生不讓參加，後來在半途中入伙，參加後勤保障工作。一路上增長許多見識，特別讓他開心的是結交了許多新朋友，大家在一起真的很高興。

　　還有旅行商家的兩位金髮女郎珂德和呂貝卡說道，能參與這項活動對她們來說也是第一次，感謝大家對她們的支持和相信，大家做為一個團隊，從活動一開始到現在即將結束，都很愉快。

　　領隊恰爾斯‧張感謝大家一路上的相互幫助和配合，感謝沿路澳洲地區政府和民眾的大力支持，如果沒有他們的熱心幫助，我們的路途就會像160年前那樣，一路走來非常艱辛和困苦，現在的徒步活動真的很幸福。他也感謝了珂德和呂貝卡，沒有她們的專業工作的服務，我們的路途活動也會變得很困難。

　　為了感謝兩位金髮女郎，各送了一瓶具有中文牌坊標記，名為「壯志凌霄」品牌的葡萄酒，當溫女士把大家簽名的禮卡送到她倆手上的時候，她倆顯得很激動，珂德雙手捂臉，年輕漂亮的呂貝卡竟然像小女孩似的流出了眼淚。

後勤援工宋來來先生（左）和關英虹女士（右）

晚餐結束後，大家拿出了那件步行中穿過的紅色T恤衫，每個人都在衣服上寫句簽名，留下一個難以忘懷的紀念物品。

　　這是一個月亮皎潔的澳洲之夜。

三十一，莊嚴的議會大廈和真誠的道歉

1

今天是重走淘金路最後一天，步行隊伍更加壯大，巴拉瑞特的數位短途步行者歸隊，墨爾本市也來了幾位參與者。還有羅布市長和女歌唱家等人。整個行程才十幾公里，第一站是富士貴（Footscray音譯聽起來很吉利——富士貴）地區的天後媽祖廟，中午就要到達墨爾本市中心的議會大廈。

走在隊伍前鋒的仍然是波羅斯，他按照手機上預先設計好的路線圖案行走，走錯了一段路，馬路上的標記明明指著某一條路去向墨爾本市中心，但他寧可相信手機上的彎彎曲曲的路線圖案，也不肯按照路標行走。西人有時候就是這樣倔，腦子一根筋。大家也就跟著他的路線亂走，反正也繞不了多少路。

這會兒完全進入市區行走，鄉村中寧靜的氣氛已蕩然無存，大地寬闊的景觀被一幢幢頑固的建築物所阻擋，那緩慢的天籟般的情調被一種庸俗煩躁節奏所淹沒，到處都是車輛發出的叫囂和排出的廢氣，太煞風景。

走過一座橋，拐彎走向鐵路邊上的一片空曠的地區。記得第一天我去巴拉瑞特時坐火車經過此地，瞧見那兒有一座規模很大的廟宇，現在我們團隊走向的第一個目標就是這座廟宇。

廟宇的主體建築在前方展現，周圍仍然有大片空曠的土地，進入廟宇的車道也非常粗糙，是一條沒有完成的臨時道路。原來這座廟宇去年剛剛建起，周圍的場地和道路都沒有整修完善。

這個廟宇規模宏大，有9000多平方米，未來將是墨爾本最大的華人廟宇。不過，這座廟宇裡主要祭奠對像，不是中國正統的儒釋道，而是中國南海之畔產生的天後馬祖。

這位女神的前身只是福建沿海地區的一位普通婦女，原名林默娘，宋太祖建隆元年（公元960年）農曆三月二十三日生於福建莆田湄州島。記載如此清楚，可見肯定是一個實實在在的女人。

但以下部分開始神化，說媽祖誕生之時，「室內香氣馥郁，天怖祥雲，一道紅光由西北天際射入室內，光華奪目，為祥端之兆。誕生一個月，不聞啼聲，父母因此給她起名為默娘。默娘自幼天賦聰穎，八歲從師，研讀經史，悉文解義，過目不忘，稍長獲授玄妙之術，遂得通靈變化，救人濟世，治愈百病，驅邪扶危，挽救海難，法力無邊，聲譽傳布各地。宋太祖雍熙四年（987年），農曆九月初九，羽化升天，雲遊救世。」

以上這段介紹文字虛虛實實，可信又可疑，從她誕生到逝世，她在人世的生命期才只有短短的27年，她這麼著急的告別人世為了什麼呢？她羽化而成仙，是為了早日前去照顧和幫助和海洋有關的華人百姓。

其下為證：「漁民百姓們在其升天之地建廟奉祀，護航庇佑出海漁船，救苦救難，屢顯靈跡，深獲百姓愛戴，這就是最早之媽祖廟，後流傳至中國沿海各地，以至南洋一帶及世界各地，善

信均紛紛建廟奉祀其顯赫神跡。當今海內外信奉者逾兩億之多，在全球有超過1500多座天後媽祖廟，香火鼎盛，天後媽祖是庇佑萬民的民間守護神，是中國民間信仰之重要神氏，亦是重要傳統文化之一。」

這段文字說明了建造媽祖廟的真正意義，是華人來到海外的一種祈求，渴望得到一種安全保障，盡管許多方面只是幻覺，但也表達出他們強烈的精神意識，企圖抓住自己的未來命運。在民眾的頂慕禮拜的香火中，她終於成為出海漁民的保護神，後來又引申為奔赴海外的先民的庇護神，能夠讓波濤洶湧的大海恢復平靜的媽祖女神。於是乎，我們可以瞧見，被塑造的女神臉相可以和救苦救難的觀世音娘娘合二為一了。

3

廟內的主持給大家介紹了這座大廟的建築特色等情況，就像華人的許多其它廟宇一樣，這裡除了供奉媽祖娘娘之外，也在各個大廳裡供奉著中國傳統中的各路神仙，大家在觀遊了各個展廳後，拍照留念。有幾位還興致勃勃地搖動簽筒，根據跳落在地的竹簽求取自己的命運。

張雨虹和溫方臣都抽到了好簽，簽詞上說的是鳳凰升天大鵬展翅之類的吉語，兩位華裔女士頓時興高采烈，一路上又說又笑，好像中了彩票。

西裔女士珂德抽了個下下簽，她也看不懂那些婚嫁不順前途莫測之類的中文簽語，就來問我，我也不能說謊，只能支支吾吾地說不是很吉利，她是個聰明之人，臉色就有點哀傷。我只能告訴她，在華人廟宇裡抽簽對於華人有作用，對於你們非華裔人士

肯定無效。

而且根據我的經驗，如果你每次抽籤，每次跳出的籤詞都會不一樣。用西洋人的科學術語來說，這叫測不準原理。含糊其辭也是中國傳統的一大特色，且看易經八卦都含有這些特色，但在測不準裡又好像又測出了什麼，這又是中國文化的玄妙之道。

廟堂後面那尊高大的媽祖女神，目送著了我們離開此地的腳步。

4

幾個小時後，我們已走到墨爾本市中心，拐入小博克街，一會兒就進入唐人街。墨市的唐人街比較有特色，幾座牌樓連接起幾段街道，街道雖然狹窄，但乾淨有序，不像有些地方的唐人街，一片亂哄哄的。

我曾經在一篇文章中做過這樣一個比喻，說唐人街像一口井，以往的唐人們心甘情願地把自己封閉在那口井裡，井底瞧天，難以看清外面豐富多彩的大世界；唐人街又像一條封閉的小河，流來流去，都在唐人街上流動，這是不少老華僑在海外的寫照。如今這種情況已大有改觀，越來越多的新生代華人已經走出唐人街，走向澳大利亞的各個階層，也踏入澳大利亞的主流社會，表達出澳洲華人的話語權，這是讓人欣喜的現象。

步行隊伍到達了澳華博物館，頓時鼓聲大作，這次所見到的是清一色的穿紅衣的華裔小伙子們組成的舞獅隊，一只白獅，一只黃獅在鑼鼓聲奔騰跳躍，起舞嬉戲。

博物館前有一個小廣場，一棵松柏樹下，國父孫中山的銅像站立在石頭台基之上。那邊拉有一面紅布條幅，上書「欣登彼

岸」四字，意指當年那些華人先輩從萬裡之外，經過海上顛簸，登陸這塊新大陸。

小廣場上一陣喧鬧後，大家繼續前進。前面由兩位騎自行車的白人警官開道，後面緊跟著敲鑼打鼓的舞龍隊伍和我們徒步隊員，此時，又有一些華人加入這支隊伍。

5

走出狹窄唐人街，頓感視線開闊，議會大廈的面目展現在我們眼前。

Parliament House（可譯為議會大廈），這座大廈是維多利亞州首府墨爾本的重要歷史建築，位於墨爾本市區的東側的高坡之上。當年城內沒有什麼高大建築，因此建在山丘上的議會廳可以俯瞰全城。大樓在1855年12月開工，大樓的第一期工程在1856年竣工，但直到1929年才完成最近一期工程（原設計的部分至今仍未建造）。這個大廈總共建造了70多年。

建築內包括維多利亞立法院（眾議院）議事廳，維多利亞立法局（參議院）議事廳，議會圖書館，女王廳等。19世紀80年代，由於維多利亞的淘金潮造成了殖民地的空前繁榮，在大樓門前修建了古典主義式樣的柱廊，使其更為壯觀。現在的基本格局是，進入門廳，然後分中、左、右進入女王廳和兩院廳。這些大廳的設計安排不但宏偉有序、符合邏輯，也反映出當年歷史過程中，君主、參院、眾院三部合一組成議會的象徵意義。

那麼為什麼一會兒叫維多利亞議會大廈，一會兒又叫國會大廈呢？這應該是兩個不同的概念。

當年澳大利亞還不是一個獨立的國家，而是大不列顛帝國的

一個海外殖民地。1850年帝國國會通過《1850年澳洲諸地憲制法令》將維多利亞從新南威爾士分離，成立獨立的殖民地。維多利亞議會宣告成立。1856年兩院廳舍建成後，維多利亞議會開始在議會大廈現址上辦公議事。

1901年澳大利亞聯邦成立。由於《憲法》規定聯邦的正式首都必須在兩大城市悉尼和墨爾本之外新建，因此在新的首都建成之前，聯邦議會決定在墨爾本暫駐。維多利亞議會因此騰出議會大廈搬入皇家展覽館議事，而原殖民地議會大廈成為暫時的澳大利亞國會大廈，於是維州的議會大廈又臨時又成為國會大廈。1927年，新首都坎培拉的國會大廈（現在的舊國會大廈）完工，聯邦議會告別墨爾本遷往新首都，維多利亞議會回遷議會大廈。

全部過程應該是這樣的，從1856年到1900年是維多利亞的殖民地議會駐地，從1901年到1927年是澳大利亞聯邦國會駐地，1927年至今恢復為維多利亞州議會駐地，因此也稱作維多利亞議會大廈或墨爾本議會大廈。

在這座建築的歷史中，差不多可以窺視到澳大利亞繁榮發展期的整個歷史。而我們華人先輩恰恰是在1850年左右來到澳大利亞淘金挖礦，由此也和這段歷史發生了密切的關係。

6

今天，我們重走淘金路的隊伍來到了這幢莊嚴堅固的花崗石建築前面，是為了尋聽一種歷史的回音。也許，舞獅的敲鑼打鼓和當年的華人的鑼鼓聲音沒有什麼區別，這種聲音穿透百年，仍然在今天回響；緊急著，寬闊的石頭台階上，一支華人婦女組成的舞蹈隊翩翩起舞，五彩繽紛，紅色的旗袍換成紅色的舞裝，又

重走淘金路徒步團隊和後勤團隊等人在議會大廈臺階上合影

換成翠綠色的衣裳，表現出中華民族的傳統服裝的特色。著名的女歌唱家余淑琴女士引昂高歌，一首是華語名曲「龍的傳人」，另一首是英語歌曲，「I Still Call Australia Home（我仍然呼喚著澳大利亞的家）」，表達出澳洲華人的過去和今天對於自己身份的雙重認同的意義。

　　一輛古老的綠皮車廂的觀光電車從議會大廈前面徐徐駛過，「哐當，哐當——」仿佛呼應著台階上喧囂的人們。而我們在台階上拍照留念，為了記住這個有意義的時刻。

　　今天，澳洲維多利亞地區的各大報刊和主流媒體都來了，墨爾本的華人媒體也來了，採訪照相，在石頭台階上忙的不亦樂乎。不一會，大家排隊進入了議會大廈。

7

2017年5月25日，在重走淘金路結束的日子，數百人站立在議會大廈的女王大廳裡，維州州長，反對黨領袖，華人僑領以及社會各界人士為重走淘金路的隊伍舉行了盛大的歡迎儀式，中國駐墨爾本領事館的總領事也前來參加這個儀式，各界媒體共同見證了這一歷史性的時刻。

我們隊伍中的那位有華裔血統（第五代）的麥克斯見到州長安德魯斯後，拿出一張二十英鎊的紙幣，表示交了160年前的人頭稅。當然這是一個玩笑，一個無可奈何的歷史玩笑，但也表達出一種歷史的遺憾。

主席台前擺放著重走淘金路的宣傳條幅，邊上豎立著藍色的澳大利亞的國旗。儀式由維州多元文化部副部長，華裔議員林美豐先生主持，他說：「今天我們的情緒非常激動，我們完成了這一重大歷史的重現，今天的主角，是我們勇敢的步行隊員。」

組織這次徒步活動的是澳華社區議會，執行主席陳東軍女士在開場致詞中，陳述了華人祖先在澳洲大地上的悲情年華，期望大家銘記歷史，開拓未來。

維多利亞州州長安德魯斯（Daniel Andrews）的講話主題是表達官方對於華人的道歉。他說：「澳洲是個多元化的國家，這是我們的優勢，這讓我們變得與眾不同，變得更加強大，今天的澳洲歡迎並尊重移民，這與19世紀50年代維州政府制定的不公平的限制華工登陸澳洲的法律形成了鮮明的對比。這種不公平的對待，我們不會忘記，我們不會只記住歷史長河中的好事，對於令人悲傷的事情，我們絕不會忘記。我們衷心感謝華工對維多利亞

維多利亞州州長安德魯斯表達官方對於華人的道歉

州所做出的貢獻。同時，我們還要感謝維州華人社區一直以來對經濟文化家庭等方面所做出的貢獻。華人具有非常令人肯定的『公民精神』，華人對於社會的回報令人欽佩。」他在講話中將160年前維州政府出台的人頭稅政策形容為「一次歷史中極度的不公平政策」，他又表示，「真誠的道歉永遠不會太晚，如果你真的心懷歉意。」最後他誠摯而又莊嚴地說道：「衷心感謝各位在今天能給我們這樣一個難得的機會。在這裡，我要代表維州政府，代表維州議會，對所有經歷了這段血淚史的華工，對所有被這項不公平政策傷害的人表達最深切的懊悔，衷心地說一聲『對不起』！」

聽到這一聲真誠的道歉，台下的華人同胞，以及淘金者的後裔們忍不住淌下熱淚，大家紛紛鼓掌。

反對黨領袖馬修・蓋和多元文化部長羅賓・斯考特也對全體華人表達了真摯的歉意，他們說，這是一段維多利亞黑暗的歷史。

中華人民共和國駐墨爾本總領事趙建先生說：「我們相信，有著羅布之行留下的文化財富，有著對美好明天的共同追求，我們的兩個國家一定會為兩國人民提供更光明的未來。」

維州多元文化部副部長華裔議員林美豐先生主持大會

澳華社區議會執行主席陳東軍女士

然後維州政府代表為步行們者頒獎，獎牌由透明的有機玻璃製作，刻有「2017，The Great Walk（偉大的徒步）」，並刻有每一位徒步者的姓名。同時也為後勤人員頒獎。

　　大會後，CCCAV又組織了徒步隊員和支援人員等在議員大廈對面的旅館裡舉辦了一個小型酒會，贈送給每位一瓶葡萄酒，徒步隊伍解散，大家依依惜別。

8

　　維省各家主流報紙和華人報刊都報道了這次活動，登載了安吉爾（華裔血統第四代）和州長等人的合照，登載了領隊恰爾斯‧張高舉獎牌熱淚盈眶的照片。各家電視台和廣播電台都對這次活動進行了播放和播音。在這次徒步活動的尾聲中，維州政府正式向華人道歉，不僅是一個和澳洲華人休戚相關的重要事件，

重走淘金路團隊和維多利亞州長安德魯斯和墨爾本總領事趙建先生等人在議會大廈內合影

也是維多利亞州的一件大事，也可謂是聽聞澳大利亞歷史回音的一道強烈的音符。

這次重走淘金路的活動雖然結束，但余音不息，也出現了不少說法和觀點。例如將維多利亞州長的道歉等歸功於今天中國的經濟發展和強大；也有說法是在澳華人移民越來越多，政府不得不考慮華人的權益；或者說是某一個華人組織在主流社會中的作用力等等。當然這些原因都是一種現實的存在，也都起到了大大小小的作用，但我還是認為這些觀點都有所欠缺。

較為全面的說法，應該是在歷史發展中的各種事物相繼出現的綜合作用力，而主要作用是世界文明的進步發展和西方主流社會在文明進步中對於歷史事件的反省，例如基督教文明中那種傳統的懺悔意識在現代文明進步中的覺悟和悔過。否則我們就無法解釋澳大利亞及不少西方國家對於土著文明的道歉等等。

我們是龍的傳人，但也是澳大利亞人，衷心祝願澳洲華人一代又一代地在這塊古老而又年輕的新大陸上昂首闊步地行走。

（全文完）

後記

　　「出去走走，出去走走——」猜不到吧，這是我家後花院的鳥叫聲。奇了，每天清晨，一只小鳥藏在樹葉間發出這種人語般的叫喚。終於有一天，聽不到了它清脆的叫喚，飛向藍天中去證實它的聲音。不僅僅是鳥，人也如此，比如我自己，一不小心，就從中國走到了澳大利亞。踏上這塊新奇的土地，猶如展開了一幅新的夢境。又在赴澳二十多年後，重走淘金路，在路途中窺探華裔先輩的蹤跡。

　　澳大利亞的英文名稱「Australia」源於古拉丁語「Australis」一詞，指為赤道以南的陸地和海洋。在公元二世紀，古希臘地理學家托勒密認為，在赤道與南極之間，應該存在一塊巨大的南方大陸。他在地圖中標上了這塊假想的大陸，並命名為「Terra Australis Incognita」，為古拉丁語「未知的南方陸地」之意。也就是說這塊大陸當初只是歐洲人根據他們的已知的地理知識進行的推理和猜測，或者說是他們想像中的土地。也許可以這樣說，歐洲人在自己的夢幻的指導下出去走走，邁過藍色的海洋，一不小心踏上了這片陌生的新大陸。不顧生死的冒險尋夢，終於獲得了豐碩的果實。

　　其實新大陸並不新，在這塊土地上的原住民，據考證已有五六萬年的歷史，只不過他們的各個族群散居在這塊大地上的東南西北，沒有形成任何行政區域，因為土著人根本沒有國家區域的概念。他們在769萬平方公里的土地上，觀察水草生長動物繁殖

的情況，選擇可以生存和生活的地方。有時候，氣候發生變化及大地上生存狀況驟變，於是乎，他們根據夢中的神跡，從這兒漫游到那兒，去尋找新的生存之地。在歐洲人來臨之前，他們像活化石一般，數萬年前後的生活幾乎沒有什麼大的變化。

這足以說明，一個原始社會沒有外來經驗的刺激和促動，其變化和發展是非常緩慢的。因為這個大島被四面的海洋封閉成為獨立的古老環境。而在這片土地上的土著們，似乎在南十字星下，沉醉在自己的夢中，度過了數萬年的時光。

從地質上考察，這個大島可以說成是17億年前就形成的古大陸，其古老的歷史一點也不亞於北半球的地質年代。而且上帝在這塊貌似到處是沙礫的土地下面，埋藏著如此多的黃金。這些黃金沒有打動過居住千萬年的土著，卻一下子引誘了千萬名遠方的來客，淘金客們來自於這個地球上的四面八方，由於現代工業文明的興起，讓尋夢者去遙遠的地方尋找夢中的財富成為了可能。

於是從另一片古老土地上的中國人也紛紛加入到這些尋夢的來客之中。終於演繹出那一出出淘金者的故事。而這些故事也實實在在地演變成為澳大利亞歷史的一個重要組成部分。

以後，澳大利亞各個獨立的州府結合成聯邦，以澳大利亞命名的國家由此誕生。從古老的土地到新大陸，從千萬年土著的沉醉之夢到近代社會四方來客的尋找黃金之夢，歷史就以這種似夢非夢的過程發展進步。於是乎，也就有了我們今天重走淘金路，尋找先輩足跡之續章。

重新走過這條坎坷的路途，記錄途中的歷史遺跡和今天的狀況，也能算是從一個新的角度出發，對160年前後華人羅布——淘金地之行，進行一個較為細緻的梳理化過程，由此為後人留下一些較為清晰的華人前輩的足跡。

知名作家和文學評論家張奧列先生在此書前序中準確地概括了華人先輩所走的淘金路和我們今天重走淘金路的兩種境況，「歷史悠悠路漫漫」生動形像，頗具韻味。在此對奧列兄表示由衷的感謝。

　　並感謝錢靜華，楊倫，李少春等幾位先生的幫助。

沈志敏寫於2020年3月

修改於2021年3月

國家圖書館出版品預行編目

重走淘金路 / 沈志敏著. -- 臺北市：獵海人，
2021.11
面； 公分
ISBN 978-626-95130-3-1(平裝)

1.華僑 2.澳洲

577.271   110017832

重走淘金路

作　　者／沈志敏
出版策劃／獵海人
製作銷售／秀威資訊科技股份有限公司
　　　　　114 台北市內湖區瑞光路76巷69號2樓
　　　　　電話：+886-2-2796-3638
　　　　　傳真：+886-2-2796-1377
網路訂購／秀威書店：https://store.showwe.tw
　　　　　博客來網路書店：https://www.books.com.tw
　　　　　三民網路書店：https://www.m.sanmin.com.tw
　　　　　讀冊生活：https://www.taaze.tw

出版日期／2021年11月
定　　價／450元